苗绿 曲梅——著

The Global Development of International Schools and Practice in China

全球国际学校发展与中国实践

社会科学文献出版社
SOCIAL SCIENCES ACADEMIC PRESS (CHINA)

序　言

　　全球化时代，各国相互联系、相互依存的程度空前加深，人类社会早已成为你中有我、我中有你的命运共同体。在这样的时代，对外开放是我国必须坚持的基本国策。习近平同志在庆祝改革开放 40 周年的大会上强调："必须坚持扩大开放，不断推动共建人类命运共同体。改革开放 40 年的实践启示我们：开放带来进步，封闭必然落后。中国的发展离不开世界，世界的繁荣也需要中国。"在坚持对外开放的基调下，教育部等八部门于 2020 年 6 月发布的《关于加快和扩大新时代教育对外开放的意见》指出，"教育对外开放是教育现代化的鲜明特征和重要推动力，要以习近平新时代中国特色社会主义思想为指导，坚持教育对外开放不动摇，主动加强同世界各国的互鉴、互容、互通，形成更全方位、更宽领域、更多层次、更加主动的教育对外开放局面"。

　　党的二十大报告指出，教育、科技、人才是全面建设社会主义现代化国家的基础性、战略性支撑，要实施科教兴国战略，强化现代化建设人才支撑。近几年，全球地缘政治格局的变化加剧了各国对国际人才的争夺，中国的国内国际双循环新发展格局也愈加需要具备国际视野、通晓国际规则、能够参与国际合作和竞争的国际人才。从长远来看，更要重视国际人才的培养。改革开放以来，我国在教育国际化方面取得了巨大成就，各类型学校都将培养国际化人才作为目标。在这其中，有一类学校值得特别关注，这就是"国际学校"。国际学校的快速发展与全球化进程加速密切相关，至今已形成了庞大而又复杂的跨国基础教育体系。国际学校咨询公司（International School Consultancy Group，简称ISC）数据显示，中国拥有世界上最多的英语国际学校，各类在华国际学校不仅是中西教育融合的试验场，中国借此积累了国际化教育经验，还吸引和培养了大量国际人才。所谓吸引人才，即通过满足国际人才多元的子女教育需求，留住人才。就人才培养而言，与其他类型学校培养的国际人才相比，在华国际学校通过引入或借鉴国外课程，能更好地帮助学生了解西方社会，如果再能够重视"中国元素"的传承和创新，则能真正地为我国培养知己知彼、能够用西方人接受的方式讲好中国故事、能够参与全球合作的国际人才。但是，中国国际学校在吸引和培养国际人才方面的贡献并没有得到足够广泛的重视和认可，一些对于中国国际学校发展现状与国内外发展环境的分析也略显悲观。中国国际学校应该成为中国主流教育体系的重要组成部分，社会各界也应该为其创造条件，使其更好地发挥吸引和培养国际人才的作用。中国国际学校目前面临的政策要求和国际局势变化，与其说是危机或压力，不如说是规范办学、提升教育质量、于变局中开新局的契机。

提起中国国际学校，还应该注意近几年海外新兴的、具有浓厚中国元素，或大部分采用中国课程体系的学历型基础教育机构。本书将这些学校也纳入讨论范围。2019 年 2 月，中共中央、国务院印发的《中国教育现代化 2035》提出要"加快建设中国特色海外国际学校"，由此正式开启了中国国际学校的新时代。站在新的起点上，我们一方面需要总结在华国际学校的发展经验，另一方面又要为海外中国国际学校的建设做好铺垫，而这些都需要扎实的研究做基础。

在国际上，国际学校研究是一个热门领域，关注在华国际学校的学者也有很多，其中影响力最大的是全球国际学校研究重镇——英国巴斯大学的几位学者，例如教育学院原院长海顿（M. Hayden）教授，曾任国际文凭组织学术部总监和研究部总监的汤普逊（J. Thompson）教授，以及同在一所学院任职的邦内尔（T. Bunnell）博士。巴斯大学的这三位学者及其合作者对于国际学校的历史、内涵、类型、特点等基本问题进行了研究，也探讨了不少细节内容，如培养目标、课程设置、教师培养、校长领导力等，在国际学校研究中起到了引领作用。

在国内，国际学校研究起步较晚，但也涌现出一些代表性学者及著作。例如，2014 年，福建师范大学张蓉博士的毕业论文《"二战"后国际学校发展历程及当前面临主要问题分析》对外籍人员子女学校的发展史进行了较为系统的研究，后于 2016 年出版；教育部基础教育课程教材发展中心（以下简称"课程教材中心"）副主任莫景祺于 2015 年 1 月出版的《国际学校认证：理念与方法》，详述了课程教材中心对在华国际学校的认证方法；2019 年，北京师范大学教授滕珺对国际课程建设进行了调查，并于 2020 年出版了《重构新现代课程——中国国际学校创新实践年度报告（2019）》一书。除此之外，浙江师范大学教授徐辉、北京师范大学副教授王熙也曾就国际学校发表过发人深省的文章。

国内另一支不可忽视的国际学校研究力量是国际教育集团或咨询机构。2018 年，光华教育集团董事局主席鲁育宗主编的《国际学校在中国：培养具备全球竞争力的学生》出版，梳理了在华国际学校的发展历程、各方面的发展现状，并提出了未来的发展趋势和构想。国际学校在线、新学说、顶思等专门面向国际学校的咨询机构，长期跟踪在华国际学校最新发展动向，积累了大量的数据，并且每年都向公众分享重要的研究发现，在某些方面其前瞻性超越了学术研究成果。

全球化智库（CCG）自 2016 年起开始发布《中国国际学校蓝皮书》系列研究报告，希望能为中国国际学校自身发展营造良好环境，以使其更好地推动中国的对外开放。目前，《中国国际学校蓝皮书》已发布五册，先后以中国国际学校整体发展情况、在"一带一路"沿线的发展战略、国际教育本土化、国际理解教育、回顾与展望为主题，为国际学校的发展及相关政策制定者提供参考，建言献策。该系列报告的特色是将国际学校研究与全球化时代我国的宏观发展需求相结合，尤其关注国际人才培养对我国人才的国际竞争比较优势的影响，紧扣时代主题，关注国际学校最新发展动向及其对国家发展和中外交流的意义。该系列报告取得了较大的社会反响，对于促进中国国际学校发展具有一定价值。

2020 年春，受全国政协港澳台侨委员会邀请，CCG 作为唯一的研究机构，赴北京、上海、杭州、义乌、温州开展调研，为十三届全国政协第 44 次双周协商座谈会做准备。笔者作为 CCG 代表随调研团参与了 11 场座谈会，走访了 10 所学校、1 家企业，聆听了相关部门的发言，与校长、企业代表、侨胞代表进行了交流，通过在线方式向多位海外国际学校负责人、驻外使馆工作人员了解情况。调研期间，笔者还承担了资料收集和分析工作，并参与了有关文稿的起草。2020 年 12 月，双周协商座谈会顺利召开，笔者作为 CCG 代表旁听会议。2022 年 9 月 13 日，中国民办教育协会国际特色学校分会成立，笔者有幸被选为学术委员会成员，获得了更多与业内人士、学界专家的交流机会。

序
言
一

通过参与一系列调研和会议，笔者深刻感受到，国内各界总体上对于"国际学校"的了解十分有限，重视程度也不够。对于教育工作者和政策制定者特别关注的问题，例如其他国家海外国际学校的发展情况和经验，以及海外中国国际学校应如何建设等，难以在现有研究中找到满意的答案。为了唤起海内外各界对于国际学校的重视，推动中国国际学校的发展，CCG 在以往研究基础上，自 2021 年 3 月正式启动本书的研究和写作，几乎每个章节都经历了近十稿的反复修改，历时近 9 个月才完成书稿。

本书面向的是海内外各行各业对国际学校感兴趣的读者，旨在帮助读者全面了解中国国际学校的世界图景和自身发展情况。本书共包含七个章节。第一章梳理了国际学校的产生、内涵和外延，是了解全书的起点。第二章介绍了全球国际学校发展情况，包括总体趋势、主要英语和非英语国家海外国际学校布局情况。第三章从办学资金的筹集、课程设置、教师培养和聘用、内部治理模式、学校认证等五个方面简要总结了主要发达国家海外国际学校的建设经验。第四章阐述了在华国际学校发展情况，包括在华国际学校的定义和类型、发展史、功能和现状。这也是全书"承上启下"的章节，因为在华国际学校一方面是其他国家基础教育海外延伸的产物，另一方面也是中国基础教育延伸至海外的起点。在这章之后，第五章对当前建设海外中国国际学校的相关政策进行了分析。第六章则详述了当前海外中国国际学校建设走在前面的三个案例，以为更多后来者提供参考。第七章为本书的结语，在前六章的基础上，一方面点出了当前国际学校的世界图景，另一方面就中国国际学校的未来发展提出了一些建议。

本书要特别感谢合著者曲梅博士一直以来的合作研究，也要特别感谢 CCG 诸位同事和国内外多所知名高校的优秀实习生，他们相继为本书的完成做出了巨大的贡献。CCG 理事长兼主任王辉耀博士，CCG 副主任兼研究部总监郑金连博士，CCG 研究部人才国际化研究总监李庆、副研究员杨雅涵、企业全球化研究组总监于蔚蔚、副总监侯少丽对本书的修改和完善提出了许多中肯的建议。还要感谢 CCG 实习生白愫、贾少轩、范静远、史安丁、王海林、杨以轩、王一男在资料收集和整理上的辛苦付出。此外，笔者在调研期间，与多位领导、专家进行了交流，对笔者开展研究和写作有很多启发。在此对上述领导、专家、同事一并表示感谢。

为了尽快让中国国际学校得到海内外广泛重视，解答官方、教育工作者部分亟待解决的问题，笔者带领研究团队将这段时间的研究成果集结成书。希望 CCG 能以本书抛砖引玉，与其他研究机构、研究人员携手共进，发挥各自优势，形成中国国际学校研究共同体，紧跟实践，引领实践。

由于研究和写作时间仓促，研究团队能力有限，书中难免出现纰漏。欢迎社会各界批评指正，以便我们在未来的研究中进一步完善。

苗　绿

全球化智库（CCG）联合创始人兼秘书长

2022 年 9 月 15 日

目　录

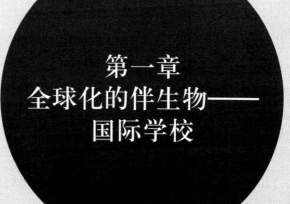

第一章
全球化的伴生物——
国际学校

在当下，人们在谈论"基础教育""义务教育"，特别是牵涉"办学"的时候，通常是在所在国范围内进行讨论，仿佛这些问题本身就自带"国家"属性。但是，随着全球化时代人员流动的加速和全球意识的觉醒，一种高速发展的组织形式——国际学校（International School）——逐渐壮大成熟。国际学校拓宽了教育的地理边界，但也因全球化进程中诸多的不确定性而演变成一种复杂的、难以捉摸的存在。

第一节　国际学校产生的背景及意义

　　国际学校是一种高速发展、日趋主流的组织形式，其在本质上是全球化的伴生物，服务并反映了全球化浪潮下个人与世界的联动需求。推动国际学校发展的因素较为多元：一是国际移民数量的持续增长使随迁子女教育需求增加；二是超越国家和民族意识的"全球意识"逐步成为教育的目标之一；三是出国留学渐渐成为一种提升和实现个人价值的热门渠道；四是一些国家公立学校将国际课程作为培养留学人才、吸纳移民人才、提升自身竞争力的手段。上述因素大致是按照时间顺序排列的，但这些因素又暗含两种发展逻辑：一是因素一、三、四所反映的"现实逻辑"，即国际学校产生的现实背景或其所应对的现实需求，这一逻辑与人的国际流动直接相关；二是因素二所代表的"理想逻辑"，即设立国际学校希望达成的一种理想，与人的国际流动间接相关。

满足国际移民教育需求

移民现象古已有之，但国际移民数量的爆发式增长与全球化进程加速息息相关。自 20 世纪 70 年代早期开始，世界各国经济、政治、文化和环境的关联性不断增强，人员流动的规模也极大提升。为了全面描述这一群体，联合国将任何改变其常住国的人定义为"国际移民"。[①] 据统计，自 1970 年以来，全球国际移民数量和比重均稳步攀升。截至 2019 年，全球 77 亿人口中有 2.72 亿国际移民，相当于每 30 人中即有 1 位国际移民；国际移民占世界人口的比重常年保持在 2.2%~3.5%，且自 2000 年以来有加速提升趋势（见图 1-1）。

在全球国际移民中，20 岁以下人口数量不断增加，2019 年，20 岁以下人口数量达 3790 万人，占全球国际移民数量的 14%，[②] 较 2000 年时增长了 1000 多万人（见图 1-2）。规模如此巨大的青少年儿童国际移民对传统教育提出了新的挑战。另外，国际移民中，处于工作年龄（20~64 岁）的国际移民常年占主体地位，2019 年该比例达 74%，[③] 这意味着，全球化时代的教育需要满足

---

① IOM. Key Migration Terms [EB/OL]. [2021-03-17], https：//www.iom.int/key-migration-terms#International-migration.

② 联合国移民署：《世界移民报告（2020）》，全球化智库（CCG）译，联合国移民署驻华代表处，2020，第 21 页。

③ 联合国移民署：《世界移民报告（2020）》，全球化智库（CCG）译，联合国移民署驻华代表处，2020，第 21 页。

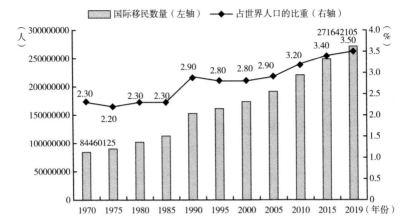

图 1-1　全球国际移民数量和占世界人口的比重变化趋势

资料来源：依据"联合国移民署《世界移民报告（2020）》，全球化智库（CCG）译，联合国移民署驻华代表处，2020，第 21 页"中表 1 数据整理而得。

大量中青年国际移民对于子女异地接受教育的潜在需求。为应对日益增加的国际移民的教育需求，"国际学校"应运而生并迅速发展，使得国际移民随迁子女可以在异国他乡接受本国教育。

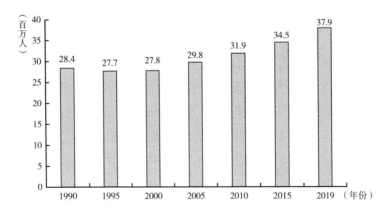

图 1-2　全球 20 岁以下国际移民数量变化趋势

资料来源：联合国移民署《世界移民报告（2020）》，全球化智库（CCG）译，联合国移民署驻华代表处，2020，第 236 页。

学界对于国际学校起源的说法不一。有学者认为，世界上最早的一批国际学校可追溯至一百多年前，主要为解决跨国工作、旅居人员子女的教育诉求而建。① 伦敦斯普林格罗夫的"国际学院"（International College）可能是第一所国际学校。该校存在于1866~1889年，其创立源于英国小说家查尔斯·狄更斯（Charles Dickens）等人在1864年的建议，即在欧洲设立一些学校，使来自不同国家的学生"从一种语言和国家迁移到另一种语言和国家时，不会在学习过程中发现阻碍他们进步的明显变化"。② 还有很多学者认为，与当今国际学校更为接近的最早的国际学校是成立于1924年的日内瓦国际学校（International School of Geneva），该校采用法语、英语双语教学，创校时仅有3名教师和8名儿童，目的是照顾国际劳工局（International Labour Office）和国际联盟（League of Nations）的外籍雇员子女。日本的横滨国际学校（Yokohama International School）也建于1924年，建校时仅有6名儿童和1名教师，目的同样是照顾城市中外国社区的儿童。③

20世纪以来，国际交流日益频繁，传教士、外交官和跨国务工人员越来越多，为了给随迁子女寻求更好的教育条件，国际移民对于国际学校的需求也日益增长，因此，国际学校的数量也随之迅速攀升，逐渐成为一种不可忽视的教育现象。

践行全球教育理念

19世纪以前，国家主义盛行于欧洲，社会上的流行观念认

---

① 莫景祺：《国际学校认证：理念与方法》，人民教育出版社，2015。

② Sylvester, R. "The 'Firrst' International School." In：M. C. Hayden, J. J. Thompson and G. R. Walker（eds.），*International Education in Practice：Dimensions for National and International Schools.* 2002, London：Kogan pp. 3–17.

③ Hayden M., Thompson J., International Schools：Growth and Influence［R］.（2008）［2021－01－02］, https：//unesdoc. unesco. org/ark：/48223/pf0000180396/PDF/180396eng. pdf. multi. p. 19.

为，"教育的中心目的是培养对国家的忠诚、团结感和为国家尽忠的能力"，① 但是在主流思想之外，全球教育理念也在悄悄萌芽。

近代教育学的创始人扬·阿姆斯·夸美纽斯（Johann Amos Comenius）（1592—1670）在 1651 年出版的《泛智学校》（*Sketch of a Pansophic School*）中，倡导奠定永久世界和平之基础的学校，教人们以人类之普遍真理，揭示和平与幸福之道。这一理念得以在 19 世纪的欧洲国家中实行，特别是在瑞士、英国、德国和意大利，一些人强调实施跨国教育的必要性，鼓励多元政治和多元文化。此类思想带有明显的超越国家中心主义的特点，是全球教育理念的萌芽。但由于其恰好生发于欧洲国家主义思想兴盛的时代，所以被淹没在时代的洪流中，也被视为激进和不切实际的乌托邦。

全球教育理念在两次世界大战后建立的国际学校中得到贯彻。第一次世界大战后，前文提到的日内瓦国际学校随之成立，但其成立不仅仅是为了向国际组织官员的子女提供双语教学，同时也是为了让不同国家的孩子能够和谐地生活在一起，从而让世界不再经受"一战"的恐惧。第二次世界大战给人类带来了更大的痛苦，为了避免战争，人们强烈意识到了针对民族、文化、语言的差异进行沟通、交流与合作的重要性。1946 年 11 月，联合国教科文组织（The United Nations Educational, Scientific and Cultural Organization）正式成立，并明确提出教育应该在不同文化和种族之间促进人们的相互理解，依靠教育领域的国际合作促进世界和平。1947 年，联合国组织机构的工作人员在纽约创办了联合国国际学校（United Nations International School），该校着

---

① 吴式颖：《拉夏洛泰及其〈论国民教育〉》，《北京师范大学学报》（社会科学版）1989 年第 4 期，第 20~26 页。

重强调了课程设计的国际维度。总之，虽然两次世界大战给人类带来了巨大的痛苦，但"国际思维""国际意识""跨文化意识""尊重差异""宽容""平等""为了和平的教育""全球参与""塑造世界公民"等与良性全球化有关的教育理念也逐渐深入人心，并成为许多国际学校以及国际学校支持机构（如国际学校协会和国际文凭组织）所尊奉的主流价值观。① 国际学校作为这些主流价值观的载体之一，得到了许多国家的推崇，也由此迎来了充满理想主义色彩的发展契机。

迎合出国留学需求

随着全球化的逐渐推进，发达国家的高等教育吸引力愈发凸显，通过出国留学获取知识经验或移民海外成为提升和实现个人价值的热门渠道。据统计，近 20 年，全球出国留学总人数一直呈增长态势，截至 2017 年，已达 531 万人，除个别年份外近十几年年增长率在 1%~7%，且呈周期性变化特征，大约每 7 年为一周期（见图 1-3）。也就是说，出国留学生总数增长速度虽然可能在某一时期有所降低，但增长速度还会反弹，如果没有影响深远的突发性全球事件，出国留学生总数越来越多是大势所趋。在众多留学目的国中，北美和西欧国家对国际学生最具吸引力，2017 年北美和西欧国家入境学生人数达 276.59 万人。东亚和太平洋地区国家入境学生数排第 2 位，但与北美和西欧国家相比少近 170 万人。②

① Tate, Nicholas. What Are International Schools for? ［M］. // Hayden, Mary & Thompson, Jeff （eds.）. *International Schools*: *Current Issues and Future Prospects*, 2016, Oxford: Symposium Books: 17-36.

② UIS. Education: Inbound Internationally Mobile Students by Continent of Origin ［EB/OL］. ［2020 - 06 - 19］, http://data.uis.unesco.org/Index.aspx? queryid＝172#.

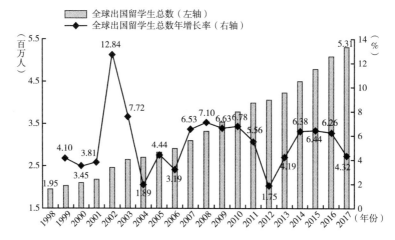

图1-3　全球出国留学生总数与年增长率变化

注：1. 仅指高等教育阶段的出国留学生；2. 学生总数为四舍五入后保留两位小数的结果；3. UIS 仅提供了 1998 年以来的数据，且包含大量估计数值，而2017 年之前的数据比较全面，因此选择 1998~2017 时段进行分析。

资料来源：UIS. Education：Outbound Internationally Mobile Students by Host Region［EB/OL］.［2020 - 06 - 19］，http：//data. uis. unesco. org/Index. aspx？queryid＝172#。

　　为了享受发达国家的高等教育、提升个人的职业潜能，越来越多的父母意识到本国公立或私立学校并不是子女教育的唯一选择，为子女在当地或本国寻找一所学校，并参加全球认可的考试，是通往西方高等教育体系的最佳途径。基于这种想法，再加上收入的增加，使得经济条件较好的家庭更倾向于选择"国际学校"——因为此类学校教授的课程被发达国家高等教育机构广泛认可。有研究总结，国际学校作为获取社会与文化资本途径之一的工具性价值正愈加受到重视，尤其是在强调经济效益和优势的国家中，吸引了大量的本土富裕阶层与新兴中产阶级。①

---

①　Adam Poole. " Decoupling Chinese Internationalized Schools from Normative Constructions of the International School"［J］. *Compare*：*A Journal of Comparative and International Education*，2019，50（3）：447-454.

如今，尽管国际学校仍然在满足国际移民随迁子女的需求，但计划出国留学的学生已经成为主要生源。据统计，全球（以英语为教学语言的）国际学校中 80% 的学生为计划出国的本地学生，而在 30 年前，国际学校 80% 的学生是国际移民随迁子女。[①]

提升公立教育竞争力

国家间的激烈竞争是全球化进程中不可忽视的一面。教育作为百年大计，自然成为国家提升自身竞争力的重要依托。国际学校的蓬勃发展让许多国家的公立学校对引入国际课程产生了兴趣，其中一个重要的实用主义原因是，各国政府将国际教育项目作为提升公立教育水平、培养国际化人才的重要手段。例如，日本、厄瓜多尔、马来西亚的大量公立学校积极引入国际文凭（International Baccalaureate，简称 IB）课程，以为本国培养国际人才——他们既拥有通往世界知名高校的学历证书，也有着能够增强这些国家经济竞争力的国际视野。此外，部分公立学校也认为，开设国际课程有助于更好地吸引生源。例如，世界上 60% 的 IB 学校都在美国，而其中大部分都是公立学校，它们常常用 IB 课程来吸引拥有较高天赋的学生以及来自跨文化背景的移民家庭的学生。[②]

当然，各国公立教育系统对国际课程的开放并不都是毫无保留的，因其势必会对各国自身的教育理念和教学安排造成一定程

---

① ISC Research. 25 Years of ISC Research and the International Schools Market： Transforming Demographics ［EB/OL］. ［2020 - 10 - 09］, https：// www. iscresearch. com/news-and-events/isc25.

② Tate, Nicholas. What are International Schools for? ［M］.// Hayden, Mary & Thompson, Jeff（eds.）. *International Schools*： *Current Issues and Future Prospects*, 2016, Oxford：Symposium Books：20.

度的挤压，甚至有可能会对本国文化产生负面影响。① 如在中国的义务教育阶段，便不得引进境外课程，使用境外教材。但学校可以在统编教材的基础上，进行创新授课，发布双语教学教案，只是不能够出版校本教材，因此学校仍拥有一定的灵活性。②

第二节 国际学校的内涵和外延

从国际学校产生的背景可以看出，国际学校满足了多种群体的教育需求，并且在不断发展和演变。许多学者曾尝试对其进行定义，对其类别进行区分，但时至今日，学界依旧尚未对国际学校形成明确、统一、客观的定义，③ 国际学校的类别也存在多种划分形式。

国际学校的内涵

"国际学校"是一个社会建构的范畴——其纷杂的定义（详见"延伸阅读1–1"）皆是伴随着国际学校这一现象的产生和发展，由后来的研究者们创造并不断调整、重构与规范的。④ 随着国际学校的数量日益增多，规模、结构、课程与程式日益多样化，试图为其确立一个清晰、完整的定义的做法似乎变得越发困难且意义不大。正如学者马修斯（M. Matthews）所言，"鉴于各种各样的机构都在借用这一伞状术语形容自己"，试图概括与

① Hayden M., Thompson J., International Schools: Growth and Influence [R]. (2008) [2021–01–02], https://unesdoc. unesco. org/ark:/48223/pf0000180 396/PDF/180396eng. pdf. multi. p. 46.

② 中华人民共和国教育部：《中小学教材管理办法》，2019 年 12 月 16 日。

③ 林芹：《论中国国际学校的发展现状》，《考试周刊》2010 年第 40 期，第 23～24 页。

④ 莫景祺：《国际学校认证：理念与方法》，人民教育出版社，2015。

泛化国际学校的特点"也许不会产出任何有价值的成果"。① 在很多时候,国际学校更像是一个没有限定意义的自由式象征,由利益相关者依据各自的需要为其注入特定内涵。

延伸阅读1-1 国际学校定义举例②

● 切斯沃斯（N. Chesworth）和达维（A. Dawe）认为：国际学校是专门为来自多元文化背景的全球移民学生开办的,他们的父母一般是联合国组织的工作人员或私有跨国公司职员,因工作需要经常穿梭于世界各国。学校教师往往也来自各个国家,没有哪个特定国家的教师群体占据主导。这类学校通常开设一种国际课程或开设一个或多个国家教育系统的课程（但不是东道国的课程体系）,或者是两者兼备。

● 墨菲（E. Murphy）对国际学校的一些共性作了概况：国际学校为那些国际组织和跨国公司职员的子女提供教育服务,学生家长由于工作需要经常穿梭于不同的国家,并频繁地接受不同的工作任务；还有的学生家长是外交使团的工作人员。同时,国际学校也为东道国儿童提供教育机会,当地经济条件优越的家庭往往希望子女能借助国际学校掌握流利的英语,或者考虑到国际学校比国家公办学校具有更大的灵活性,因此会选择国际学校。

● 布兰福德（S. Blandford）等认为：鉴于国际学校涉及的各种教育阶段、各种学校规模以及招生性别等方面的许多差异,国际学校无法精确定义。国际学校既可以包括幼儿园、小学、初

---

① M. Matthews, The Ethos of International Schools [D], University of Oxford, cited in Mary Hayden, Jeff Thompson. International Schools and International Education: A Relationship Reviewed [J] . *Oxford Review of Education*, 1995, 12 (3).

② 以下内容选编自滕珺《重构新现代课程：中国国际学校创新实践年度报告（2019）》,上海教育出版社,2020,第18~22页。

中和高中，也可以是涵盖所有这些教育阶段在内的综合学校；学生人数不等，少则 20 人，多则 4500 人；既可以是男女混合校，也可以只招收单一性别的学生；学校的管理和运行可以由学校创建者、学校董事会、学校高层管理人员、学校校长或校外管理机构来负责。

● 特维利格（R. I. Terwilliger）列举了国际学校必须满足的四个先决条件：①来自东道国之外的学生占绝大多数，东道国学生占少数；②学校董事会应当由外籍人员和当地人按一定比例构成，这一比例理论上要与外籍学生和当地学生的比例一致；③教师曾亲身经历过一段时期的文化适应阶段，因而能更好地为那些不适应新的文化氛围和社会环境的学生提供咨询和指导；④课程应当是各国教育体系中提取出来的最佳教学内容和最有效的教学实践，要具有最大限度的灵活性，使学生不论是继续辗转于各国的国际学校还是回到母国的教育系统学习，都可以游刃有余。

● 张蓉认为，国际学校是指为境内的外籍学生提供初等、中等教育服务的学校，既包含那些具有特定的国别性，遵循举办者母国的教育制度，为境内的母国公民提供母语教育的学校，也包括那些没有严格的国别性，为境内不限国籍的外国学生提供国际化教育的学校。近年来又发展成同时可以为东道国学生提供国外教育模式的学校，以便为东道国学生将来的海外学习生涯做好起点准备。因此，国际学校应满足以下条件：学校的学生构成、课程体系、教师来源、资格认证等要素均包含境外元素的参与。只有满足上述条件的学校才可以认定为国际学校。

● 徐辉认为：第一，国际学校在所有权和管理权上一般是独立的（也有例外，如办公学校中的国际学校分部），少数国际学校的领导权有可能属某个跨国公司或机构，甚至属某个或多个大使馆的法人代表。第二，他们普遍是一种社区学校（与贵族学校相对），多数学校在入学上没有竞争性考试。第三，国际学校服务于大众，服务于多种需要（尽管少数国际学校在教育的目的方面有某种规定或服务于某种特殊的需求），其服务对象是跨国公司、国际机构和外国政府代理机构的职员，还包括无法归类的驻外人员和那些偏爱国际学校的当地居民。第四，国际学校大多把英语作为第一语言，少数国际学校使用法语和德语。它们一般用双语或多语教学。第五，国际学校的多数学生是"第三文化儿童"（third-culture children），他们所受的国际教育既不是目前所在国的文化和教育，也不是他们本民族的文化和教育。

尽管如此，一些学者还是希望能在看似复杂多变的概念中找出一丝头绪。在"延伸阅读1-1"列举的定义中，学者们倾向于从多个角度概括国际学校的特点。国际学校发展日新月异，对于国际学校特点的描述也越来越复杂，并且难以把握全貌。与这些定义不同，海顿（M. Hayden）和汤普森（J. Thompson）另辟蹊径，抓住了"课程"这个相对稳定的角度，将"所有采用非东道国（host country）课程的学校"纳入"国际学校"的范围。① 笔者认为，海顿和汤普森的"定义"（尽管二人从未正式宣称此即定义）简洁、清晰，且具有较强的概括性。课程是学校教育的核心，与课程相匹配的评估手段决定着学生的流向。采用非东道国课程的国际学校，为处于或计划国际流动的人提供了接受教育的机会。而非东道国课程，便是从一国流动到另一国的"敲门砖"。因此，借鉴两位学者的做法，本书将"国际学校"

---

① Mary Hayden, Jeff Thompson. International Schools：Growth and Influence [R/OL]，https：//unesdoc. unesco. org/ark：/48223/pf0000180396/PDF/180396eng. pdf. multi p. 23.

定义为：**基础教育阶段全部或部分采用非东道国课程的学校。**[①]

国际学校的外延

国际学校概念内涵不清，导致对其外延的把握也十分有难度。笔者在现有研究基础上，提出以下三种分类方法。

- **从办学主体维度划分**

按办学主体划分，国际学校又可分为由政府办学和由政府以外的社会力量办学两大类。

由政府办学的国际学校，具体来看，其办学主体又可细分为一国政府、多国政府或政府间国际组织。为了给国内外籍人士子女就学提供便利，一些国家的政府会在国内设立国际学校，这些国际学校有时也招收国内学生。荷兰的大部分国际学校如阿姆斯特丹社区学校（The Amsterdam International Community School）、阿奈姆国际学校（Arnhem International School）均受到政府单独资助，主要招收境内的外籍人士子女，也招收当地公民。有的国际学校由两个或者多个国家政府联合创办。例如，1960 年，德意志联邦共和国和美国武装部在柏林创办了约翰肯尼迪学校（John F. Kennedy School）。还有的国际学校由国际政府间组织创办。例如，欧盟在 7 个成员国开办了 14 所欧洲学校（Europeans Schools），面向欧盟机构职员的子女招生，使用欧洲文凭（European Baccalaureate，简称 EB）课程。

事实上，绝大多数的国际学校由政府以外的社会力量开办。早期的许多国际学校是由记者、商人、国际组织职员等个人创办

[①] 自 2021 年《关于规范民办义务教育发展的意见》发布以来，国内民间纷纷将"国际学校"的说法改为"国际化学校"或"国际特色学校"（多指民办学校，因此也有"民办国际化学校"一说）。本书将在第四章第一节"在华国际学校的定义和类型"部分，对这一现象进行讨论。

的，如伦敦美国学校（The American School in London）的创办者是一名在伦敦工作生活的美籍 BBC 记者，办学初衷是为在伦敦的美籍儿童提供就学服务。泰国中华国际学校（Thai-Chinese International School）的创办者是一位中国台商，目的是为在泰国的中国台商子女提供英语及国文教育，如今也招收泰国本地学生以及泰国境内的其他外籍人员子女。于 1947 年创办的联合国国际学校（United Nations International School）是由联合国机构职员创办的，面向联合国机构职员、各国常驻联合国代表以及驻美大使馆、领事馆等人员的子女招生。创建于 1924 年的日内瓦国际学校则由国际联盟和国际劳工组织的高层职员连同瑞士教育家共同创办，面向各国学生招生。

自 20 世纪末 21 世纪初起，越来越多的企业（特别是跨国企业）加入了办学大潮。当然，有的跨国企业开办国际学校最初是为了解决海外员工随迁子女的就学问题，如英荷壳牌集团 20 世纪 20 年代就开始开办壳牌学校（Shell schools）。但越来越多的跨国企业是嗅到了国际教育蕴含的巨大商机，纷纷涉足国际学校领域，如英国的诺德安达教育集团（Nord Anglia Education）、全球教育管理系统（Global Education Management Systems，一般被称为"GEMS 教育集团"）等。

还有一些国际学校是由社会组织创办的。如美国国际学校基金会（International School Foundation），又名美国国际学校发展联合会（ISDA-International School Development Association）创办了澳大利亚的佩斯国际学校（International School of Perth）、印度尼西亚的北雅加达国际学校（North Jakarta International School）、中国的杭州国际学校（Hangzhou International School）、上海长宁国际外籍人员子女学校（Shanghai Community International School），以及南非的开普敦美国国际学校（American

International School of Cape Town）。再如，总部设在伦敦的非营利性国际组织——世界联合学院基金会，在全球共有 12 所连锁世界联合学院（United World Colleges），并在 145 个国家设有国家委员会，各国的国家委员会由志愿者组成。①

- 从教学语言维度划分

邦内尔（T. Bunnell）从教学语言维度将国际学校划分为"全球化的英语教学学校"（Globalised English Medium of Instruction Schools，简称 GEMIS）和"全球化的非英语教学学校"（Globalised Non-English Medium of Instruction Schools，简称 GNEMIS）。

全球化的英语教学学校主要指位于英语国家之外的、提供能够拓宽全球视野的英文课程的学校。这与国际学校咨询公司（ISC）对全球以英语为教学语言的"国际学校"的定义类似，即在非英语国家，为学龄前、小学和中学阶段的学生提供全英文或部分英文授课的学校；或在以英语为官方语言之一的国家，在国家课程范围外提供具有国际导向的英文课程的学校。②值得注意的是，有不少人将英语教学学校等同为国际学校。这一现象反映出以英美为代表的英语国家仍继续维持着文化大国地位。

全球化的非英语教学学校也包含多种类型的学校。有的学校给学生提供了不同的融合课程，例如，有些学校将 IB 课程与中国国家课程相结合，此类学校对本地的中产阶级以及新兴全球流动公民（Global Mobile Citizen，简称 GMC）很有吸引力。还有一些学校主要

---

① 张蓉：《"二战"后国际学校发展历程及当前面临主要问题分析》，福建师范大学博士学位论文，2014，第 47 页。

② ISC Research. Who We Are［EB/OL］.［2020-07-14］，https：//www. iscresearch. com/about-us/who-we-are.

服务于本国海外国民，例如法国、德国和日本的海外学校。①

- **从发展动机维度划分**

马修斯（M. Matthews）从国际学校发展动机的角度，将其分为"理念驱动型"和"市场驱动型"两大类：前者是建立在"推进国际理解与合作的明确宗旨"上的；后者则囊括了除前者外的所有国际学校，主要作为大规模跨境人口流动的配套服务机构，广纳四海之学子，集中满足了来自不同国家民族、拥有不同文化背景的家庭的多元化教育诉求，且具有一定的营利性。② 在此基础上，海顿（M. Hayden）和汤普森（J. Thompson）进一步将国际学校分为 A 类/传统类（即为外籍人员子女开设的"市场驱动型"学校）、B 类/理念类（即等同于马修斯的"理念驱动型"学校）与 C 类/非传统类（即为本土精英阶层提供国际课程的"市场驱动型"学校），在相关领域也具有较强的影响力。③

事实上，国际学校的"理念"与"市场"元素在现实中通常是交融互通、相辅相成的，不应在理论中将两者进行割裂甚至对立——A 类与 B 类或 C 类与 B 类的产教结合也许是对当下绝大多数国际学校的性质更为准确的描述。④ 这也在一定程度上反映了教育行业在营利性这一维度上的相对性与复杂性。

① Tristan Bunnell. *International Schooling and Education in the "New Era"*: *Emerging Issues* [M] . Bingley：Emerald Publishing Limited，2019：1.

② 周玲：《国际教育和国际学校定义综述以及两者的辩证关系探讨》，《中国校外教育》2016 年第（z1）期，第 517~519 页。

③ Mary Hayden，Jeff Thompson. International Schools：Antecedents，Current Issues and Metaphors for the Future [M] // Richard Pearce，*International Education and Schools*：*Moving Beyond the First 40 Years*，London：Bloomsbury，2013：3~23.

④ Mary Hayden，Jeff Thompson. "International Schools and International Education：A Relationship Reviewed" [J] . *Oxford Review of Education*，1995，12（3）：327-345. www. jstor. org/stable/1050876.

第三节　国际学校的演变

前文总结了推动国际学校产生和发展的四个动因。这些动因都与全球化的演进，特别是人的国际流动有关，但又存在明显的时间先后上的区别。动因的变化使得国际学校的特点发生了重大的转变，这种转变前后的状态被有的学者称为"理想模式"与"后理想模式"。

从"理想模式"到"后理想模式"

国际移民数量的攀升和全球教育理念的萌发是国际学校产生与发展的最初动力，但自 20 世纪八九十年代开始，国际学校的发展主要受出国留学热潮的推动，[①] 此外，欲提升教育质量和吸引力的公立学校引入国际课程也在一定程度上壮大了国际学校的队伍。对于这种转变，邦内尔（T. Bunnell）基于前人研究，提出国际学校的发展历程经历了从"理想模式"向"后理想模式"的转型。这两种形态不仅在国际学校发展动因上不同，在国际学校表现形式上也存在区别（见表 1-1）。[②]

表 1-1　"理想模式"和"后理想模式"国际学校特征对比

理想模式	后理想模式
大多数是私立的，但是学校所服务的家长社群有很大的话语权	大多数是私立的，但主要由投资者主导

---

① 张蓉:《"二战"后国际学校的发展历程与特征评析》,《教育评论》2014 年第 8 期, 第 158 页。

② Bunnell T. *The Changing Landscape of International Schooling*：*Implications for Theory and Practice*［M］. Routledge, 2014.

续表

理想模式	后理想模式
大多位于偏僻的、人口密度低的地方	所在地比较多样化,且多位于人口密度大、竞争激烈的地方
教师多来自英美,且比较有经验	很多教师很年轻,也没有足够的教学经验,只是想在海外谋一份工作
主要由国际学校协会（Council of International Schools）、国际学校教育联盟（Educational Collaborative for International Schools）等组织进行监管和认证	有很多学校没有通过认证
学校是实验性的、创新性的,是全球教育实验室	创新性较低,学校成为品牌载体或为弥补市场缺口而生
致力于推动世界和平和跨文化理解	致力于服务全球资本和全球竞争力
主要提供 IB 课程	以英式课程为主
学生文化背景多元,很多学生都是"第三文化儿童"[1]	学生以东道国本土学生为主,"第三文化儿童"较少
学校之间建立起了相互支持的网络	学校的支持网络主要是本地学校或同品牌连锁学校
大多是非营利性的、独立的	营利性和商业驱动的学校居多,例如国际教育集团（如 GEMS、Nord Anglia、Cognita 等）旗下的众多学校,且越来越多的学校归私募股权和主权财富基金[2]所有
有着美国精神特质,主要服务于国际移民或外交团体	具有英国精神特质,主要服务于全球新兴中产阶级
存在行业领袖,如北大西洋学院（Atlantic College）和日内瓦国际学校（International School of Geneva）,但这些领袖学校并不具备垄断地位	整个行业由新兴的英式精英连锁学校主导,例如德威国际教育集团

注：[1] 第三文化儿童，即既不属于东道国文化，也不属于母国文化，却与那些有着类似经历的其他人享有共同的文化。

[2] 主权财富基金，与私人财富相对应，是指一国政府通过特定税收与预算分配、可再生自然资源收入和国际收支盈余等方式积累形成的，由政府控制与支配的，通常以外币形式持有的公共财富。

资料来源：Tristan Bunnell. *International Schooling and Education in the "New Era": Emerging Issues* [M]. Bingley：Emerald Publishing，2019：38-39。

"后理想模式"的陷阱

国际学校发展的"后理想模式"虽然满足了全球化进程中新兴中产阶级家庭的教育需求，但一个事物的发展往往具有两面性，邦内尔对其特点的总结和对新模式的命名（实际上，邦内尔还将"后理想模式"称为"非理想模式"）体现出其对国际学校发展态势的担忧。现有研究指出，国际学校要注意"过度"商业化、应试化、精英化、西方化这几大"陷阱"。事实上，国际学校并非完全不能商业化、应试化、精英化和西方化，这是一些国际学校本身的特点，是国际学校多元生态中的一类体现。但一旦过度，就变成了"陷阱"，违背了国际学校的教育本质。从这些陷阱中抽身，将是未来国际学校可持续发展的关键。

- **过度商业化**

理想模式下的国际学校致力于推动世界和平与跨文化理解；其所服务的家长社群有很大的话语权；学校注重创新性，是全球教育的实验室。而后理想模式下的国际学校最突出的一个特点就是"过度商业化"：学校由投资者主导；致力于服务全球资本和全球竞争力；学校成为品牌载体或为弥补市场缺口而生；以及越来越多的学校归私募股权和主权财富基金所有。两种模式的国际学校遵从的是完全不同的规律，前者遵从的是教育规律，关注的是培养什么样的学生以及如何培养学生，而后者遵从的是商业规律，即如何实现快速增长和短期盈利。当商业规律凌驾于教育规律之上时，国际学校就会被异化为商品，很容易促生功利、短视的消费行为。

- **过度应试化**

在后理想模式下，国际学校的学生主体变成了东道国的本土学生。为了能够进入英美等西方发达国家的高校深造，这些学生不得不通过西方高校所认可的各类考试。国际学校也为了证明自己的学业能力，积极组织由国际教育机构推动的标准化考试，或是将优秀毕业生的升学情况展示在学校宣传材料上。有研究发现，一些教授 IB 课程的国际学校在做广告时仅仅是在浓墨重彩地宣传自己所指向的"社会优势资源"，即更理想的升学与就业机会，而并未对培养有社会责任感的未来公民做出期许。① 因此，国际学校也带有浓郁的"应试味"② 和功利主义色彩。在中国，有的家长和学生希望能摆脱国内的"应试教育"而选择国际学校，殊不知很有可能走上了另一条"应试教育"之路，只不过在评价方式上有所不同。

- 过度精英化

国际学校原本主要服务于全球流动的侨民或外交团体，而现在高收入精英家庭的学生占据主流。以中国为例，国际学校学费动辄二三十万元，远超我国城镇居民人均可支配收入水平，因此，国际学校成为名副其实的"贵族学校"。如此一来，学业上的成败就不完全是学生自然能力的竞争结果，而在很大程度上是不同阶层家庭资本上的较量。在西方发达国家，越来越多的公立学校开始为学生提供 IB 等国际课程。但对于广大发展中国家来说，依靠公立学校为国际课程埋单是不现实

---

① Whitehead, K. Advertising Advantage: The International Baccalaureate, Social Justice and the Marketisation of Schooling [C]. Paper Presented to Australian Association for Research in Education Annual Conference, Parramatta, 27 November - 1 December 2006, www. Aare. Edu. au/05 pap/whi05426. pdf (accessed December 2008).

② Matthews, J. and Sidhu, R. Desperately Seeking the Global Subject: International Education, Citizenship and Cosmopolititanism [J]. *Globalization, Societies and Education*, 2005, 3 (1): 49-66.

的。据了解，在亚太地区，仅 IB 项目每年需缴纳的会员费就高达 5 万多元人民币。① 因此，有学者批评道，为促进和平与相互理解而生的 IB 教育，如今却成为引发社会不公的重要因素。②

- **过度西方化**

无论是在理想模式还是后理想模式下，国际学校的教育理念、教育实践都是西方主导的。即使是在理想模式下，所谓的国际精神也并非普世价值观。国际学校的国际理念源自西方 17~18 世纪的启蒙运动，推崇诸如个人主义、自由、民主、平等、理性、乐观、普遍主义等价值观，而这些价值观并不被所有的国家或文化所认可。③ 如果说理想模式下以西方国际移民为主体的国际学校传播西方价值观无可非议，那么在后理想模式下，大量来自非西方国家的学生也在接触和内化着嵌入了西方价值观的课程、考试、教材，则十分值得反思。有学者提醒道："课程从来都不可能价值无涉，高度统一的课程与考试标准必然指向单一的、排他的价值评判标准，这会在很大程度上降低知识建构过程的可对话性与可协商性，促生霸权话语……对于非西方国家（特别是发展中国家）来讲，最大的威胁恐怕是西方教育理念（如学生中心论、学科群思想等）

① 王熙、陈晓晓：《国际教育的全球化陷阱》，《教育学报》2015 年第 5 期，第 19~26 页。
② Resnik J. "Multicultural Education —Good for Business But Not for the State? The IB Curriculum and Global Capitalism" ［J］. *British Journal of Educational Studies*, 2009, 57（3）：217-244.
③ Tate, NIcholas. 2016. "What Are International Schools for?" edited by Mary Hayden and Jeff Thompson, *In International Schools：Current Issues and Future Prospects*, Oxford：Symposium Books. 2016, 17-36.

以垄断的优势去压倒他者，不断挤压非西方主流文化的生存空间。"① 为此，也有学者批评道，国际教育这一原本崇尚包容与对话的教育却在全球化浪潮的裹挟下不断参与建构后殖民主义话语。②

———————

① 王熙、陈晓晓：《国际教育的全球化陷阱》，《教育学报》2015 年第 5 期，第 21 页。

② Quist, I. The Language of International Education：A Critique ［J］. *IB Research Notes*, 2005, 5（1）：5.

第二章
全球国际学校发展概况

经过一个世纪的发展，国际学校已成为全球化时代不可或缺的教育形式。在这些学校中，以英语为教学语言的国际学校占据主流，因此从其发展情况基本可以预估全球国际学校的整体走势。但受经济、历史、文化等因素影响，各国国际学校发展并不均衡，尤其是英语国家国际学校和非英语国家国际学校之间存在较大差别。

第一节　全球国际学校发展势头

国际学校概念模糊、类型复杂，因此难以对全球国际学校发展情况进行追踪。国际学校咨询公司（International School Consultancy Group，简称 ISC）针对全球以英语为教学语言的国际学校发展情况进行了长期跟踪。这些英语国际学校主要分为两类：一是在非英语国家，为学龄前、小学和中学阶段的学生提供全英文或部分英文授课的学校；二是在以英语为官方语言之一的国家，在国家课程范围外提供具有国际导向的英文课程的学校。① 虽然

---

① ISC Research. Who We Are［EB/OL］.［2020 - 07 - 14］, https：//www. iscresearch. com/about-us/who-we-are.

国际学校也包括以其他语言为教学语言的学校，但在全球国际学校市场，英语国际学校占有最大的市场比例。因此，英语国际学校的发展情况基本可以说明当前全球国际学校的整体发展势头。

总体规模与增长潜力

据 ISC 统计，2022 年 7 月，全球英语国际学校数量、学生数量、员工数量、年收入都有增长（见表 2-1）。学校数量在 10 年间增长了 60%，从 2012 年 7 月的 8246 所增长到了 2022 年 7 月的 13180 所。学生数量增长了 53%，员工数量则增长了 60%，而学校创造的收入更是在 10 年间增长了 92%。这些数据表明，英语国际学校在过去的 10 年里发展迅速。另据 ISC 研究部门（ISC Research）预测，英语国际学校市场在未来 4 年里会得到进一步发展，在 2026 年将达到 16000 所学校。[①]

表 2-1　全球英语国际学校 10 年间增长情况

时间	学校数量(所)	学生数量(万名)	员工数量(名)	收入(亿美元)
2012 年 7 月	8246	385	356487	280
2022 年 7 月	13180	589	571228	538
增长率(%)	60	53	60	92

注：多数数据为四舍五入后的结果。

资料来源：ISC Research. Data on International Schools［EB/OL］.［2022-09-02］，https：//www.iscresearch.com/。

地理分布和增长极

全球英语国际学校的地理分布也发生了重大变化。2000 年

---

① ISC Research. Data and Intelligence on the World's K-12 International Schools Market［EB/OL］.（2020-12）［2020-12-18］，https：//www.iscresearch.com/.

时，英语国际学校大多分布在西班牙（99 所）、阿联酋（97 所）、中国香港（70 所）和泰国（55 所）。从 2006 年开始，亚洲英语国际学校数量急速增长，到 2008 年，亚洲共有 2361 所英语国际学校，占全球英语国际学校总数的 49%，其中，阿联酋、中国和日本的英语国际学校数量增长最快。2020 年 7 月 ISC 发布的统计数据显示，亚洲仍是国际学校主要分布地区，共有 6638 所学校，占据全球市场的 57%（见图 2-1）。① 与 2015 年的国际学校入学人数相比，西亚增长了 20.6%，东南亚增长了 31.5%，东亚增长了 33.3%，增长最为显著的则是南亚，其增长率达到了 64.6%。全球国际学校的年均学费是 8623 美元，但在

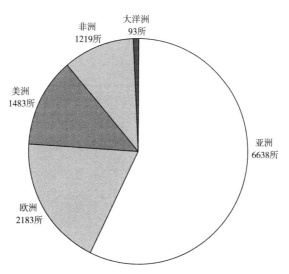

图 2-1　全球各地区（英语）国际学校数量

资料来源：ISC Research. Data on International Schools［EB/OL］.［2020-12-16］，https：//www. iscresearch. com/data。

---

① ISC Research. 25 Years of ISC Research and the International Schools Market：Transforming Demographics［EB/OL］.［2020-10-09］，https：//www. iscresearch. com/news-and-events/isc25.

不同地区差异显著，例如，印度的年均学费是 3195 美元，马来西亚是 6318 美元，中国则高达 16340 美元。① 另据 ISC 2019 年 7 月发布的排名显示，中国已成为全球拥有最多（英语）国际学校的国家，比排名第二的印度多 176 所（见表 2-2）。②

表 2-2　2019 年各国（英语）国际学校数量排名（前 10 位）

单位：所

排名	国家	（英语）国际学校数量
1	中国	884
2	印度	708
3	阿联酋	664
4	巴基斯坦	485
5	印度尼西亚	342
6	尼日利亚	326
7	日本	291
8	意大利	289
9	沙特阿拉伯	284
10	马来西亚	283

资料来源：李馨怡：《特别关注：全球国际学校突破 1 万所，中国排名第一，上海北京学生总数超 10 万!》［EB/OL］.（2019-08-29）［2020-10-22］，https：//www. sohu. com/a/337266704_ 357704。

新冠肺炎疫情的影响

新冠肺炎疫情给全球教育行业带来了严峻的挑战与冲击。据联合国教科文组织的统计，2020 年 4 月，全球超过 170 个国家

① ISC Research News-December 2020. New Shifts in the World's International Schools Market ［EB/OL］.（2020-12）［2021-04-15］，https：//www. iscresearch. com/news-and-events/isc-news/isc-news-details/~post/isc-research-news-december-2020-20201202.

② Anip Sharma. L. E. K. Consultancy. Bilingual K-12 Market Across Chinese Cities ［EB/OL］.［2021-1-7］，https：//www. lek. com/insights/vd/bilingual-k-12-market-across-chinese-cities.

采取了学校停课的措施,致使全球 80%以上(约 14 亿人以上)的学生无法继续正常的线下教学。①

国际学校同样难以幸免。尽管全球范围内的国际学校市场在疫情的冲击下仍保持扩张态势,但不少国际学校的收入增长速度有所放缓。独立学校委员会(Independent Schools Council)于 2021 年 3 月发布的国际学校福利调查显示,总共约有 560 万名国际学校学生和 57 万名国际学校教师的教学福利受到了疫情带来的种种影响,例如各国对出入境的限制。61%的教师和管理者认为,远程学习是新冠肺炎疫情给学生们带来的最大挑战,其他显著的挑战还包括课外活动受限、学校封闭和社交缺失。② 除了对教学活动较为直接的冲击以外,新冠肺炎疫情还使学生产生了更多的心理健康问题,63%的受访者认为其所在学校或多或少的学生在疫情间变得非常焦虑。

艾意凯咨询公司全球教育部(L. E. K. Consultancy)分析指出,正是由于线上教育的快速发展,疫情对教育产业的影响相对小于其他产业。③ 部分国际学校的线上教育实践已经被政府作为线上教育的典范,为当地其他学校开展线上教学提供参考。④

---

① UNESCO. COVID-19 Impact on Education / Global Monitoring of School Closures [EB/OL]. (2020-04-02)[2021-04-09], https://en. unesco. org/covid19/educationresponse.

② ISC Research. Wellbeing in International Schools. The 2021 Report [EB/OL]. (2021-03)[2021-04-15], https://www. iscresearch. com/wellbeing-report-march-2021.

③ Danish Kamal Faruqui, Jitin Sethi, Bharat Mehra. L. E. K. Consulting. Navigating Investment Opportunities in Education [EB/OL]. (2020-8-14)[2021-1-7], https://www. lek. com/insights/navigating - investment - opportunities - education.

④ ISC Research. 25 Years of ISC Research and the International Schools Market: Transforming Demographics [EB/OL]. [2020 - 10 - 09], https://www. iscresearch. com/news-and-events/isc25.

第二节　主要英语国家海外国际学校布局

国际学校，尤其是海外办学，对于中国来说仍然是个新鲜事物，但从世界范围内来看，尤其是对于英国、美国、加拿大等英语国家来说，已十分成熟。本节将从办学历史、推动机构、办学规模、地理分布、课程体系等方面介绍这三个代表性国家的海外办学布局情况。

英国：数量庞大的海外学校

英国在世界范围内久远的殖民史催生了数量众多的海外学校。尽管有学者提出创立于 19 世纪中期伦敦斯普林格罗夫的"国际学院"（International College）很可能是第一所国际学校，[①] 但实际上有史料记载 19 世纪初期英国传教士就与非洲殖民地中央或地方政府有教育合作——当地政府鼓励英国传教士开办学校。[②] 只不过，前者主要招收的是国际移民的子女，而后者招生主要面向殖民地人民。1989 年，非政府组织英国国际学校委员会（The Council of British International Schools，简称 COBIS）正式成立，致力于服务全球范围内 200 余家英国海外学校，并为其提供认证、培训和平台搭建等服务（见延伸阅读 2-1）。COBIS 的成立，标志着英国海外国际学校布局进入了标准化、系统化的发展阶段。

① Sylvester, R. The "first" International School. In: M. C. Hayden, J. J. Thompson and G. R. Walker（eds.）, *International Education in Practice: Dimensions for National and International Schools*. 2002, London: Kogan pp. 3-17.

② Madeira A. I. Portuguese, "French and British Discourses on Colonial Education: Church-State Relations, School Expansion and Missionary Competition in Africa, 1890-1930"［J］. *Paedagogica Historica*, 2005, 41（1-2）: 37.

延伸阅读 2-1　COBIS 架构及职能

COBIS 由管理团队、董事会、名誉主席及副主席三组人员构成。管理团队共 14 人，分别为一名首席执行官，以及分管职业发展、运营、财务、学校资质审查、安保、学生活动、营销和传播的主管及助理。管理团队的首席执行官和部门主管均为过去在国际教育领域有丰富从业经验的专业人士；董事会由 12 名国际学校的校长、主管组成，管理和监督 COBIS 的活动。① COBIS 的基本职能如下。一是审查。COBIS 的"赞助人认证与法规遵从"审查是一套针对英国海外国际学校的认证体系，通过认证是海外国际学校成为 COBIS 成员的主要途径。除课程、教学质量之外，审查指标还包括学生的精神、道德与社会文化发展、学生福利、健康与安全，甚至还包括校方与雇员之间的适应性、学校场地与住宿，以及学校的投诉程序。二是安保管理。海外国际学校委员会与英国国家刑事档案办公室合作颁发一种"国际儿童保护证书"②，对所有现居或曾居英国，并打算到海外参与和儿童相关工作的人进行犯罪记录清查，关注被调查人过往是否有与伤害儿童权益有关的劣迹历史，确保了海外国际学校的师资质量。三是游说。COBIS 代表成员学校，在政府、教育机构和教育协会之间游说，推动有利于国际学校发展的政策和实践。四是教师培训。委员会为教师提供职业学习和职业发展规划课程，组织指导学校教师招聘的网络研讨会。五是成员学校间关系维护。COBIS 为成

---

① COBIS. Meet the Team ［EB/OL］．［2021-06-03］，https：//www. cobis. org. uk/about-us/meet-the-team.

② COBIS. The International Child Protection Certificate ［EB/OL］，https：//www. cobis. org. uk/professional - learning/webinars/previous - webinars/post/~ board/recordings/post/the-international-child-protection-certificate-icpc.

员学校创造线上线下的交流与合作机会。①

由于英语是全世界使用最广泛的语言，因此，英式海外国际学校受到众多家长的追捧。目前，全球有 6000 多所英式海外学校。② 根据 COBIS 于 2019 年的统计，其认证的 263 所国际学校分布在 79 个不同的国家。在所有地区中，位于欧洲的英式国际学校共 103 所，占总数的 39%。相比之下，亚洲受 COBIS 认证的国际学校占比较少，仅有 40 所，占总数的 15%，其中有 10 所学校在中国（见图 2-2）。

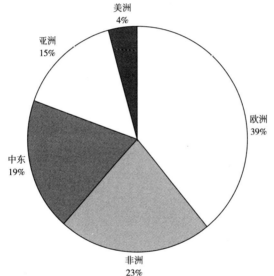

图 2-2　全球英国 COBIS 学校区域分布

资料来源：Council of British International Schools. COBIS Annual Research Survey 2019 Summary Report ［R/OL］. （2019）［2020-12-18］, https：// resources. finalsite. net/images/v1578925164/cobis/r98giz1oeyvu6aa4ndxq/COBIS Annual Research Survey 2019. pdf。

---

① COBIS. What Is COBIS ［EB/OL］, https：//www. cobis. org. uk/about - us/ what-is-cobis.

② COBIS. Teacher Supply in British International Schools ［R］. （2020 - 06）［2021 - 07 - 15］, https：//resources. finalsite. net/images/v1591875549/cobis/ sozjbejmrn1fpuigd8ne/COBISTeacherSupplyReport2020FINAL. pdf, p. 5.

COBIS 学校共拥有 16 万名学生，其中，非英语母语者占到了 62%。教师组成也比较多元，有 43% 的学校老师是英国籍，20% 为学校当地人，37% 来自第三国。这些 COBIS 认证的英式海外学校大多采用复合课程体系，超过 80% 的学校全部或部分使用了含知名的 A-level（General Certificate of Education Advanced Level，英国高中课程）和 IGCSE（International General Certificate of Secondary Education，英国国际初中课程）在内的英国国家标准课程，其他被采用较多的课程体系包括剑桥中级课程（Cambridge Secondary）、IB 课程（International Baccalaureate）以及当地国家的标准课程。①

英国在海外办学方面的一大特色是促生了一些国际知名的跨国教育集团，例如诺德安达集团（Nord Anglia Education）、考格尼塔教育集团（Cognita Education Group）和德威国际教育管理集团（Dulwich College Management International Limited）。上述教育集团均起源于英国，随后迅速扩展至全球，在经营上也采取本土化策略，在一定程度上淡化了英国属性。2020 年，诺德安达集团在全球 29 个国家有 69 所学校，拥有超过 67000 名 2~18 岁学生。② 而截至 2020 年 12 月，考格尼塔教育集团共在三大洲的 10 个国家建有 80 所国际学校，覆盖超过 7500 名教师和来自 94 个不同国籍背景的 50000 名学生。目前，其在亚洲、欧洲和拉丁美洲的学校数量分别是 13 所、49 所和 18 所。德威国际教育管理集团则是走"小而精"路线的跨国教育集团，目前旗下有 10

---

① Council of British International School. COBIS Annual Research Survey 2019 Summary Report［R/OL］（2019）［2021-04-02］，https：//resources.finalsite.net/images/v1578925164/cobis/r98giz1oeyvu6aa4ndxq/COBISAnnualResearchSurvey2019.pdf.

② Nord Anglia Education. Why Choose Nord Anglia Education［EB/OL］.［2021-01-12］，https：//www.nordangliaeducation.com/about-us/about-nord-anglia-education.

所学校（教育中心），其中7所在中国，其在中国还有3所姊妹民办国际学校——"德闳学校"。

美国：军属学校与民众学校

美国海外学校与其海外驻军的发展密切相关，海外军事基地学校的历史比其他类型的海外学校历史都要长。第一所由美国国会资助的海外学校成立于美国内战结束时期（约1865年），位于墨西哥城。"二战"结束后，军事基地学校迅速发展，至1949年时，已达100所，分别由美国陆军、海军、空军负责管理。1964年时，美国国防部又将分属三类军队管辖的学校合并，称其为"国防部海外军属学校体系"（Department of Defense Overseas Dependents School System），后更名为"国防部军属学校"（Department of Defense Dependent Schools，简称DoDDS）。该体系规模在20世纪60年代时达到顶峰，包含600所基础教育学校、16万名学生，分布于全球41个国家。① 截至2020年夏，全球仍有119所美国海外军属学校，其中日本35所，德国34所，韩国10所，意大利9所，英国9所。②

除海外军属学校外，美国还有一部分海外学校是面向民众的。此类国际学校也诞生于19世纪，最早的两所学校设在墨西

---

① AOSHS. Historical Book 1‐History of American Schools around the World from 1921‐Present［R/OL］.（2020）［2021‐11‐05］，https：//d3rjnt571k7hxf. cloudfront. net/uploads/2021/11/AOSHS‐Historical‐Book‐1‐Nov‐2021. pdf， pp. 4‐5.

② 依据"AOSHS. Historical Book 4‐School Locations；Department of Defense Dependent Schools（DoDDS）by Country［R/OL］.（2020）［2021‐11‐05］， https：//d3rjnt571k7hxf. cloudfront. net/uploads/2021/08/AOSHS‐Historical‐ Book‐4‐Aug‐2021‐1. pdf， pp. 5‐22"资料整理而得。

哥城和东京。大多数学校由私人、社群或企业举办。"二战"前，此类学校发展也十分缓慢，主要服务于美国投资的企业、传教士或外交使团，"二战"后该类学校同样进入快速增长期。①与此同时，这些学校也会接收其他国籍的学生，因其有助于加强美国与其他国家人民之间的相互理解。②

为了进一步整合其对海外学校的资助，美国在1964年建立了隶属于美国国务院的海外学校办事处（The Office of Overseas Schools，简称OS）来管理这些学校（见延伸阅读2-2）。同时OS还是美国海外学校咨询理事会（Overseas Schools Advisory Council，简称OSAC）的执行秘书处。美国国务院除了通过OS支持海外国际学校之外，还通过成立OSAC，充分调动美国国内商界、基金会和教育界的领军人物，甚至是学校所在国的经济社会资源来支持发展美资的海外国际学校。如今，OSAC已经成为美国联邦政府持续时间最长的咨询理事会之一。不过，OSAC的援助对象并非单独的国际学校或机构，而是通过各地所属的区域教育协会提供支持，先有试点，再根据海外学校、学生和老师潜在的受益效果来衡量援助项目是否能推广到其他地区。③

延伸阅读2-2 OS架构及职能

OS设有一名主管和地区教育官员若干。地区教育官员分别

① AOSHS. Historical Book 1-History of American Schools around the World from 1921-Present［R/OL］. p. 8.
② Office of Overseas Schools, US Department of State. About Us-Office of Overseas Schools［EB/OL］.［2020-12-18］, https://www.state.gov/about-us-office-of-overseas-schools/.
③ US Department of State. Overseas Schools Advisory Council［EB/OL］.（2020-09-22）［2021-09-26］, https://www.state.gov/key-topics-office-of-overseas-schools/overseas-schools-advisory-council/.

监管东亚和中亚、非洲、东亚和太平洋、墨西哥—加勒比地区—中美洲—南美、西欧、近东—南亚—地中海—加拿大—埃及—摩洛哥—突尼斯6个地理分区的美国国际学校。① 地区教育官员要求由经过严格训练、有经验和有人脉的教育界人士担任，他们需协助 OS 与海外国际学校开展合作，并维护与美国大学、职业组织和相关政府部门的良好关系。美国海外学校面临的困难之一是相对孤立，其与美国当前的教育发展缺乏一致性。为了克服这种距离造成的阻碍，海外学校办公室长期以来一直通过技术和赠款援助支持地区协会的发展。这些协会为获资助的海外学校提供各种教育服务，包括职员在职培训、采购、招聘服务和课程发展。海外学校办公室成立并协助了以下8个地区教育协会：南美洲美国学校协会（AASSA）、中美洲美国学校协会（TRI-Association）、非洲国际学校协会（AISA）、中欧和东欧学校协会（CEESA）、东亚海外学校区域理事会（EARCOS）、欧洲国际学校理事会（ECIS）、地中海国际学校协会（MAIS），以及近东南亚海外学校理事会（NESA）。②

OS 为两大基本目标服务：一是提高海外国际学校的教育质量，为海外美国公民子女提供接受高质量教育的机会；二是增进美国和其他国家教育项目的相互了解，推广美国教育理念、原则和方法。其职能基本围绕这两大目标展开，其一是支持受过严格训练的优质国际学校教师的成长发展；其二是支持学校管理体系建立和贯彻办学宗旨；其三是鼓励教育

---

① Office of Overseas Schools. Contact Us ［EB/OL］, https：//www. state. gov/contact-us-office-of-overseas-schools/.

② Office of Overseas Schools. Selected Activities of the Office of Overseas Schools ［EB/OL］. ［2021 - 7 - 26］, https：//2009 - 2017. state. gov/documents/organization/211730. pdf.

项目的持续性评估；其四是开发金融和财政资源，为缺少受教育机会的美国公民子女提供支持；其五是协助美国学校系统与海外学校进行师资和教育项目的合作交流。为此，OS 曾设立了丰富多彩的项目，例如利用财政资源，颁发"总统教育奖""美国杰出公民奖"等奖学金为缺少受教育机会的美国公民子女提供经济支持；还曾为海外国际学校的大学升学顾问提供资金支持，并举办暑期研习班、招生咨询会等，为美国海外公民申请美国高校提供便利。①

根据 OS 于 2020 年的统计，美式海外学校的数量高达 1200 余所，其中，有 193 所美式海外学校得到美国国务院的认证与资助。② 这些学校分布于 135 个国家，与英式海外学校情况类似，大多数美式海外学校分布在欧洲③，共有 61 所学校，占总体的 32%。东亚和太平洋地区的美国海外学校相对较少，共 25 所，只占总体的 13%（见图 2-3）。现居海外的美籍学龄人士有 25 万，他们中的大多数便就读于这些学校。④

由于美国的教育系统由各州管理，所以美国并没有一个国家统一课程。美国课程一般使用英语和当地语言授课，在教育形式上仿作美国国内课程，并强调美国的标准和原则。近年

---

① Office of Overseas Schools. Selected Activities of the Office of Overseas Schools. 2016 ［EB/OL］，https：//2009 - 2017. state. gov/documents/organization/211730. pdf.

② Office of Overseas Schools, US Department of State. Schools Worldwide ［EB/OL］. ［2021-04-02］，https：//www. state. gov/schools-worldwide/.

③ 材料原文为 Europe and Euroasia（直译为"欧洲和欧亚"，为避免歧义，结合上下文，翻译为"欧洲"）。

④ Office of Overseas Schools, US Department of State. 2020-2021 World Wide Fact Sheet Available ［EB/OL］. （2020-12-10）　［2020-12-18］，https：//www. state. gov/2020-2021-world-wide-fact-sheet.

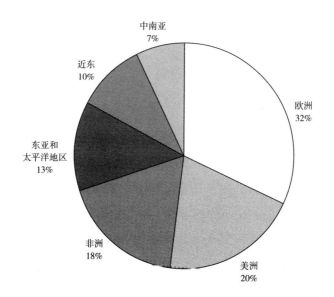

图 2-3　得到美国国务院认证与资助的海外学校的区域分布

资料来源：Office of Overseas Schools，US Department of State. 2020-2021 World Wide Fact Sheet Available［EB/OL］.（2020-12-10）［2020-12-18］，https：//www. state. gov/2020-2021-world-wide-fact-sheet。

来，美国的共同核心州立标准计划（Common Core State Standards Initiative，简称 CC）被不少美国与其他国家国际学校采用。根据宾夕法尼亚大学 2019 年的研究，国际学校喜欢选用 CC 体系是因为这能让国际学生感受到美国的文化，为他们日后转入美国社会做好准备。[1] 另外，高中阶段基本都会选择美国大学预修课程（Advanced Placement，简称 AP 课程），以打造美国气质并更好地促进学生们从国际学校到美国的过渡，[2]

---

[1]　Julia Mahfouz, Eric Sausner, and Mindy Kornhaber. US international schools overseas and the Common Core［J］. *International Journal of Leadership in Education*, 2019, 22（4）：406-420.

[2]　Julia Mahfouz, Erica Sausner, Mindy Kornhaber. US international schools overseas and the Common Core［J］. *International Journal of Leadership in Education*, 2019, 22（4）：406-420.

但也有部分地区的学校会同时要求完成当地课程，如拉丁美洲。①

加拿大：地方政府引领建校

加拿大大规模地开展海外办学大致是在 20 世纪 90 年代中期。与大多数国家不同的是，加拿大各省或地区政府在海外办学中扮演引领角色。② 目前，加拿大的国际学校主要由加拿大政府全球事务部（Global Affairs Canada，简称 GAC）国际教育组（International Education Division）负责统筹（见延伸阅读 2-3）。该部门不但与具有独立司法管辖权的加拿大各行政区形成紧密合作，还利用国际教育领域的行动方案与活动，通过海外国际学校吸引全球人才聚集，将加拿大打造成为海外人才学习与研究的目的地。③

▶▶ 延伸阅读 2-3　GAC 国际教育组的职能

GAC 国际教育组旨在通过提升加拿大的国际形象来吸引国际学生进入加拿大全球教育机构与体系。其基本职能包括以下三点。

第一，推广加拿大的国际教育。具体途径包括三种：宣传，在世界范围内宣传加拿大作为留学目的地和教育合作伙伴的优

① Council of British International School. COBIS Annual Research Survey 2019 Summary Report［R/OL］，（2019）［2021-04-02］，https：//resources. finalsite. net/images/v1578925164/cobis/r98giz1oeyvu6aa4ndxq/COBIS Annual Research Survey 2019. pdf.

② Canadian Overseas Schools-A Unique Approach to the Export of Canadian Education［EB/OL］.（2011-05-24）［2021-11-11］，https：//www. asiapacific. ca/ sites/default/files/filefield/overseas_ canadian_ schools_ final. pdf. p. 6.

③ Government of Canada. Bilateral and Multilateral Relations in International Education［EB/OL］.（2019-05-02）［2021-11-05］，http：//www. international. gc. ca/ education/policy-politique. aspx? lang=eng&menu_ id=831.

势，助力加拿大教育模式的推广与普及；服务，为联邦政府、非政府组织、加拿大驻外使团等对象提供与他国教育机构进行沟通与合作的服务，促进国际教育合作；协调，协助加拿大驻外使团的国际教育促进与推广工作。

第二，提供国际奖学金。GAC 国际教育组为国际学者提供支持，增强加拿大海外学校对人才的吸引力与聚集力，进而提升加拿大海外学校的办学质量与水平。

第三，协调国际教育中的双边与多边关系。GAC 国际教育组致力于加强和促进加拿大高等教育的国际化程度，其与加拿大教育部长理事会（Council of Ministers of Education, Canada）及其他联邦部门和非政府组织开展广泛合作，协调与加拿大高等教育国际化相关的国际活动。GAC 国际教育组负责推动与国际教育、海外学校相关的国际协议的签署以及国际公约的批准，亦负责监察加拿大是否遵守此类协议与公约中的相关规定。①

加拿大将国际教育视为一项重要的出口产业，政府对海外学校进行认证、监管，并收取海外课程使用费。据统计，2009 年，在海外学习加拿大课程的学生人数比不列颠哥伦比亚省、阿尔伯塔省和曼尼托巴省的大多数公立学区的学生都要多，是爱德华王子岛省 1~12 年级学生总数的 2 倍多。② 值得一提的是，加拿大与中国的枫叶教育集团有着长期而紧密的合作关系，多所学校均是由枫叶教育集团与加拿大各省政府合作兴办。1995 年，加拿

---

① https：//www. international. gc. ca/education/about _ us - a _ propos _ de _ nous. aspx? lang＝eng（2021-4-14）［2021-11-10］.

② Asia Pacific Foundation of Canada. Canadian Overseas Schools-A Unique Approach to the Export of Canadian Education.［R/OL］.（2011-05-24）［2021-06-10］, https：//www. asiapacific. ca/sites/default/files/filefield/overseas _ canadian_ schools_ final. pdf, p. 12.

大第一所使用不列颠哥伦比亚省课程的海外学校便是在大连建立的枫叶国际学校。截至 2020 年 12 月，枫叶教育集团在国内外共30 个城市开办了 120 所学校，拥有超过 4.5 万名学生和 7000 多名中外籍员工。其中，有 8 所学校坐落在海外（加拿大 4 所、新加坡 2 所、马来西亚 1 所和澳大利亚 1 所）。①

根据加拿大国际认证信息中心的统计，2020 年，有 133 所加拿大国际学校（中小学）分布在 20 多个不同的国家。与英美海外学校更多分布于欧洲的情况不同，亚洲市场占据了加拿大国际教育高达76%的市场份额，拥有 88 所学校的中国占有总市场份额的 66%（见图 2-4）。② 加拿大的 K12 教育并没有统一的国家课程，因而其国际学校大多采用相应的加拿大各省的课程体系，而从这些学校毕业的学生可以直接通过各省的标准化考试转入加拿大的高等院校。③

第三节　主要非英语国家海外国际学校布局

与英语国家海外学校总体规模相比，非英语国家海外学校的规模要小得多。但法国、德国等西方国家海外国际学校的历史也超百年，覆盖面和影响力不容小觑。日本则是随着其经济全球化的加深，适时加入了海外国际学校的全球布局。

---

① Maple Leaf Education Asia－Pacific. Quick Facts ［EB/OL］．［2021-1-15］，https：//asia-pacific. mapleleafschools. com/；Maple Leaf World School ［EB/OL］．［2021-1-15］，https：//north-america. mapleleafschools. com/.

② CICIC. Search the Directory of Offshore Schools and International Education Resources ［EB/OL］．［2020-12-21］，https：//www. cicic. ca/981/searchthe_ directory_ of_ offshore_ schools_ and_ international_ education_ resources. canada.

③ British Columbia. BC Offshore Schools ［EB/OL］．［2020-12-21］，https：//www2. gov. bc. ca/gov/content/education-training/k-12/administration/program-management/international-education/offshore-schools/offshore-schools.

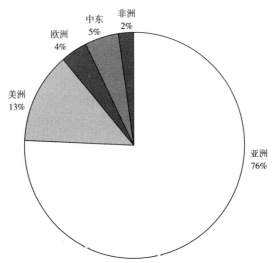

图 2-4 2020 年加拿大海外国际学校（中小学）的区域分布

资料来源：CICIC. Search the Directory of Offshore Schools and International Education Resources［EB/OL］.［2020 - 12 - 21］, https：//www. cicic. ca/ 981/search＿ the ＿ directory ＿ of ＿ offshore ＿ schools ＿ and ＿ international ＿ education＿ resources. canada。

法国：从历史中脱胎换骨

在世界近代史上，法国曾经建立了面积仅次于英国的庞大殖民帝国，涵盖亚洲、非洲、北美洲、南美洲、大洋洲五个大洲。在殖民过程中，海外国际学校作为其"同化战略"的组成部分，发挥了重要作用。虽然从现有史料中，尚未找到关于第一所法国海外国际学校的信息，但据记载，1830 年法国占领阿尔及利亚开启非洲殖民后，就逐渐开始设立法国学校。① 此外，亚洲最古老的国际学校——建于 1872 年的圣摩尔国际学校（Saint Maur

---

① Faiza, S. M.（1999）. *What Education For The Algerians In Colonial Algeria？* Contemporary History of Algeria, 15（27）, 13.

International School）就是由法国传教士所建①。

在全球化时代背景下，全球市场对于法国国际学校的需求稳步上升，法国外交部依据 1990 年 7 月 6 日法案建立了法国海外教育署（Agence pour l'enseignement Français à l'étranger，法语简称 AEFE）来发展、管理和运营在海外的法国国际学校。法国海外教育署直属于法国外文及欧洲事务部管理，属于国家级公共行政机构（见延伸阅读2-4）。

❯ 延伸阅读2-4　AEFE 架构及职能

在组织架构方面，AEFE 设立了董事会，负责审议和决策。日常事务则由总秘书处负责，下设审计处、管理控制与数据处、信息系统处、商务处、法务处。此外，还有四个职能部门：网络发展与支持部、教育培训部、财务部以及人力资源部。

AEFE 着眼于从战略角度发展法国海外学校，其主要扮演三大角色。第一个角色是"领导"，即负责管理法国政府为海外教育机构提供的人力、财力支持。具体包括：一是负责其直接管辖的 71 所学校和有合作协议的 156 所学校的教师的招聘、工资支付和专业支持；二是负责海外国际学校政策的实施，致力于在国际环境下加强法国教育的优势。第二个角色是"支持"。AEFE 支持的对象十分多样，主要包括为海外国际学校发起的教育项目提供支持；向学校分派资金、设备等支持；以奖学金的形式向法国家庭提供教育援助，也为希望在法国接受高等教育的最优秀的外国学生提供"优秀专业奖学金"；通过发

---

① 该校创建时接受过来自英国、美国、法国、奥地利、荷兰和德国公使馆的资助。Saint Maur. History of Saint Maur International School［EB/OL］.［2021-11-10］，https：//www.stmaur.ac.jp/about-us/school/history-of-saint-maur-international-school。

展和加强法国海外教育机构网络以支持法国的教育与经济外交。第三个角色是"建议"。AEFE 为海外学校提供包含教育教学、职业发展、房屋购置、学校管理、安全保证、沟通交流在内的各种建议。①

至 2019 年 10 月，共有 522 所法国海外学校分布在 139 个国家，共有 37 万名学生和 6052 名员工。② 其中，有 71 所学校由 AEFE 直接管理，156 所学校被教育署认可但由其他机构管理，295 所为合作学校。根据 AEFE 提供的学校分布地图估算（见图 2-5），大多数法国海外学校分布在非洲和欧洲国家，分别占 34% 和 25%。法国在非洲的国际学校占比最高，应与法国在非洲的殖民历史有关。根据相关统计，世界上有 54% 说法语的人居住在非洲，③ 相比之下，亚太地区的法国海外学校则仅占 11%。非洲地区法国海外学校如此突出的占比，也使得法国海外国际学校布局的殖民痕迹明显高于英国、德国等其他传统殖民国家。

不过，法国海外学校内核上的殖民痕迹已经越来越淡。其课程在保证法语教学的基础上，会注重向学生教授当地国家语言，同时也注重提升英语的应用水平。法国海外教学网络着眼于德智体美劳的全面教育，引导学生向高等教育过渡。2013 年，法国

---

① Agence pour l'enseignement à l'étranger. About AEFE. Steering, Support, Advice. [EB/OL]. [2021-05-11], https://www.aefe.fr/aefe/propos-de-laefe/pilotage-soutien-conseil.

② AEFE. The French School System Abroad [EB/OL]. (2019-10-7) [2020-12-21], https://www.diplomatie.gouv.fr/en/french-foreign-policy/francophony-and-the-french-language/learning-and-teaching-french/the-french-school-system-abroad-aefe/.

③ Radio-télévision belge de la Communauté française. La langue française réunit 274 millions de personnes dans le monde. (2014-11-12) [2021-1-7], https://www.rtbf.be/culture/litterature/detail_la-langue-francaise-reunit-274-millions-de-personnes-dans-le-monde? id=8400114.

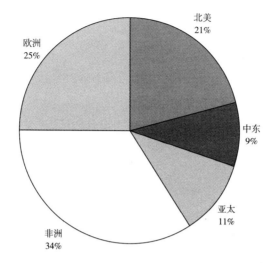

图 2-5　2019 年法国海外国际学校的大致区域分布

注：数据根据 AEFE 官方网站学校分布地图估算。

资料来源：AEFE. The French School System Abroad［EB/OL］.（2019-
10-7）［2020-12-21］, https：//www. diplomatie. gouv. fr/en/french-foreign-
policy/francophony-and-the-french-language/learning-and-teaching-french/
the-french-school-system-abroad-aefe/。

海外教学网络的学生的法国高中会考通过率达到 94.5%，其中
2/3 评语为优良，20% 评语为优秀。①

德国：文化外交的重要载体

德国海外国际学校的正式起源大概是在 19 世纪中期。② 德
国政府将海外国际学校建设作为其实施文化外交政策的重要载
体，因此，德国外交部是德国海外国际学校建设的主要推动力

①　法国海外教育署：《向大家提供高品质的优秀教育》，2021 年 4 月 13 日，
https：//www. aefe. fr/fa-guo-hai-wai-jiao-yu-shu。

②　Dominik H. A Historical Account of German Schools Abroad as Providers of
Transnational Education［J］. *Transnational Social Review-A Social Work Journal*,
2018：4.

量。目前，德国的海外国际学校受联邦外交部下属海外德国学校中央办事处（Zentralstelle fürdas Auslandss chulwesen，德语简称 ZfA，见延伸阅读 2-5）管理。除此之外，ZfA 还为全世界 1100 所学校提供德语教学支持，鼓励学生参加德语水平认证（Deutsches Sprach Diplom，德语简称 DSD）考试。德国发展海外国际学校，既满足德语移民家庭的教育需求，也起到吸引国际人才和推广德国文化的作用。"对于许多德语移民家庭来说，如果希望获得基于德国标准的高质量教育，德国海外学校便是最佳选择。"①

延伸阅读 2-5　ZfA 架构及职能

ZfA 代表联邦外交部为全球 1200 多所学校（包括 140 所德国海外学校，其余多为教授德语的学校）提供教育支持。ZfA 此前下属于联邦行政管理局，并于 2021 年 1 月合并入位于勃兰登堡的新成立的联邦外交事务办公室。② 该机构由 100 余名雇员组成，其中包括来自 13 所不同大学和学院的 50 多位德语教学专家。③ 此外，来自 13 所院校的专家组成了 ZfA 的顾问委员会，每一位顾问任期三年，为 ZfA 及其成员学校提供有关教学质量发展、考试与测验以及教学方法论的建议。

德国的各类海外学校是该国外交和教育政策的重要组成部

---

① Anne E. Sander, W. Admiraal. German Schools Abroad: Hotspots of Elite Multilingualism? [J]. *Journal of Research in International Education*, 2016, 15: 224-237.

② Bundesamt für Auswärtige Angelegenheiten. BfAA - Bundesamt für Auswärtige Angelegenheiten [EB/OL]. [2021-11-24], https://bfaa.diplo.de/bfaa-de/bfaa? openAccordionId=item-2484878-3-panel.

③ Agence pour l'enseignement à l'étranger. About AEFE. Steering, support, advice [EB/OL]. [2021-05-11], https://www.aefe.fr/aefe/propos-de-laefe/pilotage-soutien-conseil.

分，ZfA 的主要职能包括：一是为海外德国学校和教育机构提供教学和管理上的建议，并提供质量管理方面的帮助；二是帮助海外德国学校、德语学校等招聘、选拔和安置教师；三是协助教师培养、在职培养和继续教育；四是为海外服务的教师提供经济帮助；五是为学生获得德国学历和国际学历提供支持；六是筹备和完善德语水平考试，颁发德语水平证书；七是提供德语学习专业指导；八是职业教育；九是接受和处理在外国文化与教育政策框架内的捐款；十是规范国际合作。①

截至 2021 年 4 月中旬，德国在 72 个国家建立了 138 所海外国际学校，派出了 1200 余名德国教师，为超过 85000 名在境外的学生提供教育服务，其中有 73% 的非德裔学生。德国海外学校在欧洲分布最多，有 41 所，约占总数的 30%；在撒哈拉以南的非洲分布最少，只有 9 所，约占总数的 7%（见图 2-6）。

在这些学校中，德籍学生会和本地学生在一起学习，学校还会同时颁发德国与东道国的学位证书。德国海外国际学校大多是双语学校，除了德语以外学生还需要学习英语或者当地语言的课程；但也有一部分是纯德语学校，只教授德语课程。②

日本：助力经济全球化

伴随着战后经济的恢复与崛起，日本从 1960 年开始重视建立全日制日本海外国际学校，为日商的随迁子女提供日本教育，

① Zentralstelle für das Auslandsschulwesen about us. ［EB/OL］. ［2021-05-11］, https：//www. auslandsschulwesen. de/Webs/ZfA/DE/Die－ZfA/Ueber－uns/ueber-uns_ node. html.
② German Schools Abroad-where Children from Different Cultures Meet. Federal Foreign Office ［EB/OL］. ［2021－04－13］, https：//www. auswaertiges－amt. de/en/aussenpolitik/themen/kulturdialog/04-schulen.

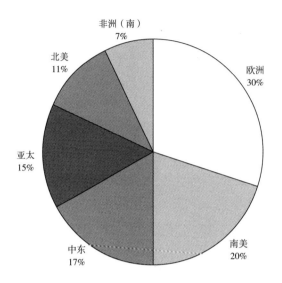

图2-6 2020年德国海外国际学校的全球区域分布

资料来源：ZfA. Weltkarte der Auslandsschulen［EB/OL］.［2021-04-13］，https：//www. auslandsschulwesen. de/Webs/ZfA/DE/Schulnetz/DAS/Weltkarte/weltkarte_ node. html？cms_ gtp=225106_ auslandsschulen%253D14。

方便他们以后回到日本后能顺利地转入日本学校。在日本外务省和教育部门的认可及海外日商的推动下，非营利性基金会日本海外子女教育振兴财团（Japan Overseas Educational Services，简称JOES）于1971年成立，旨在帮助在海外的日本随迁子女获得日本教育（见延伸阅读2-6）。1991年，共有13所全日制日本海外国际学校成立，分布在英国、法国、德国、丹麦、爱尔兰和美国。① 随后，日本国际学校在全球迅速发展。

---

① Iwasaki，Toshio. Japanese Schools Take Root Overseas［R/OL］. Journal of Japanese Trade & Industry，1991：5，https：//www. jef. or. jp/journal/pdf/trends3_ 9109. pdf.

延伸阅读 2-6　JOES 架构及职能

该机构有两名代表，分别是 1 名会长和 1 名理事长；还有 41 名管理人员，包括 4 名顾问、20 名议员、3 名监事、14 名理事；此外，JOES 包括总务部和事业部两大部门，有 98 名业务人员。其中，顾问一般由其他日本商会的主要负责人兼任；议员、监事和理事则来自海外日本企业的高管人员、国际学校校长或资深教师、高等院校教授等。

JOES 的主要服务对象分为两类：海外日籍学生与归国人员、海外日语教育机构。对于海外日籍学生与归国人员，该机构为其提供教育指导与咨询服务，帮助其顺利适应海外学习，包括为留学陪读人员提供培训课程、开展亲子课堂，介绍国外学校生活，为学生提供留学前英语课程培训等。此外，为了确保教育工作的连续性，JOES 为基础教育阶段的日籍海外学生提供国内函授课程教育，并且在其归国时免费分发日本国内教育读本。对于海外日语教育机构，JOES 为其提供资金和物资援助。通过日本国内企业进行集资，由 JOES 进行统筹汇总，在财政部审批同意之后，进行免税捐赠。对于新成立的日本学校或预算有限的小规模学校，JOES 基金提供财政或物质支持；对于设施配备完善的海外日本学校，JOES 为其提供安保服务的经济支持；JOES 在教育部门的财政援助下，为日本学校和国外的辅助学校提供教育材料，如教科书、科学工具包、计算机、视听材料和图书馆书籍。此外，JOES 还与日本的组织和公司合作，为日本学校和国外的补充学校提供必要的用品与服务，例如校车。

根据 JOES 2019 年的统计，现有 76000 名日本公民居于海外。日本目前有 88 所全日制日本海外国际学校和 204 所周末日本学校。^① 由于日商一般会在亚洲和欧洲发展，所以全日制日本海外国际学校大多分布在亚洲，共 35 所学校，占总数的 40%；其次是欧洲，共 21 所学校，占总数的 24%（见图 2-7）。

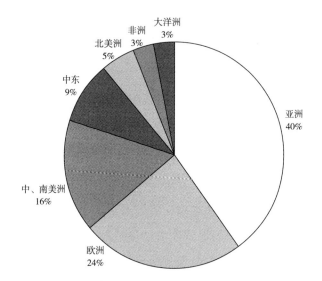

图 2-7　2015 年全日制日本海外国际学校的区域分布

资料来源：根据 "MEXT. Kaigai de manabu nihon no kodomo tachi〔Japanese children studying overseas〕〔R〕.（2015）〔2020-12-21〕" 整理而得。

---

① Japanese Overseas Educational System. Introduction to Japan Overseas Educational Services〔EB/OL〕.（2019）〔2020-12-18〕, https：//www. joes. or. jp/introduction.

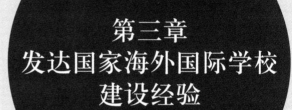

第三章
发达国家海外国际学校
建设经验

无论是从国家角度，还是从跨国教育集团角度来看，发达国家都是海外国际学校的先行者。他们利用全球化的契机，从无到有，从零到整，在资金筹集、教师培养与聘用、课程设置、内部治理、学校认证等方面积累了大量经验。本章选取和整理了部分国家的做法，希望能为中国这样的海外国际学校建设后来者提供参考。

第一节　办学资金的筹集

　　对于任何一所希望不断提高办学水平和市场竞争力的国际学校而言，教师薪酬、校舍维护、教学采购、招生宣传等都意味着巨大的费用支出。因而，国际学校的学费往往也十分高昂，尤其是在那些对国际教育有着巨大需求的地区。而不少国家也通过系列法案和项目对其海外学校进行财政资助，来保障海外公民子女的教育权利，同时提高自己在全球范围内的文化影响力。

官方出资

2014 年，德国通过海外学校法案，给予德国海外学校合法授权以接受德国政府的资助。从此，德国海外国际学校接受政府资助成为一项法律权利。此外，德国政府尤其重视为国际学校的师资招募提供财政支持。2016 年，德国国会另外拨款 2200 万欧元给德国海外国际学校，其中 2000 万欧元用于支付教师薪水和学校扩张。① 以位于秘鲁利马的一所德国海外学校洪堡学校（the Humboldtschule）为例，学校 70% 的经费来自学费，30% 由德国联邦或州政府出资。②

日本政府对于海外国际学校的资助虽然没写入法律，但也为其提供了大力支持。政府为海外国际学校的地租、在不安全国家的安全设施建设费用、公派教师旅行费用报销、本地雇佣教师薪水支付提供财政资助。政府还为海外国际学校免费提供国内课本（从小学到初中）。③

除了德国、日本，美国国务院海外学校办事处也会为国际学校提供资助，但数额极为有限，每年的预算约 180 万美元，主要用在聘请美国教师、为学生服务和提供教学内容方面。④

民间出资

21 世纪初以来，全球范围内国际学校的数量飞速上升，其

① Germany Embassy. More Money for German Schools Abroad［EB/OL］，https：//accra. diplo. de/gh－en/botschaft/themen/kultur/more－money－german－schools－abroad/1140188.

② DW. COM. Coronavirus：German International Schools on the Brink［EB/OL］，https：//www. dw. com/en/coronavirus－german－international－schools－on－the－brink/a－53319401.

③ Mizuno Norihito. The Japanese Overseas Education：Its Current State and Problems. Proceedings of 2013 2nd International Conference on Humanity，History and Society，April 8，2013［C］.

④ Office of Overseas Schools，US Department of State. About Us-Office of Overseas Schools［EB/OL］.［2020－12－18］，https：//www. state. gov/about－us－office-of-overseas-schools/.

中很多学校由国际教育集团投资兴办，国际学校已经呈现高度市场化、集团化、产业化的特点。但在产业化程度尚低的 20 世纪中期，如何调动民间资本参与国际学校的投资建设，对各国政府而言曾是一大难题。

在这方面，美国颇有经验。美国国务院于 1967 年成立了海外学校咨询理事会（Overseas Schools Advisory Council，简称 OSAC），[①] 充分调动美国国内商界、基金会和教育界，甚至是学校所在国的经济社会资源来支持发展美资的海外国际学校。咨询理事会由美国企业高管组成，鼓励美国公司、基金和个人直接为美国海外学校提供资助，理事会还帮助这些海外学校筹款。自 1983 年开始，OSAC 利用民间资金，平均每年为海外教育项目提供近 15 万美元的支持。目前的 129 个项目资助覆盖了 136 个国家中的 196 所学校，近 12.3 万名学生受益。援助的项目更偏重于教学所需的实物，如学习指南、师生手册、软件、课程计划、教职人员和校董能力培训等。[②] 在 OSAC 调动下，大量民间资金汇聚，仅以 2016 年为例，美国的海外国际学校从美国和第三国就筹得 1500 万美元的资助。

第二节　课程设置

建设海外国际学校，课程是核心。目前，国际上已经形成了以 IB、A-Level、AP 等英语国家课程为主，多元化课程并存的局面。本节将就主流国际课程和课程的多元化样态做简要梳理。

---

① Office of Overseas Schools：Overseas Schools Advisory Council Projects and Publications，https：//www. state. gov/m/a/os/c26566. htm.

② Office of Overseas Schools：Overseas Schools Advisory Council Projects and Publications，https：//www. state. gov/m/a/os/c26566. htm.

主流国际课程

本书将国际学校定义为"基础教育阶段全部或部分采用非东道国课程体系的学校"，其中一个重要原因就是课程在国际学校发展中占据着核心位置。当前，全球国际学校以英语为主要教学语言，因此主流国际课程（见表3-1）也大多来源于英语国家。而就最为关键的高中阶段而言，目前在世界范围内被最为广泛采用的三种课程体系分别是 IB 课程、AP 课程和 A-Level 课程。

表3-1　主流国际课程一览

课程名称	创立时间	创立机构/考试机构	适用范围	适用学段
IB 课程	1968 年	国际文凭组织	全球	PYP：3~12 岁；MYP：11~16 岁；IBDP：16~19 岁
A-Level /IGCSE 课程	不详	剑桥大学国际考试委员会（CIE）等六家考试局	原仅适用于英联邦国家，后逐步拓展到全球	A-Level：16~19 岁；IGCSE：14~16 岁
AP 课程	1951 年	美国大学理事会	美国	11~12 年级
BC 课程	不详	加拿大不列颠哥伦比亚省政府	原适用于加拿大，后拓展到英美等国	高中阶段：16~18 岁
VCE/WACE 课程	不详	澳大利亚维多利亚州高考评估局/西澳大利亚州课程委员会	以澳大利亚为主的全球市场	高中阶段：16~18 岁
PGA 课程	2005 年	中国国际教育交流中心和美国大学考试委员会	以美国为主的全球市场	高中阶段：16~18 岁
IPC/IMYC 课程	2000 年/2011 年	英国田野教育公司	全球	IPC：小学阶段课程，5~11 岁学生；IMYC：初中阶段课程，11~14 岁

资料来源：滕珺：《第二十三章　国际课程》，载顾明远、孟繁华等《国际教育新理念（修订版）》，教育科学出版社，2020，第 310 页。

　　IB 课程（International Baccalaureate，国际文凭课程，简称"IB 课程"），是国际文凭组织（International Baccalaureate，旧称 International Baccalaureate Organization，简称 IB 组织）为全球学生开设的从 3~19 岁、从幼儿园到大学预科的高品质课程体系。该体系由小学项目（Primary Years Programme，简称 PYP）、中学项目（Middle Years Programme，简称 MYP）、大学预科项目（Diploma Programme，简称 IBDP）和职业相关课程（Career-related Programme，简称 IBCP）四个部分组成。其中，在 IBDP 中要学习六组基础学科（语言 A、语言 B、人文社科、实验科学、数学计算机、艺术）和三门核心课（知识理论、拓展论文、社会实践）。IB 组织是一个非营利性质的国际教育基金会，成立于 1968 年，总部位于瑞士。IB 组织及 IB 课程旨在培养具有批判性和创造性思维、尊重多元文化和不同意见、积极进取又富有同情心的终身学习者。IB 课程文凭的国际认可度很高，被视为国际教育的一个统一度量衡，受到美国、欧洲及英联邦等国家的主要大学承认，可以直接作为申请报读的资历。IBDP 考试总分 45 分，其中 6 门科目按等级评分，单科最高 7 分，六门最高 42 分，剩下 3 分则由知识理论和拓展论文构成①。IB 的总分达到 38 分及以上，便拥有竞争力申请世界排名前 50 的学校。同时，不是每一所国际学校都可以开设 IB 课程，只有经过 IB 组织授权的 IB 学校才有资质开设 IB 课程。截至 2021 年 2 月，全球共有 5400 余所 IB 学校，分布在 158 个国家和地区。②

　　AP 课程（Advanced Placement，美国大学先修课程，简称

---

① CAS 要求完成 150 小时的社会实践，但不算成绩不占分。
② IBO. About the IB. Facts and figures. ［EB/OL］.（2021-02）［2021-05-25］，https：//www.ibo.org/about-the-ib/facts-and-figures/.

AP 课程）是美国大学理事会（College Board）赞助和授权的，为计划在美国就读本科的高中生设计的大学预科课程。AP 课程共有 38 门学科，分为七大类，分别为艺术类、英语类、历史与社会科学类、数学与计算机科学类、自然科学类、世界语言与文学类，以及顶石文凭项目类。AP 课程成绩可用于提高高中 GPA，兑换大学学分，但其内容多、难度大，十分考验学生的学习能力。AP 考试成绩已经成为众多美国大学录取程序中最为重要的考察因素之一，参加 AP 考试科目多、考分高的学生更容易受到美国名校的青睐。AP 考试的成绩使用 5 分制，考生可以获得 1、2、3、4 或者 5 分。一般 3 分或 3 分以上的成绩可以在大学换取学分，但也有很多特殊的例子，某些名牌大学接受的标准在 4 分或者 5 分，有些大学不接受 AP 成绩。由于教授 AP 课程不需要得到授权，且 AP 课程成绩只需要参加每年 5 月美国大学理事会统一组织的 AP 课程考试就可以取得，因而很难统计世界范围内采用 AP 课程的学校的数量。①

A‐level 课程（General Certificate of Education Advanced Level，英国高中课程，简称 A‐level 课程）属于英国的全民课程体系，学制为两年，是英国学生的大学入学考试课程，受到英联邦国家高校的广泛认可。A‐level 课程要求学生从 70 多门跨度广泛的课程中挑选并学习 3 门或 4 门主科课程并参加每年 5~6 月和 10~11 月举行的毕业考试，每一门课程都可以进行重考，最终成绩取最优的一次，但重考的难度会有所增加。A‐Level 的成绩分为 A、B、C、D、E、U 六个等级，A 为最优，E 为通过。全球不同大学、不同专业的入学标准对于 A‐Level 的课程和成绩

① College Board. AP. ［EB/OL］. ［2021‐05‐25］，https：//ap. collegeboard. org/? navId＝aps‐ap.

要求不尽相同。概括地说，学生至少学习 3 门课程，只要在 2 门课的考试中取得 E 即可达到一些普通大学的入学标准。而对于较好的大学，则要求学生 3 门课的成绩均至少达到 C；而对于世界一流大学如牛津、剑桥等名校，则要求申请学生 3 门课的成绩达到 AAA 或 AAB。

多元化发展

课程设置的开放性、多元化成为国际学校的发展趋势。例如，即使是有着全球统一大纲的 IB 课程也并非铁板一块，20 世纪 60 年代时，IBDP 课程就有英语和法语两种工作语言，80 年代又增加了西班牙语。近来，IBMYP 课程还增添了中文作为第四工作语言。[①] 此外，IB 课程十分鼓励老师用本地的例子来学习专业概念，又如，虽然 IGCSE 的第一语言考试的侧重点在阅读和写作方面，旨在培养学生的基本语言素养，但是，学生可以用 30 种不同语言参加 IGCSE 的考试，而每个第一语言的考试会根据文化背景设计不同的内容。比如，中文 IGCSE 考试设有一个文言文板块，让学生分析古诗、古文等中华古典文学。[②]

曾经，采用 IB 课程对很多学校来说是一种显示国际学校身份的方式，但还是有很多国际学校受到公立学校国家课程的吸引。与此同时，越来越多的国际学校还会提供不断发展的多样性

---

① Hayden M., Thompson J., International Schools：Growth and Influence［R］. (2008)［2021-01-02］, https：//unesdoc. unesco. org/ark：/48223/pf0000180396/ PDF/180396eng. pdf. multi. p. 38.

② Cambridge Assessment International Education. Cambridge IGCSE Chinese - First Language (0509)［EB/OL］.［2021-1-11］, https：//www. cambridgein ternational. org/programmes - and - qualifications/cambridge - igcse - chinese - first - language-0509/.

国际课程计划。① 非英语国家在海外开设的国际学校通常会直接采用母国的课程体系，并在学生完成课程后授予母国的毕业文凭。如北京法国国际学校便遵循法国教育部制订的学校课程，学生完成课程通过考试便可获得法国的"初中毕业文凭"、法国"高中毕业文凭"或"国际高中毕业文凭"。② 德国海外学校一般也使用德国课程，并在学生通过德国国际高考后授予毕业文凭（German Abitur）。但在开设为衔接回国教育而设置的母国课程的同时，这些学校也常要配合东道国的环境开设当地语言的课程，以帮助学生更好地融入当地的日常生活，而作为世界通用语言，英语教育更不可少。因此，非英语国家的海外学校常常实行三语教学（本国母语、英语、东道国语言），对学生来说非常有挑战性，但也更好地践行了多元文化的教育理念。③ 大多海外日本学校便是如此，在使用同日本国内学校一样的课程标准、方便学生日后直接转入日本教育系统的同时，这些学校也会开设英语和学校所在国家的语言课程。以比利时的一所全日制海外日本学校（小学一年级至初中三年级）为例，学生需要完成九年日语必修课和六年英语必修课，同时学生还可以选修当地使用的法语。④

① Tristan Bunnell， "International Schools and International Curricula：A Changing Relationship，" Mary Hayden，Jack Levy and Jeff Thompson ed.：T*he SAGE Handbook of Research in International Education*，London：SAGE Publications Ltd.，p. 325.

② 《北京法国国际学校：了解我们、课程》，［EB/OL］.［2021－05－27］，https：//lfip. net. cn/zh/curriculum/。

③ 周宪明、周品恩：《开设海外中国子女学校的重要性》.（2016－11－08）［2021－05－27］，https：//news. ifeng. com/c/7fbSMBKku05。

④ Mogi，Yuta. "It's A Pity that They Have to Chose Between French and English：Language Ideologies at A Japanese Overseas School in Belgium"［J］. *Bellatterra Journal of Teaching & Learning Language & Literature*，2017，10（2）：59－76.

为了让学生更好地在当地生活，并培养出具有国际视野、尊重多元文化的学生，除了当地语言的课程以外，许多国际学校还会因地制宜地调整课程内容。例如，普通小学一年级所学的数学范围，通常为 100 以内加减法，但有些国家货币币值较低，买一个小物品就要一两千当地货币，所以不少学校在数学教育上，就要配合当地环境做教学调整，使所学能实用，否则小学生到二、三年级之前仍无法适应当地最简易的购物环节。在宗教文化显著的地区（如中东和东南亚地区），有些学校则会开设必要的介绍当地宗教文化的课程，让学生懂得尊重不同信仰和不同种族的人民，能了解当地居民的日常生活和信仰，避免因无知而去冒犯或歧视他人。

▶▶ 延伸阅读 3-1 诺德安达教育集团的多元化课程

诺德安达教育集团（Nord Anglia Education）各个国家和地区所有学校都遵守英国学制，但同时也会加入一些有当地特色的课程以适应不同地区学生的需求，例如 AP 课程、SAT 课程、法国高中毕业会考课程、瑞士高中文凭课程等。

集团还与世界顶级机构合作开发课程，通过各类海外项目、多样化的学术交流平台，培养具有全球公民意识的学生。[1] 集团与课程所属领域的专家或优秀机构进行合作，进行课程开发。例如，从 2016 年 9 月起，38 所学校面向 10~18 岁儿童开设了一门音乐课程，就是与世界表演艺术教育的世界顶级学府茱莉亚学院合作开发的。集团也同麻省理工学院合作，使诺德安达的学生每个春季学期都能访问麻省理工学院，与其科学家见面，在工作坊

---

[1] Nord Anglia Education. Our Schools [EB/OL]. [2022-01-11]. http://www.nordangliaeducation.com/schools.

中进行科学实践。访问期间的活动包括建造机器人、学习生物工程课程以及编程。集团还与坦桑尼亚等国家的学校合作，指导学生暑期作为志愿者参与其活动。在中国的国际学校则会安排学生到西南省份进行为期 5 天的生态考察。① 集团开设了"全球化校园（Global Campus）"网站，所有学生可以通过平台进行学术交流；平台还提供了线上课程，学生可以随时随地学习，课程注重培养可迁移技能、创造力以及克服困难的能力。②

第三节　教师培养和聘用

国际学校不同于其他学校，有的国际学校接受了很多外籍学生，有的国际学校位于海外，有的学校以本土学生为主却要全部或部分采纳他国课程，这就对教师提出了特殊的要求。本节将从国际学校教师的构成、聘任、薪酬和培养四个方面，总结发达国家在建设海外国际学校时的主要经验。

教师构成

国际学校教师一般由母国③教师、第三国教师和东道国教师组成。其中，母国教师和第三国教师被称为"外籍教师"；东道国教师则可根据其海外背景再被细分为"本土教师"和"海归

---

① Nord Anglia Education. Academic Excellence［EB/OL］.［2022-01-11］, https：//www. nordangliaeducation. com/academic-excellence? tab=0#curricula.

② Nord Anglia Education. Global Campus［EB/OL］.［2022-01-11］, https：//www. nordangliaeducation. com/global-campus.

③ 很多国际学校都带有一定的"母国取向"（national orientation），例如我们常说的英式学校、美式学校、法国学校，其名称均暗含母国渊源。这些学校学习的课程一般与母国课程相同或相仿，毕业生也大多流向母国。

教师"两类。

将国际学校和其他学校区分开来的一项重要指标，便是外籍教师在整个师资力量中所占的比例。某些学校可能或多或少地也聘用了一些外籍教师以提高学生的外语水平，但其所占比例普遍远小于国际学校的外籍教师比例。不同国际学校的外籍教师比例也会有所差异，且外籍教师的比例往往被视为衡量一所国际学校国际化水平的重要因素之一。发达国家开设的海外国际学校中，大部分学校的教师构成以母国教师为主，同时也聘请东道国教师和少部分第三国教师。例如，大多数美国海外国际学校教师为美国公民，或是在美国大学接受过高等教育的外国公民。[①]

东道国教师是国际学校师资队伍中的中坚力量，尤其在很多国际教育产业发展尚不成熟、外籍教师缺口较大的地区，国际学校中东道国教师的比例要远远高于外籍教师。据国际教育网的统计，2017年，即使是国际学校中外籍教师人数远超全国平均值的北京，中外教师比例也只达到了2∶1。[②] 而在东道国教师中，本国毕业的教师和留学归来的教师的特质也存在差异。

总体而言，本土毕业（多为师范专业毕业）的教师往往有着更为丰富的传统教育体系的执教经验，也更熟悉学生的文化背景；外籍教师则普遍对国际课程体系更加熟悉，且在语言上富有优势；而海归教师基本在各维度上居于本土教师和外籍教师的中间位置。

[①]　Office of Overseas Schools, US Department of State. 2020–2021 World Wide Fact Sheet Available [EB/OL]. (2020–12–10) [2020–12–18], https://www. state. gov/2020–2021–world–wide–fact–sheet.

[②]　《国际学校师资分析》，国际教育网（2017–03–28） [2021–04–16]，https://www. ieduchina. com/news/201703/22864. html。

除了教师来源的国际化、多元化外，教师的学历水平更是一所国际学校教学质量的重要保证。顶思和才鹿团队联合推出的《2016-2017 国际学校薪酬与教师发展报告》显示，国内 61% 的国际学校的中籍教师过半拥有硕士学历，41% 的国际学校的外籍教师过半拥有硕士学历，将近八成的国际学校没有专科及以下学历水平的教师。① 发达国家设立的海外国际学校一般对教师素质也有较高的要求。例如，美国海外国际学校的所有教师都为大学本科学历及以上，大多数拥有教师资格证，招聘的东道国教师和第三国教师都拥有较高资质。②

教师聘任

国际学校学生和课程的特殊性要求教师具备较高的跨文化交流素养。因此，与其他学校相比，国际学校在师资招聘上常常面临挑战。英国国际学校委员会 2020 年发布的教师供给报告显示，88% 的英国国际学校领导发现招聘到高质量的教师比较或非常有挑战性。③

在招聘方式上，内部推荐、线下招聘会和中介机构是传统的招聘渠道，但也较为普遍。值得一提的是，线下招聘会这一形式在海外比较流行，是由国际学校或国际教育平台每年在特定地点和时间举行的国际招聘活动，为渴求人才的招聘者和有志于国际

---

① 顶思、才鹿：《2016-2017 国际学校薪酬与教师发展报告》，［2017-12-25］（2021-04-16），https：//www. sohu. com/a/212661910_ 691021。

② Office of Overseas Schools，US Department of State. 2020-2021 World Wide Fact Sheet Available ［EB/OL］. （2020-12-10） ［2020-12-18］，https：//www. state. gov/2020-2021-world-wide-fact-sheet.

③ COBIS. Teacher Supply in British International Schools ［R］. （2020-06）［2021-07-15］，https：//resources. finalsite. net/images/v1591875549/cobis/sozjbejmrn1fpuigd8ne/COBISTeacherSupplyReport2020FINAL. pdf.

教育的应聘者双方提供直接和深入的沟通机会。例如，诺德安达教育集团每年1月都会在伦敦举办面向全球的教师招聘会，以吸纳全球各地的优秀教师加入，在2019年的教师招聘会上，平均每个职位都收到了近40份应聘投递。[①]

与此同时，线下招聘的成本也相对较高，设想一个国际教师远赴重洋来到异国求职，若是无功而返，实在是一件非常令人沮丧的事情。因而与线下相比，国际学校招聘者更倾向于采用线上招聘的方式，以为跨国应聘者免去不必要的国际行程。国际学校和国际教育集团在官方网站上和第三方招聘网站上发布招聘信息，应聘者则据此投递岗位，参加线上筛选和面试即可。

随着国际教育产业的快速发展，近年来也兴起了很多国际教师派遣机构。与传统的招聘中介不同，这些派遣机构自己招聘外教，再与国际学校签订劳务派遣合同，国际学校按月支付劳务费用给派遣机构。即使国际教师中途离职，派遣公司也有义务和动力为学校提供接替的国际教师。这一模式使得派遣机构与学校的利益趋同，都希望国际教师保持长期稳定的工作，从而有效降低了传统招聘中介模式的风险。

除了面向全球市场招聘，日本、德国和法国还采用了由政府向海外国际学校派驻教师的方式。以日本为例，日本文部科学省外派拥有资格证的教师到海外全日制或周末学校授课。原则上，派遣时长为两年，但最长可以延长到四年。2007年，文部科学省确立了资深教师派遣系统，将65岁以下、有外派工作经验的教师外派到国际学校。为了协助文部科学省的教师

---

① 诺德安达教育集团：《职业发展，OTOS 外籍教师招聘》．［EB/OL］．（2019）［2020-04-20］，https：//www.nordangliaeducation.cn/careers/otos。

外派工作，日本海外子女教育振兴财团从 2001 年开始，就为招聘有资格证的教师到海外学校工作做宣传。2012 年，海外子女教育振兴财团动员了 5~10 名有资格证的幼儿园教师和 70~80 位小学、初中教师到海外全日制学校任职，任期两到三年。[①] 在选派教师时，教育部门会特别安排从日本四大板块（本州岛、北海道、九州岛、四国岛）派出教师团队至一所学校，当某个教师离开时，相应的教育局会再补充教师，因此海外的日本人学校各教师团队基本代表了整个日本的文化缩影，能够将各地区民族的历史文化自然地传承在校园之中，有利于学生在遥远的国家也能全面地经历与学习到本国的多样性文化。[②]

教师薪酬

顶思发布的《2019 国际学校薪酬与教师发展报告》显示，2019 年，中国境内国际学校教师的平均薪酬为 16000~17000 元/月。[③] 中国国家统计局的数据显示，2019 年教育城镇单位就业人员的平均工资为 8140 元/月，较前者低了 50% 左右。[④] 由此可见，在华国际学校的教师普遍享有较高的薪酬水平。然而，中外教师薪酬差异一直非常显著。以在华国际学校为例，按不同课程计算，外籍教师平均月工资为 20590 元（ESL 教

① Mizuno Norihito. The Japanese Overseas Education：Its Current State and Problems. Proceedings of 2013 2nd International Conference on Humanity，History and Society，April 8，2013［C］.
② 周宪明、周品恩：《开设海外中国子女学校的重要性》．（2016-11-08）［2021-05-27］，https：//news. ifeng. com/c/7fbSMBKku05。
③ 顶思：《2019 国际学校薪酬与教师发展报告》［EB/OL］．（2019-06-04）［2021-04-22］，https：//www. sohu. com/a/318428774_ 691021。
④ 国家统计局．［EB/OL］．（2020-05-15）［2021-04-29］，https：//data. st ats. goc. cn。

师）～31302 元（IBDP 教师），中国籍教师平均月工资则只有
9066 元（ESL 教师）～20190 元（IBDP 教师），外籍教师的
平均工资比中国籍教师高出了 1 倍左右。据国际学校研究专
家海顿（M. Hayden）和汤普逊（J. Thompson）的研究，东道
国教师与外籍教师薪酬分化的现象不只存在于中国，在全世
界都很普遍，只是程度有所不同。总体上看，发展中国家薪
酬分化的程度较高，发达国家薪酬分化的程度较低。"在最为
实用主义的情况下，一所国际学校必须支付'发达国家水平'
的薪酬来吸引一定数量的外籍教师，却不能向其他人支付这
一水平的薪酬。"海顿和汤普逊还发现，薪酬分化的核心原因
在于外籍教师存在更为高昂的机会成本，他们需要放弃在母
国的发展机会，承担跨国交通和住宿的费用，并在一个陌生
的、可能不适应的文化环境进行教学工作。因此，只有富有
竞争力的薪酬水平才能吸引他们入职海外的国际学校，这样，
一定程度的薪酬分化也就可以理解了。不过，如果薪酬分化
程度过高，也势必会加大东道国教师与外籍教师之间的矛盾，
如何为两类教师合理地安排薪酬，仍是国际学校面对的一大
难题。①

教师培养

系统化的员工培养是一个成熟的人力资源体系中的重要组成
部分。但顶思发布的《2019 国际学校薪酬和教师发展报告》显
示，相比薪资、福利体系和校园文化等维度，国际学校教师对发
展培训体系的不满意程度是最高的，50%的受访教师表示不太满

---

① Mary Hayden, Jeff Thompson. International Schools: Growth and Influence [R].
(2008), https://unesdoc.unesco.org/ark:/48223/pf0000180396/PDF/180396eng.
pdf.multi, p. 56.

意，10%表示很不满意。而国际学校对发展培训体系不加重视的一大原因，则在于国际教师整体相对较高的离职率。"有55%的教师表示考虑过离职，目前还在观察中；20%的教师已经在为离职做准备或已经离职。只有25%的教师对本校的工作表示满意，没考虑过离职。"① 因此，在国际学校的管理层看来，对教师培养的投入就是一笔回报周期长、风险又大的投资，其意愿自然也就不高。相较而言，他们更倾向于直接高薪聘用或"挖角"素质优秀、经验丰富的国际学校教师，因其见效快，且不承担额外风险，这样就使国际学校产业陷入了高离职率与轻视教师培养的恶性循环。

不过，也有很多国际学校尝试打破这一循环，它们愿意承担前期的风险，将教师的职业发展体系当作破解高离职率的抓手。国际学校可以借助一些国际机构开展教师培训，例如剑桥国际教师职业发展中心、国际文凭组织和美国大学理事会（详见延伸阅读3-2）。也有一些国际教育集团如诺德安达、考格尼塔等尝试凭借国际化的优势，打造教师的全球职业发展平台（常被称为 family，community，global school 等），保证其教师的工作经历能被其学校网络中的其他学校给予高优先度的认可，从而尽量将人员流动控制在集团范围内。在此基础上，它们还为教师提供线上和线下的技能培训乃至跨国进修的机会，从而同时提高教师的个人能力和留存意愿，保证教学质量和教学团队的稳定性。

---

① 田园：《国际学校管理层平均月薪超3万，〈2019国际学校薪酬和教师发展报告〉发布》［EB/OL］.（2019-05-25）［2021-07-15］，https：//www.jiemodui.com/N/106965.html？ft=detail&fid=89236。

延伸阅读 3-2　三大国际学校教师职业发展平台①

1. 剑桥国际教师职业发展中心

剑桥国际教师职业发展中心（Cambridge Professional Development Centre）是由剑桥大学国际考试委员会研发，伦敦大学学院教育学院（UCL-IOE，该教育学院连续多年在世界大学教育领域排名第一）论证和支持的在岗培训项目。教师参加剑桥国际教师职业发展认证课程（Cambridge Professional Development Qualification，简称 PDQs）可取得全球认可的剑桥 PDQs 学位证书，并将取得 UCL-IOE 的 60 学分。该项目分三个阶段完成，完成第一阶段的学习将取得结业证书，完成三个阶段的教师最终将获得学位证书，每阶段包含 40 小时的教学法及理论学习，40 小时听评课及实践反思，40 小时的专业研讨。同时，剑桥国际中心将从合作学校选拔教学经验丰富、理论知识扎实的教师作为 PDQs 项目导师，导师为学员提供有效的课堂管理建议并全程指导学员学习。

2. 国际文凭组织

国际文凭组织也为教师提供相应的教学资格认证，使参与者能获取与 IB 课程项目（PYP 项目、MYP 项目和 IBDP 项目）相关的原则理念和教学资格高级认证。IB 组织在全球分几个大区，每年在各自区域内举办分学科和等级的各类培训，面对面的培训通常为期 2~3 日，比如，PYP 项目中针对 IB 经验不足或新手 IB 教师的工作坊（workshop），它的具体培训流程可能包括教学理念和实践两方面，如超学科课程的实施案例、SEN 辅导、探究模式、学生评估体系以及通过分层教学达到差异化学习效

---

① 节选自鲁育宗主编《国际学校在中国：培养具备全球竞争力的学生》，中国人民大学出版社，2018，第 133~135 页。

果等方面。IB 培训官会不断用阅读、讨论、诊断、反思和创造等多种方法帮助老师们进一步区分概念与知识、技能，让老师们学会从概念出发去探究线索、修订中心思想，特别是用同一概念把六大学科的范围与顺序进行整合，以达到超学科学习的目的。

IB 官网也提供了丰富的涵盖各学科的在线课程培训，新教师通过为期一个月的工作坊项目学习，课程主要集中在学科学习、教学、评估、课程和实践等方面，就能获得 IB 教育者教学资格认证。在 IB 学校，个人职业道路发展分为两条线，一条线是校内任课教师—学科组长—教务长—副校长—校长的职业发展道路，另一条线是 IB 组织内的职业发展，即教师—阅卷官—IB 组织地区项目负责人的职业发展路径。

3. 美国大学理事会

AP 教师暑期学院是一个为期五天的由美国大学理事会（College Board）举办的教师进修和强化的暑期训练课程，专门为 AP 教师（无论是有经验的还是新入职教师）设计，以提供 AP 课程教学所需要的指导和训练。

暑期学院通常会包含以下内容：AP 课程的学习目的、目标、内容、资源、参考资料、所需设备，AP 考试的命题、评卷（包括部分 AP 考试答案范例），教学大纲、教案及练习，如何更新和改进已经开设的 AP 课程，AP 课程要求的最新动向，教授初级或中级程度的学生的策略和方法，等等。暑期学院主讲专家都是大学理事会特聘的有许多年 AP 教学兼教师培训经验的专家，使用的是大学理事会 AP 教师职业发展专有材料，他们将与所有学员一起分享他们丰富的教学经验。所有学员将学习到涉及 AP 课程教学方案的、涉及相关的活动与测验的、让学生拥有创新思维和批判性思维的、采用正确的策略帮助学生更有效地准备

AP 考试的以及根据课程框架要求来编写或修改教学方案并完成课程审核的具体方案。在培训的最后一天，完成 5 天所有培训的学员将获得培训证书。

第四节　内部治理模式

除了教师团队之外，学校的管理团队及其组织架构，或者说内部治理模式，也对一所国际学校的长期发展有着至关重要的作用。全球范围内的国际学校数量庞大，背景不一，其内部治理模式自然也是各有千秋。但根据最高负责人的不同，可以大致地将所有国际学校的内部治理模式划为以下两种类型：校董会负责制和校长负责制。

校董会负责制

校董会，即学校董事会，也叫理事会，多存在于私立国际学校。校董会成员一般由集团（学校所有者）代表、家长代表等有教学经验或热心公益的人士组成。其主要责任包括任命校长、制定长期发展规划、审批涉及资金收支的事项。而校长受其任命并对其负责，主要负责日常管理与经营活动。北京德威国际学校、东京国际学校、澳洲纽因顿学院等国际学校便采取这一模式。当然，每所国际学校的情况不同，校长的实际影响力也有大有小，部分学校的校董会可能只发挥形式上的作用，而不过多干涉校长的决策。但一般情况下，实行校董会负责制的国际学校的校长的权力要小于推行校长负责制的国际学校的校长的权力。国际教育集团旗下的学校大多选择采取这一模式，因为这种治理模式使权力相对集中，更能保证集团对学校的控制力，协调商业运营和教学发展之间的矛盾，从而有效维护集团的利益。①

校长负责制

校长负责制在北京耀中国际学校、深圳国际交流学院、德瑞国际学校等公立和私立国际学校中都得到了普遍采用。在此模式下，校长直接由学校所有者任命并对其负责，或者本身便是学校创始人和所有者，自主性很高，通常情况下拥有对学校层面一切事务的决策权。这一模式将权力集中在了校长手中，让学校管理更为独立、高效，还能通过高知名度的校长个体打造学校的品牌效应，提高知名度，吸引生源与合作机会。但这一模式也可能导致学校陷入校长的"一言堂"，损害学校发展的自我矫正能力，甚至在错误的发展路径上越走越远。为此，很多国际学校会同时设立两位校长，大多为一位东道国校长和一位外籍校长（也可能将其中一方称为执行校长或教学总监，但大致平级）。双方采取多样的分工模式，共同负责学校的教学管理工作，互相补充也互相制衡。受到不同学校的背景和校长个人因素的影响，双方分工的组合方式灵活多变，较为常见的有：东道国校长负责行政工作，外籍校长专注教学；东道国校长专注本地课程教学，外籍校长负责行政工作和国际课程教学；东道国校长负责本地课程教学和本地化运营，外籍校长负责国际课程教学和国际合作，等等。

其他

此外，许多国际学校也会设立由教育领域专家、家长代表和

---

① ISS Research. Governance in International Schools［R/OL］（2019-11）［2021-04-27］, https://aoisia49. wildapricot. org/resources/Documents/News/Governance% 20in% 20International% 20Schools% 20Report% 202019% 20 -% 20ISC%20Research%20and%20PTC. pdf.

社会名人（通常对学校有过大额捐献）组成的"顾问委员会"，为学校管理提供非强制性的顾问性建议。如新加坡 NPS 国际学校与清华附中国际部等校便设立了这样的顾问委员会。顾问委员会及与其性质相似的组织既对学校的管理工作起到优化作用，也为学校与外界的沟通提供了稳定的渠道与平台。

在华公立学校国际部①的管理体系相对独特，主要体现在两个方面。首先，如普通公立学校一样，在华公立学校国际部也有平行于行政系统的一套党委系统。其次，虽然没有校董会的存在，但在华公立国际学校普遍会设立校务委员会（校委会），负责讨论、决定、监督学校的重大事项。校委会一般由校长等学校代表、政府代表、教师、学生和家长代表以及社会人士组成。

此外，规模较大、覆盖教育阶段较广的国际学校通常会将学校拆分成各个学部，并分别任命学部校长（有的也叫副校长或分校长），如小学部校长、初中部校长等。有的学部独立性较强（多为幼儿园和高中），有一套学部内的职能部门，有的则将这些行政事务委托给学校职能部门，自己则专注于本学部的教学安排。为了方便管理，各个学部的教学与活动区域一般也相对独立，只在举办全校规模的大型活动时接触较多。上海中学国际部、香港斯坦福美国学校、新加坡英华自主中学等校便设立了不同的学部校长。而不论顶层采取何种治理模式，各职能部门及其负责人都是学校管理团队不可或缺的中坚力量，如办公室、教务、财务、招生（市场）、人力资源、后勤等。

---

① 在华公立学校国际部只是采用了国际课程，严格意义上说并非发达国家海外国际学校，但在某种程度上可以说是发达国家教育的"载体"，此处对其进行讨论主要是因为其内部治理模式可为中国海外建校提供参考。

第五节　学校认证

学校认证制度起源于 19 世纪下半叶到 20 世纪初的美国，20 世纪 50 年代，美国地区部分学校认证机构开始将认证范围拓展到美国公立海外学校。随着美国海外学校的国际化以及更多国际学校的开办，世界范围内的国际学校认证制度在 20 世纪 70 年代兴起，以欧洲国际学校协会（European Council of International Schools，2003 年改名为"国际学校协会"）和美国的部分地区学校认证机构为两个中心。国际学校认证制度的兴起，既来自学校想要避免过多国家干涉的需求，也是国际学校实现自我管理与自我发展能力提高的体现。①

部分主流认证机构②

（一）国际学校协会

国际学校协会（Council of International Schools，简称 CIS）的成员校包括来自 122 个国家的 740 所中小学和 610 所高等院校，认证学校超过 400 所,③ 是全球最具影响力的认证机构之一。CIS 要求其认证的学校共享：（1）为学生提供知识、技巧和追寻作为全球公民的生活的能力这一理念；（2）对高质量国际教育的承诺。其认证的学校必须在其课程中融入国际的和跨文化的观点，因为无论学生将在何地学习或工作，这都会为他们提供

---

① 莫景祺：《国际学校认证：理念与方法》，人民教育出版社，2015，第 9、23~24 页。
② 主流认证机构认证的在华国际学校见附录一。
③ 成员校和认证校的相同点是都需要缴纳一定费用，但注册即可成为成员，成员校申请认证通过才能成为认证校。

一个坚实的基础。①

（二）美国西部院校协会

美国西部院校协会（Western Association of Schools and Colleges，简称 WASC）成立于 1924 年，是美国六大地区学校认证机构之一，并且与美国国务院下属的海外学校办事处有紧密的合作关系。② WASC 为全球超过 5200 所学校提供认证服务，并与 20 所认证机构合作开展联合认证工作。WASC 相信，认证对于一所学校的评估、规划与调整是不可或缺的，认证过程中的持续评估也将会鼓励和促进学校的发展。③ 认证过程一是能够保证一所学校的宗旨是合适的，且会通过多样的教学项目得到实现，保证其在教学方面是一所值得信赖的学校；二是能够证实学校的项目和成绩单的可靠性；三是能够促进其与英语学校间的学分转换——这对全球高校的招生至关重要。

（三）新英格兰院校协会

新英格兰院校协会（New England Association of School and Colleges，简称 NEASC）建立于 1885 年，是美国成立最早的地区学校认证机构。NEASC 为美国及全球范围内 1500 余所学校提供认证服务。NEASC 通过以下方式服务于公共利益、教育界和学生：（1）建立并维持高质量的教育；（2）提供系统化的自我评估和客观的同行评估框架；（3）为持续的、有意义的学校提升

---

① Council of International Schools. About CIS ［EB/OL］. ［2021-05-18］, https：//www. cois. org/about-cis.

② ACS WASC Commission. About US ［EB/OL］［2021-05-18］, https：// www. acswasc. org/about/acs-wasc-commission/.

③ ACS WASC Commission. Accreditation and School Improvement. ACS WASC Overview ［EB/OL］. ［2021-05-18］, https：//www. acswasc. org/about/acs-wasc-overview/.

与成长提供资源与支持。①

（四）世界先进教育组织

世界先进教育组织（以下称 Cognia，英文原名 Advance ED），发端于 1895 年，由多家认证机构联合后重组而成。Cognia 为 80 个国家的超过 36000 所教育机构、2500 万名学生和 500 万名教育工作者提供服务（不局限于学校认证）。② 根据一系列基于严谨的研究和证据的认证标准，认证过程将考核整个学校——包括校规、项目、实践、学习条件、文化背景等，据此判断这些维度如何协同运作，从而拓展学校的视野，以满足每一个学生的需求。认证并不是通过一次检查就行，它是对教学方展示并维持其对持续发展和更好的教学成果的承诺的认可。③

认证流程

为保证其认证的可靠性与含金量，各个国际学校认证机构的认证流程的周期都普遍较长，以 CIS 为例，认证周期至少为 5 年。各大国际学校认证机构的认证流程并不完全相同，有的相对简单，有的较为繁杂，但基本都有以下几个主要流程：

·学校向认证机构发起认证申请；

·认证机构对学校进行为期较短的初步考察；

·认证机构根据初步考察结果决定是否受理申请；

·考察组向学校提出初步考察建议；

·学校根据初步考察建议进行自我评估，并制定和开展改进

---

① New England Association of Schools and Colleges. About NEASC［EB/OL］．［2021-05-18］，https：//www. neasc. org/about.

② Cognia. Why Cognia. Our History［EB/OL］．［2021 - 05 - 18］，https：//www. cognia. org/the-cognia-difference/history/.

③ Cognia. Services. Accreditation & Certification［EB/OL］．［2021 - 05 - 18］，https：//www. cognia. org/services/accreditation-certification/.

計划；

    ·认证机构对学校展开为期较长的正式考察；

    ·考察组发布正式考察报告和建议；

    ·认证机构根据正式考察报告和建议决定是否授予学校认证。

当然，申请认证的国际学校还需要向认证机构支付一定数额的费用，包括认证费、考察费、评估费、会员费等，总费用多为1万~4万美元不等。对于大部分国际学校来说，这一收费标准并不算高昂。

认证作用

商业化程度普遍较高的国际学校不惜花费不菲的时间、人力和管理成本也要取得认证，显然也是因为国际学校认证能够为学校带来显著的收益。

从结果上讲，首先，一份来自主流国际学校认证机构的认证代表着其对该所国际学校教育质量的认可，学校的知名度和认可度将由此得到显著提升。其次，高知名度与高认可度会帮助学校吸引到更多、更优质的生源，提高学费收入与招生质量。拥有认证的国际学校也更容易受到世界知名高校的青睐，本校学生将更有机会申请到国际知名院校入学资格，反哺学校的长期发展。这样的复合效应无疑会为学校带来收入与声誉的快速增长。

同时，认证过程中来自国际学校认证机构考察组的专业化建议、全面而细致的自我评估、长达数年的全面改进计划，本身对任何一所学校而言更是难能可贵的。新办学校运营经验尚且不足，国际学校认证服务将为其起到战略支持的作用，帮助其迈入发展的快车道。而对于办学时间较长的国际学校而言，认证是一股有效的外力，学校能借其力化解来自内部的阻力，推动自己走出舒适圈，改革积弊，实现教学与管理的优化迭代。

第四章
在华国际学校发展情况

自改革开放之后，中国经济迅速发展，居民购买力不断提升，为了满足日渐多元的教育需求，多类主体纷纷在华建立国际学校。当前，中国已成为发达国家基础教育海外延伸最重要的目的地之一，在华国际学校则成为中外基础教育经验碰撞与融合的试验场。全面了解在华国际学校的特色和发展脉络，是继续深化教育对外开放、激发教育创新的关键，也是建设海外中国国际学校、将中国基础教育延伸至海外的起点。

第一节　在华国际学校的定义和类型

本书第一章给国际学校的内涵做了一个大致的规定，即基础教育阶段全部或部分采用非东道国课程的学校。本节将结合国内的情况，对在华国际学校进行定义，并简要介绍其主要类型。

在华国际学校的定义

在不同的国家或地区，国际学校的表现形式不同。本章关注的是"在华国际学校"，即中国大陆一批集中在基础教育（幼儿园至高三）阶段，部分或全部采纳非中国大陆课程模式及评估体系的学校。这些学校注重培养具备国际化素养的人才，毕业生最终以海外高等教育机构为出口（之一），或以来华留学生身份入读中国高校。

需要说明的是，本章对于在华国际学校的定义是在综合以往相关定义的优点和问题基础上提出的（见表4-1）。对于在华国际学校这样一个庞大而又特殊的群体，国际学校从业者或研究机构一直试图找到一个能够准确概括其特点的定义，或者说是为在华国际学校在中国基础教育体系中寻求一个正式的"名分"。

表4-1　较有影响力的在华国际学校定义及其优点和问题

定义(含类别)	优点	问题
国际学校是以双语或多语教学为主,采用国际课程体系,培养学生国际化的语言能力、沟通能力、思维方式和国际视野等,为处于中等教育阶段的学生出国留学做初期准备的学校(包含外籍人员子女学校、公立学校国际部/班、民办国际学校)[1]	1. 考虑了国际学校教学语言的特点; 2. 考虑了国际学校课程体系的特点; 3. 考虑了学生最终出口的特点	1. 外籍人员子女学校并非全部采用双语教学; 2. 新政策规定义务教育学校不得引进境外课程、使用境外教材,该定义没有说明如何采用国际课程体系; 3. 忽视了外籍人员子女学校学生将来来华留学的可能性
国际学校泛指中国大陆地区(不包含港澳台)有合法办学资质,全部或部分实施国际课程,以培养具有全球视野的人才为主要目标的实体办学机构(包含公立学校国际部、公立学校外籍人员子女项目、国际化特色民办学校、外籍人员子女学校、其他国际性质学校)[2]	1. 考虑了国际学校课程体系的特点,"部分"二字说明考虑了义务教育学校无法直接引进国际课程的情况; 2. 把公立学校国际部按招收对象不同划分为两种性质	1. 未对学生最终出口进行定义,只是说明"培养具有全球视野的人才",不具有特殊性; 2. 包含大量融合国际元素的学校,即"其他国际性质学校",范围过大且难以划定范围

续表

定义(含类别)	优点	问题
国际学校需要有办学许可证的"学校"(所以持有培训执照的国际学校业务不能算国际学校);必须要采用国际化课程体系(开设国内课程以升入国内大学的公立国际部不是国际学校);必须以培养学生升入国际大学为导向(使馆学校不是面向国际群体,其考试不是以出国为目标,所以不算国际学校)(包含公立国际班、民办国际学校、外籍子女学校)[3]	1. 强调了国际学校的办学资质; 2. 考虑了国际学校课程体系的特点; 3. 考虑了学生最终出口的特点; 4. 剔除了"使馆学校",即驻中国外交机构开办的外交人员子女学校	1. 新政策规定义务教育学校不得引进境外课程、使用境外教材,因此"必须"二字不再合适; 2. "国际"大学的说法模糊,且忽视了外籍人员子女学校学生将来来华留学的可能性

注:[1] 全球化智库:《中国国际学校报告蓝皮书2016》,2016,第2页,后被引用至孟叶舟《第二章 中国国际学校的概况》,载鲁育宗主编《国际学校在中国:培养具备全球竞争力的学生》,中国人民大学出版社,2018,第27页。

[2] 顶思:《2019年全国国际学校图谱与行业发展报告》,(2019-10-14)[2020-10-27],http://k.sina.com.cn/article_6179111250_1704dc15201900lw10.html?from=edu。

[3] 新学说:《新学说吴越:到2020年,国际学校将达到1000所》,(2016-07-20)[2020-10-27],https://www.sohu.com/a/106761836_115563。

但是,由于在华国际学校政策的不断变化,特别是自2019年6月中共中央、国务院发布的《关于深化教育教学改革全面提高义务教育质量的意见》提出"义务教育学校不得引进境外课程、使用境外教材"后,① 不少在华国际学校一度出现身份危机。2021年,中共中央办公厅、国务院办公厅印发了《关于规范民办义务教育发展的意见》(以下简称《意见》),其中第六条规定"民办义务教育学校名称要符合法律法规及相关政策规

---

① 中华人民共和国教育部:《中共中央　国务院关于深化教育教学改革全面提高义务教育质量的意见》,(2019-06-23)[2020-10-27],http://www.moe.gov.cn/jyb_xxgk/moe_1777/moe_1778/201907/t20190708_389416.html。

定，不得冠以'中国''中华''全国''国际''世界''全球'等字样"，"国际"一词赫然在列。《意见》发布后，一些民办学校开启了改名之路，部分媒体发布的文章也开始尝试用"国际化学校"代替"国际学校"的说法。事实上，在中国40多年的对外开放进程中，对于"国际化"一词的质疑也从未停止，以至于在重要的文件中，尤其是在文件名称、文件正文一、二级标题中，官方仍然倾向于用"教育对外开放""教育国际交流与合作"代替"教育国际化"的说法。政府在实践层面限制"国际学校"的叫法，一是为了防止一些学校借"国际"等看似"高端"的词语作为学校宣传和招生的策略；二是为了厘清各类学校的性质，将先前游走于主流教育体系之外的各类"国际学校"重新纳入国家教育管理体系。除此之外，在媒体和研究层面，没有必要谈"国际"而色变。"国际学校"仍然可以作为一个重要的现象和术语加以讨论和研究。

从以往定义来看，定义"在华国际学校"关键要把握以下两点。

第一，课程体系特点。在现有政策下，针对中国学生的义务教育阶段，国际学校将从以往的以引进西方课程为主干的课程架构，逐渐过渡到以国家课程为基础的"融合式"体系，而针对外籍学生的国际学校不受影响。因此，本章采用了"部分或全部采纳非中国大陆课程模式及评估体系的学校"这一说法。

第二，学生出口特点。以往定义一般会考虑学生最终出口问题。目前，民办国际学校在高中阶段招生一般通过自主招生的形式，学生无须参加中考，因此学生在高中阶段没有学籍，不能参加国内高考，只能选择出国留学，① 这一类学生占当前国际学校

---

① 对于民办国际学校学生来说，有国内学籍反而会增加学生申请国外大学的难度。因为如果有国内学籍，一些国外大学会要求学生提供高考成绩作为参考，而有的学校对于高考成绩的要求比较高。

学生的大多数。而在公立学校国际部中，有一部分学生既可以参加国内高考，又可以参加国外"高考"，因此对于这一部分学生来说，出国留学是出口"之一"。还有一类学生的出口被以往的定义所忽视，即外籍人员子女，此类群体近几年越来越将在华高等教育机构作为重要选择。综合这三种情况，本报告采用了"毕业生最终以海外高等教育机构为出口（之一），或以来华留学生身份入读中国高校"的说法。强调"最终"二字，是为了包含学前与义务教育阶段的学校，这些学校在保证完成国家要求的课程基础上，充分借鉴国际课程中的元素，为学生未来选择出国留学提前打下了知识和能力基础。

在华国际学校的主要类型

事实上，要充分把握在华国际学校的定义，还必须了解其类型及各类学校的特点。依据开办主体、招生范围与运营模式的不同，国际学校从业者一般约定俗成地将在华的国际学校分为外籍人员子女学校、公立学校国际部或国际课程班，以及民办国际学校三大类。[1]

外籍人员子女学校一般指在中国境内合法设立的外国机构、外资企业、国际组织的驻华机构和合法居留的外国人[2]开办的面向外籍人员子女招生的学校。大多覆盖基础教育各个学段，基本不面向中国大陆公民子女[3]开放。外籍人员子女学校旨在为外籍

---

[1] 此分类仅关注在华国际学校，不包括海外中国国际学校。"民办国际学校"又称"民办国际化学校"或"民办国际特色学校"。

[2] 2021年底，北京开始允许社会资本开办外籍人员子女学校，以为引进人才做好服务，激发民间资本办教育。

[3] 港澳台居民以及符合条件（一般来讲，需要拥有外国永久居留权并在永久居留国/地区居住不少于12个月）的海外归国的中国人子女亦可入读此类国际学校。

人员子女在中国大陆接受教育和照管提供便利。但需要注意的是，严格地说，外籍人员子女学校不等于外国驻中国外交机构开办的外交人员子女学校（曾被称为"使馆人员子女学校"），后者不适用于《关于开办外籍人员子女学校的暂行管理办法》，通常不作为主流的在华国际学校。

公立学校国际部或国际课程班指由国内公立学校承担教学管理的教学部（班）。此类学校可分为三类：第一类是专门招收外籍学生的国际部（班），以海外学校为主要出口；第二类是不纳入中（高）考招生计划国际部（班），学生不通过中考招生，没有内地高中学籍，只能参加"境外高考"；第三类是纳入中（高）考招生计划的国际部（班），学生既有我国高中学籍，又可获得合作办学机构的高中学籍，既可选择参加"境外高考"，也可参加内地高考。

民办国际学校同样面向国人招生，且毕业生以出国留学为主要去向。与公立学校国际部（班）不同的是，民办国际学校由除国家机构外的国内社会组织或个人依托非财政资金开设，属于教育部界定的民办教育范畴，对学生的国籍、户籍限制较低，但办学成本与学费高于普通民办学校。

近 10 年来，为加速基础教育国际化的多元机制探索，国际课程试点项目逐渐在北京、上海等城市的部分公立学校实行。①此外，公办外国语中小学校亦在长期加大外语教学力度、引进国际特色课程及教材的过程中积累了丰富的国际教育资源与经验。②

---

① 施剑松：《北京市 34 所中小学试点教育国际化》，（2012 - 10 - 25）［2020 - 08 - 20］，http：//gongyi. sina. com. cn/gyzx/2012 - 10 - 25/095338368. html。Oasisli：《上海市 21 所高中试点国际课程其中公办 11 所》，（2014 - 04 - 05）［2020 - 08 - 20］，https：//edu. qq. com/a/20140405/007172. htm。

② 新东方：《想上公办外国语学校？这些信息要弄清》，（2017 - 11 - 06）［2020 - 08 - 20］，http：//gz. xdf. cn/zxx/xx/201711/8373207. html？from = singlemessage。

因此，有的机构将这类带有国际化元素的学校也算作"国际学校"，并将是否采用国际课程和培养目标的全球/国际属性作为判断标准。例如，顶思将国际学校分为公立学校国际部、公立学校外籍人员子女项目、国际化特色民办学校、外籍人员子女学校和其他性质国际学校五类。其中，其他性质国际学校包括高等教育、高中的预科课程以及教学法创新型学校。① 但在全球教育研究和实践相互借鉴的背景下，仅以课程、目标或语言中的国际化元素作为判断标准，未免过于宽泛，反而无从下手。如前文的"在华国际学校的定义"所述，本章仍从人才流动的角度，以其学生的最终出口作为是否纳入"在华国际学校"的判断依据。否则，在华国际学校也就与其他学校无异，失去了其特殊性。同上述三类国际学校相比，这些带有国际化元素的学校仍以国内升学为主导，毕业生大多流向中国高校，所以不再纳入本章研究的在华国际学校范围。

第二节 在华国际学校的发展史

在华国际学校的前身是 19 世纪前叶西方殖民国家在我国沿海地区设立的教会学校。19 世纪到 20 世纪中期，教会学校在我国广泛建立。到 1950 年，全中国有基督教大学 13 所，教会学校 5000 多所。② 教会学校是中国在半殖民地半封建社会时期被动接纳文化

---

① 顶思：《2019 年中国国际学校图谱》，（2014 - 04 - 05）［2020 - 08 - 20］，https：//posts. careerengine. us/p/5dbae2d216b9976cc4f13606。

② 《1800 - 1950：历史不能遗忘的中国教会学校》，华人青少年基督教教育网（2017 - 08 - 17）［2021 - 03 - 08］，https：//chinachristianedu. com/2017/08/17/%E4%B8%AD%E5%9B%BD/。

"交流"抑或"侵略"的产物，[1] 新中国成立后，教会学校在50年代初的反帝爱国主义运动中逐渐式微，取而代之的是如前所述的各类在华国际学校。在半个多世纪的历史进程中，在华国际学校的发展并非一帆风顺，大致经历了萌芽、崛起和调整三个阶段。与教会学校不同，在华国际学校的发展变化体现了我国主动拥抱全球化趋势、尝试通过掌舵教育积极顺应全球化潮流的前瞻性与自发动力。

萌芽阶段

新中国成立初期到20世纪末，是在华国际学校的萌芽阶段。新中国成立初期，在华国际学校通常被称为"外侨子女学校"。1951年7月，教育部发布了《各级教育行政部门管理外侨子女学校暂行办法》，将外侨子女学校纳入省（市）教育行政部门的管理。该办法强调，外侨子女学校不得招收中国籍学生，如外籍学生想要报考我国统一考试，需要提请审批。[2] 20世纪60年代，为满足当时为数不多的使馆子女在华学习的需求，新的在华国际学校零散地在使馆周边区域开设，[3] 例如北京法国国际学校（1965年）[4]、巴基斯坦使馆学校（1969年）[5]。这些外交人员子女学校的创办需经国家"特事特办"审批通过，具有较强的不

① 洪厚情：《教会学校：近代中西文化"交流"抑或"侵略"的产物?》，《湖北社会科学》2009年第9期，第104~107页。
② 何东昌主编《中华人民共和国重要教育文献（1949-1975）》，海南出版社，1998，第98页。
③ 新学说教育：《40年，中国国际化学校发展简史》，（2017-08-13）[2021-03-08]，https://www.sohu.com/a/164345766_380485。
④ 邓明茜：《从2008年北京教育博览会看国际学校的发展》，《世界教育信息》2008年第6期，第80~83页。
⑤ Contact Us. "Pakistan Embassy College Beijing. Retrieved on September 16, 2015." Pakistan Embassy College Beijing Embassy of Pakistan Compound No. 1, Dong Zhi Men Wai Da Jie, Sanlitun, Chaoyang Distt. Beijing 100600, CHINA.

确定性与地域限制。①

1973 年，随着与我国建交的国家越来越多，在周总理的关怀下，北京市芳草地国际学校（前身为芳草地小学，原为外交部子弟小学）开始接受驻华使馆人员的子女和外籍及港澳台学生入学，由此成为我国第一所公立国际学校。1989 年 6 月，北京市第五十五中学（在 1975 年被市政府指定为对外开放学校）也成立了国际学生部。②

改革开放后，中国海外建交拓展迅速，在华外交人员数量激增，因此，以外籍人员子女为服务对象的国际学校迅速发展，其中北京顺义国际学校最为典型。③ 北京顺义国际学校由美、英、加、澳、新西兰五大英语国家的驻华大使馆共同筹建，覆盖基础教育各个学段，旨在为外籍人员子女在中国大陆接受教育和照管提供便利。扩张的国际学校市场对监管政策提出了更高的要求，1987 年 9 月，外交部和教育委员会联合颁布了《关于外国驻中国使馆开办使馆人员子女学校的暂行规定》，标志着我国对于外籍人员子女学校的建立与管理正式踏上一条规范化道路。④

1992 年，随着邓小平"南方谈话"的发表和中共十四届一中全会的召开，我国经济对外开放持续推进，大量国际组织、外企、港澳台企业进入中国大陆，赴中国大陆工作、学习、生活的外籍及港澳台人员不断增多。为解决其子女的受教育问题，优化

① 鲁育宗主编《国际学校在中国：培养具有全球竞争力的学生》，中国人民大学出版社，2018。

② 鲁育宗主编《国际学校在中国：培养具有全球竞争力的学生》，中国人民大学出版社，2018，第 20～21 页。

③ 邓明茜：《从 2008 年北京教育博览会看国际学校的发展》，《世界教育信息》2008 年第 6 期，第 80 页。

④ 满都拉：《开中国国际学校先河：外交人员子女学校》，（2018 - 01 - 20）［2020 - 08 - 28］，http：//edu. sina. com. cn/ischool/2018 - 01 - 20/doc - ifyqtwzu8930315. shtml。

资本引进与人才流通环境，一方面，部分纯外交人员子女学校被批准招收除使领馆人员子女外的其他外籍人员子女；另一方面，国家教育委员会于 1995 年 4 月出台了《关于开办外籍人员子女学校的暂行管理办法》，规定来自境外的在华合法（非使领馆）机构及个人可依规申请开办子女学校，并鼓励其在国际课程外增设汉语与中国文化课程以加强学生对中国的了解，但不得在中国境内从事工商业活动及其他营利活动。① 同时，外籍人员子女学校的创办流程亦在政府审批权逐级下放的过程中日趋便捷化、规范化。一些地方政府为加大对海外生产要素的吸引力度、提升本地城市竞争力与国际影响力，积极着手完善外籍员工的福利体系，这其中就包括为外籍人员子女学校提供各类因地制宜的政策优惠。② 此外，国内一些知名公立中学抓住了"南方谈话"后的历史性机遇，开始创办国际部，例如创立于 1993 年的上海中学国际部、创立于 1996 年的北京师范大学附属中学国际部以及建于 1999 年的华东师范大学第二附属中学国际部。值得注意的是，社会力量参与国际学校办学也发轫于此时，以广东碧桂园学校（1994 年③）、大连枫叶国际学校（1995 年）、昆山经济技术开发区国际学校（1996 年）为代表的民办国际学校正式登上历史舞台。至此，在华国际学校"三元一体"的格局正式形成。

1995 年，我国正式通过了《中华人民共和国教育法》，以法律条文的形式为"教育对外交流和合作"做出一系列规定。其中第六十七条规定："国家鼓励开展教育对外交流与合作。教育

---

① 教育部：《关于开办外籍人员子女学校的暂行管理办法》，（1995-04-05）[2020-08-28]，http://old.moe.gov.cn/publicfiles/business/htmlfiles/moe/moe_ 621/201001/81906.html。
② 鲁育宗主编《国际学校在中国：培养具有全球竞争力的学生》，中国人民大学出版社，2018。
③ 此为创立时间，下同。

对外交流与合作坚持独立自主、平等互利、相互尊重的原则，不得违反中国法律，不得损害国家主权、安全和社会公共利益。"第六十九条则规定："中国境外个人符合国家规定的条件并办理有关手续后，可以进入中国境内学校及其他教育机构学习、研究、进行学术交流或者任教，其合法权益受国家保护。"此外，第七十条规定："中国对境外教育机构颁发的学位证书、学历证书及其他学业证书的承认，依照中华人民共和国缔结或者加入的国际条约办理，或者按照国家有关规定办理。"这些法规客观上为在华国际学校的发展奠定了法律基础，保证了国际学校的师资引进工作并承认了国际学校的教育文凭。到 1999 年，在华国际学校有 87 所。这些学校集中分布在北京和上海等我国对外开放的口岸城市，其中民办国际学校占 44.83%，外籍人员子女学校占 43.68%，公立学校国际部（班）占 11.49%。① 此时，民办国际学校和外籍人员子女学校基本持平，公立学校国际部（班）仍占少数。

崛起阶段

2001 年 12 月 11 日，中国正式加入世界贸易组织（World Trade Organization，简称 WTO）。WTO 让中国经济正式进入全球化赛道，经济持续发展。21 世纪初，各地政府大力招商引资，大批外籍高管、商务、技术人才来到中国发展，其子女教育需求增加，外籍人员子女学校的数量随之开始大增。据新学说统计，1996~2005 年，外籍人员子女学校数量呈波动式增长，但在

---

① 新学说教育：《40 年，中国国际化学校发展简史》，（2017-08-13）［2021-03-08］，https：//www.sohu.com/a/164345766_380485。

2001~2005 年持续增长，2005 年增长率达 31. 58%。①

另外，经济迅速发展带来了中产阶级数量的跃升，可支付国际学校费用的家长数量增长。2015 年 10 月，瑞信研究院（Credit Suisse Research Institute）发表第六份年度《全球财富报告》称，全球最富裕的三个国家分别为美国、中国及日本，其中中国中产阶级人数已增长至全球首位，达 1. 09 亿名。② 伴随着居民家庭收入的增长，以及独生子女现象的普遍存在，家长对于子女教育的重视程度空前提高，对优质教育资源的需求逐渐增强。同时，国际化企业和资本在中国不断发展，外商和港澳台企业占 GDP 比重达到了 15% 左右③，企业对人才国际化能力和视野的关注度提高，国际教育的需求进一步提升。经济全球化也带来家长教育观念的变化，有条件的家庭开始将目光投向海外教育资源，基础教育阶段就将孩子送到国际学校甚至国外学校就读，以此增加他们出国留学或进入世界名校的机会，完全依靠"一考定终身""千军万马过独木桥"的教育模式开始改变。

在这种大环境下，在华国际学校作为链接本土教育与出国留学的独特载体，成为中国家庭在子女基础教育方面的新选择。《服务贸易总协定》规定国外机构可利用 WTO 条款到国内单独或者合作办学④——国际学校市场向国外机构开放也一定程度上促成了国际学校的发展。在办学方面，国际学校针对开始出现的

---

① 新学说：《中国国际学校发展简史》，（2016-07-26）［2022-01-13］，http：// www. cfce. cn/a/jigou/gjzx/2016/0726/3092. html。
② 瑞信研究院：《中国家庭财富总值仅次美国》，（2015-10-14）［2022-01-10］，http：//m. haiwainet. cn/middle/455828/2015/1014/content_ 29251328_ 1. html。
③ 王治国：《民营企业的生命力在于创新》，2006 年中国科协年会论文集（第 13 分会场），2006 年中国科学技术协会。
④ 柏杰、苏竣、何晋秋、方惠坚、薛澜：《加入 WTO 对我国高等教育的影响及对策》，《高等教育研究》2001 年第 5 期，第 21~25 页。

低龄化留学需求，将办学阶段指向更低年龄层，为更早、更完备地完成学生对留学教育的适应，从环境设施、课程内容、教师质量等多方面做出了努力。

2002 年 12 月 28 日，《中华人民共和国民办教育促进法》通过。这部中国首次以"促进"为名的教育法律，标志着国家鼓励和支持民办教育的态度，也为民办教育的开展提供了规范。[①]2004 年发布的《中华人民共和国民办教育促进法实施条例》[②]进一步为民办教育树立信心。一系列民办教育法律的颁布，激发了民办国际学校的爆发式增长。这类学校存在于基础教育的各个学段，许多已实现了基础教育教学一校全覆盖。其作为国家教育产业化的典型，为我国国际教育领域的市场竞争机制注入了活力，并在一定程度上弥补了外籍人员子女学校和公立学校国际部（班）长期存在的学位短缺问题。

2003 年和 2004 年，《中华人民共和国中外合作办学条例》和《中华人民共和国中外合作办学条例实施办法》先后发布，明确了中外合作办学属于公益性事业，是中国教育事业的组成部分。该条例主要适用于外国教育机构同中国教育机构在中国境内合作举办以中国公民为主要招生对象的教育机构（简称"中外合作办学机构"）的活动。[③]随后，2010 年发布的《国家中长期教育改革和发展规划纲要（2010—2020 年）》中强调要扩

---

① 韩民、张力：《〈民办教育促进法〉颁布实施的意义及其政策课题》，《教育研究》2004 年第 4 期，第 38~43、52 页。

② 国务院：《中华人民共和国民办教育促进法实施条例》（2004 年中华人民共和国国务院令第 399 号），（2004 - 03 - 05）［2021 - 03 - 08］，http：// www. gov. cn/gongbao/content/2004/content_ 62723. htm。

③ 教育部：《中华人民共和国中外合作办学条例实施办法》（2004 年教育部令第 20 号），（2004 - 06 - 05）［2021 - 03 - 08］，http：// www. crs. jsj. edu. cn/ news/index/6。

大教育开放，鼓励各级各类学校开展多种形式的国际交流与合作，办好若干所示范性中外合作学校和一批中外合作办学项目。同时提到了对公立学校国际部发展的支持，减少了对设置公立学校国际部的限制。对于公立学校来说，办国际部可谓一举多得。一方面可以引进新的办学理念和教学方法，更新教学内容；另一方面培养的学生考入国际名校可以提高学校声誉。而且公立学校一般有较好的教育基础和资源，有出国意向的学生也很愿意选择公立学校的国际部作为出国留学的通道。此时的公立学校国际部（班）采取由国内公立学校承担教学管理、国外教育机构提供教学内容的中外合作办学模式。除了之前就存在的专门招收外籍学生的国际部，此时还出现了仅招收中国大陆籍高中生的国际部。后者通常设有入学户籍限制并通过中考筛选生源，实行国内与国际课程双轨制，配有外籍教师，毕业生出口以欧美高校为主。

萌芽阶段国际学校数量增长以外籍人员子女就学为主要驱动力，而本阶段国际学校数量增长主要得益于本土需求增加。体现在国际学校构成上，以国人为主要生源的民办国际学校和部分公立学校国际部（班），占比不断扩大，数量加速增长：1999～2009 年，仅 10 年间，公立学校国际部（班）数量同比增长 740%，民办国际学校数量同比增长 341.25%，而外籍子女学校增长仅为 165.79%。[1] 据"国际学校在线"统计，截至 2013 年，外籍人员子女学校共 106 所，民办国际学校共 303 所，公立学校国际部（班）共 318 所。[2]

---

[1] 新学说教育：《40 年，中国国际化学校发展简史》，（2017-08-13）［2021-03-08］，https://www.sohu.com/a/164345766_380485。

[2] ISO 行业研究员：《2020 国际化学校行业发展态势分析报告》，2020，第12 页。

调整阶段

市场需求的激增和政策环境的鼓励使在华国际学校规模不断扩大，但同时也带来了新的问题。2013 年前后至今，在华国际学校迎来了挑战与机遇并存的调整阶段。

首先，公立学校国际部（班）成为这一阶段改革的重点。上一阶段公立学校国际部（班）的迅速发展和庞大体量，引发了一系列问题，如准入门槛不明确，违规批设国际班；收费偏高，缺乏政策依据；定位不清晰，有挤占公共优质教育资源的嫌疑；课程设置混乱，国内必修课程不开齐开足，国际优质课程也引不进来，国际班沦为"洋应试"等。[①] 在多重压力下，教育部门对公立学校国际部（班）的政策不断收紧。2013 年《高中阶段国际项目暂行管理办法》草案应运出台，明确要对各类高中"国际部"和"国际班"从招生、收费等多方面予以规范，对部分不符合规定的"国际班"要进行清理或转制。2011~2014 年，全国已有浙江、安徽、黑龙江、吉林、山西、上海、重庆以及广西南宁等地明确出台了高中国际班或中外合作办学项目管理办法，从开办资质、准入门槛、课程设置、收费及财务管理、招生管理等各方面对高中国际班进行明确规定。[②] 此后，公立学校国际部（班）数量出现一定程度的下滑，很多公立学校国际部（班）在规范整顿后，改制为民办国际学校开展招生和教学活动。

公立学校国际部（班）增势受限，为民办国际学校留出了

---

① 李凌、易鑫：《戴上紧箍咒，国际班能否健康成长》，（2014-06-27）［2022-01-13］，http：//www.banyuetan.org/chcontent/zx/mtzd/2014627/105058.shtml。

② 李凌、易鑫：《戴上紧箍咒，国际班能否健康成长》，（2014-06-27）［2022-01-13］，http：//www.banyuetan.org/chcontent/zx/mtzd/2014627/105058.shtml。

更多的发展空间。除此之外，2016 年 11 月，新《中华人民共和国民办教育促进法》通过，又为民办国际学校发展带来了重大利好。新法允许营利性民办学校举办者取得办学收益，只是义务教育阶段的民办学校必须是非营利性的。这意味着民办学校（包括全日制的民办幼儿园、高中、大学，非全日制的早教、幼儿培训、K12 课外培训、职业培训等）未来可以选择注册为营利性，获得融资方面的诸多便利。对于民办学校来说，最大的难题之一就是资金缺乏，如果能通过上市方式，就能使民间资金和国际资本为中国教育所用。以往，受境内法律规定以及资本市场的监管环境所限，民办国际学校在 A 股上市、银行贷款都存在非常大的难度。而此次修法为民办教育产业对接资本市场扫清法律障碍，尤其是教育资产可以被划归经营性资产从而在资本市场进行证券化。不过，由于义务阶段学校须为非营利性，按规定无法直接取得办学收益，因此不得成为上市公司资产。为了在境外上市，民办教育学校大多使用 VIE（Variable Interest Entities，可变利益实体）架构，即在国内设立一家外资公司，由外资公司与学校签订合同提供咨询服务等，学校向公司支付服务费用。依靠 VIE 架构，不得上市的民办义务学校收入被转移为上市公司的营收。受上述因素影响，在这一阶段前几年，民办国际学校数量涨幅明显高于其他两类国际学校，其数量在国际学校总数中的比重也越来越高。据"国际学校在线"统计，截至 2018 年，外籍人员子女学校共 126 所，民办国际学校共 535 所，公立学校国际部（班）共 395 所，① 民办国际学校占比超过一半，占三类国际学校总数的 50.66%。

不过，民办国际学校快速增长的态势无法掩盖办学质量的参

---

① ISO 行业研究员：《2020 国际化学校行业发展态势分析报告》，2020，第12页。

差不齐，虽然不乏优质国际学校，但低品质的国际学校也层出不穷。这些学校"师资队伍流动性强，管理人员目光短浅，一味追求经济利益，生源参差不齐，学校的政策朝令夕改，为了填补资金漏洞盲目扩招，招收不合格的学生……"① 另外，通过可变利益实体（VIE）架构上市的国际学校存在监管风险，2018～2019 学年，北京、青岛等地都出现了国际学校因资金问题而面临关闭的事件，这些学校一旦发生抽逃办学资金情况，相关法律无法进行有效约束。②

针对一系列问题，2018 年 4 月，教育部公布了《中华人民共和国民办教育促进法实施条例（修订草案）》（征求意见稿），2018 年 8 月又发布了《中华人民共和国民办教育促进法实施条例（修订草案）》（送审稿），两版稿件对外发布后，释放了政府对于加强党对民办学校的领导、营造更公平的办学环境、维护教育管理秩序、规范课程与教材、鼓励和支持社会力量参与办学方面的信号，在国际学校领域引起了强烈的震动。2018 年 8 月 13 日，港股教育板块出现集体下跌，跌幅均超过 30%。③ 随后，教育部教材局要求各地教育行政部门自 10 月 15 日起全面排查中小学教材，纠正和清理以校本课程教材、境外课程教材替代国家课程教材，或使用未经审定的教材等违规违法行为。

---

① 鲁育宗主编《国际学校在中国：培养具备全球竞争力的学生》，中国人民大学出版社，2018，第 47 页。
② 李曼、秦琳：《2019 国际学校年度发展观察报告（资本市场，加强资金风险管控）》，（2020-01-10）［2022-01-13］，https://m.thepaper.cn/baijiahao_5481914。
③ 《专家剖析民促法：民办教育分类管理如何推进?》新浪教育，2018 年 8 月 17 日，http://edu.sina.com.cn/ischool/2018-08-17/doc-ihhvciiw4705781.shtml。

2019 年 3 月，教育部办公厅印发《关于做好 2019 年普通中小学招生入学工作的通知》指出，"义务教育学校不得以'国际部''国际课程班''境外班'等名义招生"。同年 6 月，中共中央、国务院印发《关于深化教育教学改革全面提高义务教育质量的意见》，重申"义务教育学校不得引进境外课程、使用境外教材"，同时规定"民办义务教育学校招生纳入审批地统一管理，与公办学校同步招生；对报名人数超过招生计划的，实行电脑随机录取"。

经过近 3 年的公开讨论，修订后的《中华人民共和国民办教育促进法实施条例》于 2021 年 9 月正式实施（见延仲阅读 4-1）。① 该条例的正式实施，标志着民办国际学校的未来发展有了更加明确的法律依据。

延仲阅读 4-1　2021 版《中华人民共和国民办教育促进法实施条例》与民办国际学校密切相关的要点②

加强党对民办学校的领导

《条例》增加规定：民办学校应当坚持中国共产党的领导，坚持社会主义办学方向，民办学校中的中国共产党基层组织贯彻党的方针政策，依照法律、行政法规和国家有关规定参与学校重大决策并实施监督。《条例》明确：民办学校决策机构组成人员应当有党组织负责人，监督机构组成人员应当有党的基层组织代

---

① 中华人民共和国中央人民政府：《中华人民共和国国务院令第 741 号·中华人民共和国民办教育促进法实施条例》，（2021-07-04）［2022-01-13］，http：//www. gov. cn/zhengce/content/202105/14/content_ 5606463. htm。

② 依据"中华人民共和国教育部：《司法部、教育部负责人就〈中华人民共和国民办教育促进法实施条例〉修订答记者问》，（2021-05-14）［2022-01-13］，http：//www. moe. gov. cn/jyb_ xwfb/s271/202105/t20210514_ 531605. html"及条例本身整理而得。

表，学校的章程应当规定学校党组织负责人进入学校决策机构和监督机构的程序。

营造更加公平的办学环境

一是规范地方政府、公办学校参与办学的行为。增加规定：地方人民政府不得利用国有企业、公办教育资源举办或者参与举办实施义务教育的民办学校；实施义务教育的公办学校不得举办或参与举办民办学校，其他公办学校不得举办或者参与举办营利性民办学校；公办学校举办或者参与举办民办学校，不得仅以品牌输出方式参与办学，举办或者参与举办非营利性民办学校，不得以管理费等方式取得或者变相取得办学收益。

二是规范通过资本运作控制非营利性学校进行获利的行为。增加规定：同时举办或者实际控制多所民办学校的，不得改变所举办或者实际控制的非营利性民办学校的性质，直接或者间接取得办学收益；也不得滥用市场支配地位，排除、限制竞争。任何社会组织和个人不得通过兼并收购、协议控制等方式控制实施义务教育的民办学校、实施学前教育的非营利性民办学校。

三是完善举办者变更机制。增加规定：民办学校举办者变更的，应当签订变更协议，但不得涉及学校的法人财产，不得影响学校发展，不得损害师生权益；现有民办学校的举办者变更的，可以根据其依法享有的合法权益与继任举办者协议约定变更收益。

维护教育管理秩序

一是规范招生行为。增加规定：民办学校可以在审批机关核定的办学规模内，自主确定招生标准和方式，与公办学校同期招生；实施义务教育的民办学校应当在审批机关管辖的区域内招生，纳入审批机关所在地统一管理；实施普通高中教育的民办学校应当主要在学校所在设区的市范围内招生。实施义务教育的民办学校不得提前招生。

二是规范利用互联网技术在线办学的行为。增加规定：利用互联网技术在线实施教育活动应当符合国家互联网管理有关法律、行政法规的规定；利用互联网技术在线实施教育活动的民办学校应当取得相应的办学许可，依法建立并落实互联网安全管理制度和安全保护技术措施。

三是完善民办学校收费管理机制。规定：民办学校应当基于办学成本和市场需求等因素，遵循公平、合法和诚实信用原则，考虑经济效益与社会效益，合理确定收费项目和标准。对公办学校参与举办、使用国有资产或者接受政府生均经费补助的非营利性民办学校，省级人民政府可以对其收费制定最高限价。

四是完善民办学校关联交易监管机制。增加规定：实施义务教育的民办学校不得与利益关联方进行交易，其他民办学校应当建立利益关联方交易的信息披露制度。有关部门应当加强对非营利性民办学校与利益关联方签订协议的监管，按年度对关联交易进行审查。

规范课程与教材

规定：实施普通高中教育、义务教育的民办学校可以基于国家课程标准自主开设有特色的课程，实施教育教学创新，自主设置的课程应当报主管教育行政部门备案。实施义务教育的民办学校不得使用境外教材。

鼓励和支持社会力量参与办学

一是明确财政扶持、税收优惠、用地保障等方面的政策措施。规定：地方人民政府可以参照同级同类公办学校生均经费等相关经费标准和支持政策，对非营利性民办学校给予适当补助；采取政府补贴、以奖代补等方式鼓励、支持非营利性民办学校保障教师待遇。民办学校享受国家规定的税收优惠政策；其中，非营利性民办学校享受与公办学校同等的税收优惠政策。地方人民政府出租、转让闲置的国有资产应当优先扶持非营利性民办学校；在制定闲置校园综合利用方案时应当考虑当地民办教育发展需求；对新建、扩建非营利性民办学校应当按照与公办学校同等原则，以划拨等方式给予用地优惠。

二是鼓励金融、保险机构为民办学校融资、风险保障提供服务。增加规定：国家鼓励、支持保险机构设立适合民办学校的保险产品，探索建立行业互助保险等机制，为民办学校重大事故处理、终止善后、教职工权益保障等事项提供风险保障；金融机构可以在风险可控前提下开发适合民办学校特点的金融产品。民办学校可以以未来经营收入、知识产权等进行融资。

三是发挥地方积极性。规定：省级人民政府可以根据实际情况，制定促进民办教育发展的支持与奖励措施。各级人民政府及有关部门在对现有民办学校实施分类管理改革时，应当充分考虑有关历史和现实情况，保障受教育者、教职工和举办者的合法权益，确保民办学校分类管理改革平稳有序推进。

在这一阶段，外籍人员子女学校也面临新的政策约束与机遇。2015 年 1 月，教育部对外发布了《教育部关于做好外籍人员子女学校有关工作的意见》。该意见一方面为落实《国务院关于第六批取消和调整行政审批项目的决定》（国发〔2012〕52号）中关于外籍人员子女学校审批权下放（由教育部调整为省级教育行政部门）的规定提出了审批与监管工作方面的意见，另一方面在国家教育委员会 1995 年发布的《关于开办外籍人员子女学校的暂行管理办法》基础上，提出了外籍人员子女学校将从严审批、按需设立、依法管理，不得冠以"中国""中华"

"全国""世界""全球"等字样。① 教育部"一放一收"的做法，体现出其在外籍人员子女学校管理方面所采取的弹性管理原则。不过，为了吸引国外人才，北京、南京、上海等地政府开始为外籍人员子女学校的发展创造更多的政策条件（见表4-2），与另外两类国际学校相比，未来一段时间外籍人员子女学校的发展机遇可能会越来越多。

表4-2　部分地区外籍人员子女学校发展相关政策

城市	相关政策
北京市	2020年7月发布的《北京市外籍人员子女学校管理办法（修订）》指出，北京市外籍人员子女学校的举办者不仅限于在中国境内合法设立的外国机构、外资企业、国际组织的驻华机构和合法居留的外国人，还包括中国国家机构以外的社会组织或个人[1] 2021年12月发布的《北京市关于进一步加强稳外资工作的若干措施》允许中国社会组织和个人举办外籍人员子女学校[2]
上海市	2019年7月发布的《上海市人民政府关于本市促进跨国公司地区总部发展的若干意见》第十三条指出，要根据跨国公司地区总部、总部型机构区域需求，鼓励优质外籍人员子女学校进行布点和扩大规模[3] 2021年2月发布的《虹桥国际开放枢纽建设总体方案》提出试点设立招收面向全国的外籍人员子女学校，即在国内其他地区合法居留外籍人员的随行子女也可以申请入学[4]
南京市	2019年12月发布的《南京市关于加快推进教育国际化实施办法（试行）》提出优化外籍人员子女学校布局，办好现有外籍人员子女学校，加强本市中小学与外籍人员子女学校交流互动[5]
广州市	2021年10月发布的《广州市教育事业发展"十四五"规划》指出，将新增若干所外籍人员子女学校和国际化特色民办学校作为"新时代教育对外开放水平提升工程"的重点内容[6]
海南省	2019年6月发布的《关于支持海南深化教育改革开放实施方案》提到为吸引海外人才，会加快建设一批外籍人员子女学校，保证华侨和外籍人员子女的基础教育[7]

---

① 中华人民共和国教育部：《教育部关于做好外籍人员子女学校有关工作的意见》，（2015-01-08）［2022-01-13］，http://www.moe.gov.cn/srcsite/A20/moe_861/201501/t20150108_189353.html。

续表

［1］北京市教育委员会：《北京市外籍人员子女学校管理办法（修订）》政策解读，（2020-07-08）［2022-01-14］，http：//jw. beijing. gov. cn/xxgk/zfxxgkml/zfgkzcwj/zcjd/202007/t20200708_ 1942104. html。

［2］北京市商务局：《北京市商务局印发〈北京市关于进一步加强稳外资工作的若干措施〉的通知》，（2021-12-29）［2022-01-14］，http：//sw. beijing. cn/sy/nsjg/wzfzhch/xxtg/202112/t20211229_ 2576227. html。

［3］上海市人民政府：《上海市人民政府关于本市促进跨国公司地区总部发展的若干意见》，（2019-07-26）［2022-01-14］，https：//www. shanghai. gov. cn/nw44392/20200824/0001-44392_ 61406. html。

［4］上海市政府：《虹桥国际开放枢纽建设总体方案》，（2021-03-03）［2022-01-14］，https：//www. shanghai. gov. cn/nw12344/20210303/29c12f070d45480784e51124e6ce31d4. html。

［5］南京市教育局：《南京市关于加快推进教育国际化实施办法（试行）》，（2019-12-09）［2020-10-30］，http：//edu. nanjing. gov. cn/njsjyj/201912/t20191209_ 1732347. html。

［6］广州市教育局：《广州市教育事业发展"十四五"规划》，（2021-12-10）［2022-01-14］，http：//jyj. gz. gov. cn/gk/zfxxgkml/qt/ghjh/content/post_ 7961341. html。

［7］人力资源和社会保障部：《人力资源社会保障部对政协十三届全国委员会第二次会议第0440号（社会管理类040号）提案的答复》，（2019-08-03）［2020-10-30］，http：//www. mohrss. gov. cn/gkml/zhgl/jytabl/tadf/201912/t20191206_ 345558. html。

第三节 在华国际学校的功能

在华国际学校的发展，经历了数量从少到多、分布从点到面、办学主体从外国使领馆到民间资本、招生对象从外籍人员子女到面向国人的多维度转变，形成了今天综合多元的竞争与发展局面。但不可否认的是，在华国际学校成长到今天，仍然面临诸多挑战，其中有两点特别值得关注。一是大部分国人仍将在华国际学校简单地看作学生出国留学甚至是逃避高考的跳板，或是一种抗风险能力强、值得投资的产业，忽视了其在国际人才培养和吸引中的战略地位。二是受国家政策和国际局势变化影响，在华国际学校正面临着巨大的改革压力。2020年，面对变化莫测的国际局势和新冠肺炎疫情的反复出现，中国坚定地选择站在历史发展的一边，继续推动对外开放。国际学校是全球化时代的产物，在华国际学校是中国主动拥抱世界的重要举措。自改革开放以来，在华国际学校在与出国留学、来华留学、中外合作办学、境外办学、国际中文教育、外国专家与外籍教师引进等教育对外开放领域的紧密联动中逐渐发展壮大，为国家和世界提供了源源不断的国际人才支撑。

"聚天下英才"的黏合剂

自新中国成立以来，特别是自改革开放以来，吸引优秀外籍和港澳台人才就成为我国重要的人才工作之一，而外籍人员子女学校也一直是各级政府引才、留才的有力措施。

香港中文大学（深圳）校长讲席教授郑永年认为，未来的竞争一定是知识竞争，而要发展知识密集型经济，人才尤为关键。"想要吸引更多国际人才，建设国际学校很重要。"[1] 随着我国对外开放持续推进、城市国际化与组织全球化的程度不断加深，外籍及港澳台人员赴中国大陆工作、学习、生活之势渐起。一些地方政府为加大对海外生产要素的吸引力度、提升本地城市竞争力与国际影响力，积极着手完善外籍员工的福利体系，这其中就包括为外籍人员子女学校提供各类因地制宜的政策优惠。[2]

中国国家统计局公布的第六次全国人口普查数据显示，居住在中国海关关境以内三个月以上或确定将居住三个月以上的港澳台居

---

① 吴雨伦、郑永年：《大湾区基础上形成南方共同市场，知识城要发展知识密集型经济》，（2021-12-19）［2022-01-11］，https://www.163.com/dy/article/FU7E3BAT055004XG.html。
② 鲁育宗主编《国际学校在中国：培养具有全球竞争力的学生》，中国人民大学出版社，2018。

民和外籍人员超过 102 万人。① 与其他国家相对严重的疫情形势和反弹风险相比，中国疫情防控成效显著和经济恢复良好的态势，或将对国际人才产生"磁石效应"。可以预见，外籍人员子女学校作为来华国际人才子女教育需求保障的关键，今后仍将发挥重要作用。

全球人才环流的助推器

与全球国际学校发展趋势类似，在华国际学校在主要生源上也经历了从国际移民随迁子女到本国计划出国留学学生的转变。部分招收中国学生的公立学校国际部（国际课程班）和民办国际学校的出现满足了部分家长和学生对于国际教育和出国留学的需求。但是，在华国际学校并不仅仅是出国留学生的输出机构，从更宏观的角度来看，它们还发挥着推动全球人才环流的作用。

随着全球化进程的不断演进，国际人才流动模式正从单向的"人才外流"和"人才回流"转为周而复始的循环流动，国际上称这种模式为"人才环流"（Brain Circulation）。② 人才环流使得人才流出国和流入国之间不再是此消彼长的单纯对立关系，而是能够通过人才的平衡流动实现资源、资本、技术的互通有无，互惠互利。因此，"人才环流"本质上是一种"人才共享"。

中国现当代出国留学史是对人才环流促进各国互惠互利的最佳佐证。新中国成立初期，华罗庚、侯祥麟、谢家麟、叶笃正等数千名海外留学生在国家政策和爱国情怀的感召下回国参与建

---

① 中华人民共和国国家统计局：《2010 年第六次全国人口普查接受普查登记的港澳台居民和外籍人员主要数据》，（2011-04-29）［2020-10-21］，http：//www. stats. gov. cn/tjsj/tjgb/rkpcgb/qgrkpcgb/201104/t20110429_ 30329. html。
② 刘宏：《人才流动与"抢人大战"：从运动型思维到常态化机制》，（2018-07-27）［2020-10-23］，https：//www. sohu. com/a/243651812_ 345245。

设，在艰难的条件下，为新中国科技、文化领域奠定了坚实的基础。① 丁肇中、陈省身、丘成桐、邓文中等华人科学家和海外华商也在促进中国科技、教育、经济的进步上做出了巨大贡献。随着我国出国留学路径不断拓宽、环境不断开放，1993 年国家出台了"支持留学、鼓励回国、来去自由"的十二字方针，标志着我国出国留学政策走向成熟和规范化，引才思路也从紧盯"人才回流"转变为关注"人才环流"。

近年来，虽然中国大学在世界大学排行榜上排名迅速提升，但与美国等发达国家的教育体系相比，我国优质高等教育资源仍然非常稀缺。② 从这一角度来看，在华国际学校为中国学生出国获取优质高等教育资源打下了良好的基础，这不仅满足了家长和学生对于教育的多样化需求，也有助于提升我国人力资源发展水平。虽然可能会造成短期人才流失的现象，但结合人才环流的大背景和回国留学人数逐年攀升的现状，③ 在华国际学校在促进国家发展方面，仍旧发挥了难以替代的积极作用。

国际人才培养的试验区

2010 年《国家中长期教育改革和发展规划纲要（2010～2020年）》中提出，要"适应国家经济社会对外开放的要求，培养大批具有国际视野、通晓国际规则、能够参与国际事务与国际竞争的国

---

① 陈松友、范俊琪：《新中国成立初期的留学生归国潮》，《当代中国史研究》，2017 年第 5 期。

② 魏建国、周森、毕建宏、周娟：《我国优质高等教育资源不足及其扩展策略》，（2020-07-08）［2020-08-06］，http://ciefr. pku. edu. cn/cbw/kyjb/2020/09/kyjb_ 7916. shtml。

③ 王辉耀、苗绿、郑金连、李庆：《全球化与"一带一路"倡议背景下，中国留学发展的挑战与新机遇》，载王辉耀、苗绿主编《中国留学发展报告（2017）No. 6》，社会科学文献出版社，2017。

际化人才"①。从各类在华国际学校的办学方向或培养目标来看（见表4-3），虽略有不同，但均致力于培养"国际人才"。其中，公立学校国际部和民办国际学校在国际人才培养上特别重视"立足中国，放眼世界"。北京教育科学研究院原院长、研究员季明明认为，"我国高中国际合作办学事业在几十年的实践探索中，在中外合作办学、课程融合互鉴、教学模式创新、师资能力提升、学生素质培养等方面积累了丰富的经验，是伴随改革开放40年，教育领域取得巨大成就的重要组成部分。借鉴这些成功的经验，对于推进新时代普通高中育人方式改革，培养牢固确立中华民族情怀和'中国心'，又具有国际视野和国际竞争力的国际化人才，提升我国高中教育的国际影响力，推动构建人类命运共同体，都具有十分重要的意义"②。外籍人员子女学校虽然以培养全球公民或全球思维为目标，但在实际办学和教学过程中，常常会将中国特色融入其中（见延伸阅读4-2)。因此，各类在华国际学校都在培养有"中国心"的国际人才。

表4-3 在华国际学校办学方向或培养目标举例

学校类型	案例	办学方向或培养目标
外籍人员子女学校	上海美国学校	有道德的全球公民（Ethical global citizens)。
	北京顺义国际学校	全球思维(global mindedness)；创造性（creativity)；尊重（respect)；正直（integrity)；平衡（balance)
	北京德威英国国际学校	"心怀世界、智胜全球"；培养有动力和能力为世界做出积极改变的全球公民
	北京加拿大国际学校	为世界做出积极贡献（contributing positive to the world community)

① 国家中长期教育改革和发展规划纲要工作小组办公室：《国家中长期教育改革和发展规划纲要（2010-2020年)》，（2010-03-01）[2020-10-20]，http：//www. moe. gov. cn/srcsite/A01/s7048/201007/t20100729_ 171904. html。

② 《国际教育应重点培养有"中国心"又具国际视野的人才》，人民网（2019-09-08）[2022-01-11]，http：//world. people. com. cn/n1/2019/0908/c359707-31342640. html。

续表

学校类型	案例	办学方向或培养目标
公立学校国际部	北京四中国际校区	中西融合,面向未来;"家国天下的情怀""舍我其谁的担当"
	上海中学国际部	培养具有国际视野、中国情结的国际人才;"负责人的世界公民"
	北京师范大学附属实验中学国际部	适应跨文化交流、提升国际理解能力;培养高素质国际型人才
民办国际学校	启明星双语学校	培养中英文学术卓越,具有创造性思维及高贵品格的世界公民
	北京市王府学校	以德施教、育人为先、中西合璧、励志未来,培养具有国际视野和全球竞争力的复合型精英领袖人才
	枫叶国际学校	中西教育优化结合,实施素质教育;适应不同文化环境,熟悉国际规则,能够跨域交流
	协和教育集团	培养学生具有国际胸怀与社会责任感,能独立思考、勇于探究、博闻强识、关爱他人,具有中英文双语能力、交往能力、解决问题的能力及终身学习的能力
	包玉刚实验学校	发展全人教育、传承中华文化、拓展国际视野

资料来源:各校官网。

延伸阅读4-2　在华国际学校及相关领域专家谈国际化人才培养

2022年9月14日,全球化智库(CCG)长三角研究中心与中共桐庐县委组织部(人才办)共同在杭州桐庐举办了"中国国际化人才培养与发展圆桌研讨会"。会议以"新时代人才雁阵格局下的国际化人才培养与发展"为主题,来自政府、智库、教育界和企业界等各界人士出席了研讨会,就百年变局下国际化人才培养的时代需求、新时代下国际化人才发展的新机遇、人才雁阵下长三角地区如何打造国际化人才培养与发展的新格局等议题展开深入探讨。

全球化智库（CCG）理事长王辉耀在致辞中指出，人才是民族振兴、赢得国际竞争的宝贵资源，国际化人才在全球化拓展、"一带一路"、中国企业"走出去"以及建设人类命运共同体中都有非常重要的作用。CCG在长三角研究院举办研讨会，可以梳理各方观点、总结真知灼见，为国家发展建言献策，做出建设性贡献。疫情防控常态化背景下人才竞争十分激烈，探讨人才培养与发展恰逢其时。正如习近平总书记所说，广纳天下英才，全球化的竞争是人才的竞争。面临逆全球化和地缘政治不断变化的未来，这一探讨的意义越发重大。

昆山杜克大学校长冯友梅指出，长三角作为中国经济的引擎，其发展与国际化人才的培养是分不开的。人才聚集和资源聚集有利于中国和世界未来的事业发展，中外合作办学在这其中具有特别重要的意义。这样的模式所培养出来的不仅是国际化的人才，更是能够为中国的全球化发展做出贡献的人才。拥有这样的平台作为纽带，无论未来的情况如何变化，中国与世界发展的联系都不会断绝。

浙江省政府咨询委员会学术委员会副主任刘亭表示，国际化人才是一个主题，其中国际化是大势。我们应首先积极参与到国际化当中，促进人类文明融合互通，打造人类命运共同体。因此，还需要求同存异，找到共同价值观的交集点，避免极端化思维。中国应打开心门、打开国门，在和平进程中提高竞争力，而在这一背景下，人才培养同样需要国际化的视野、国际化的知识技能水平和国际化的竞争力。其中，国际化的视野是前提和基础。

浙江大学社会科学学部主任吴晓波指出，中国国际化人才培养具有鲜明的时代特征，表面看近年中国经济增长速度在减缓，实际上背后反映的是中国经济结构正在向高质量发展，而高质量发展需要高质量的人才。能用更多国际高端人才所接受的方式来引进人才是很重要的，同时引进人才要与中国人才培养更好地结合起来。真正的高端人才的培养方式是创新，在向上更新的过程当中可以找到更多的方法和途径去促进与人才的结合，在这一过程中要重视第三方机构的作用，鼓励第三方机构的发展，这是具有战略意义的。

浙江清华长三角研究院主任李继春表示，科技人才引进是智库协助人才培养的重要内容。14 年来，长三角研究院引进人才可总结为四个阶段：第一阶段，重视人才对产业与技术的带动效应，根据地方政府的需求式订单动员人才，但出现了"水土不服"的状况；第二阶段，将全球化布局的第一站设在国外，在海外成立孵化器，而成功率依然有限；第三阶段，在国内设立孵化站，继续培养具有海外背景的人才，进而与研究院形成配合，通过两极孵化大大提升人才引进成功率；第四阶段，用研究氛围和产业链带动人才培养，促进人才引进与产业链相结合，达到智库引领、科创赋能、产业驱动，进入人才引进综合发展阶段。研究院是公共而非纯市场化的机构，发挥着非常重要的职能，其与政府之间需搭建更为有效的桥梁。人才是新型创新载体，十余年的经验与教训表明，制度安排和实践创新相辅相成，长三角研究院的发展模式值得探讨和研究。

教育部资源建设委员会专家组成员、全国教育规划信息技术学科组成员、中国教育学会中小学信息技术专业委员会副理事长、全国高级中学校长委员会理事长、教育部基础教育资源网教育总监王本中表示，中国的人才培养在教育平衡以及高质量发展方面尚存在一定的认知缺陷，要学习马克思主义中全面充分自由的个性化教育理论，不要把孩子的个性差异看作人的差距，尊重学生个性的差异并善于发现挖掘培养学生闪光的亮点。如果没有大众教育，国家和民族就没有希望，但如果没有精英教育，国家和民族就不会强大。国务院颁布的中外合作办学条例很好地实现了对拔尖创新型人才的培养，但如何继续深化专业团队建设、加强人才的早期培养仍需各界人士进一步讨论与关注。

晟泰教育集团总裁张小杰表示，当今我国的国际人才引进正面临很大的挑战。在今后的国际化人才培养方面，应与各国际特色学校进行紧密联合，发挥其国际人才培养摇篮的基地作用。国际特色学校办学要适合中国国情，继承孔夫子"有教无类"的君子教育精神。君子教育既包含一视同仁、平民教育的中国传统教育取向，又可与现代国际人才教育接轨，通过"自强不息"与"厚德载物"与海外教育进行交流对话。君子的优秀理念应作为国际人才培养的核心素养，中国的国际化人才必须有一颗中国心。此外，中国国际化人才培养的根本之道是促进传统人文体系与现代国际化知识体系融合，在与世界对话的同时弘扬家国情怀，培育有中国心的世界公民。

枫叶教育集团研究院院长任鸿鹄认为，国际化人才应当具备七种核心素养，可称其为"彩虹七力"，即思考力、行动力、沟通力、引领力、联结力、创新力和合作力。要想培养国际化人才，课程是一个核心载体。在研发课程时，不仅要国际化，还要有中国特色，一方面，培养出来的中国学生不仅要注重英文的学习，还应该能用英文讲好中国故事；另一方面，不仅要让中国的学生学习有中国特色的国际化课程，还要让外国的学生学习中文，应提倡用中国文化学习汉语的理念，通过外国学生对中国文化的理解和认同来构建伟大愿景。

北京外国语大学国际教育集团原总经理范晓虹指出，基础教育阶段的国际化启发意义重大，这一时期学校的语言教育不仅能够帮助学生塑造对于世界的认知，还能够帮助学生加强对国际化的理解能力。对拔尖创新型人才的培养可以促进基础教育的国际化特色的发展，这样的培养不能到高等教育才解决。在基础教育阶段，国际化特色的教育能够提升事业站位，通过智库的组织形式，把基础教育和国际教育进行联动以有效解决实际问题。

中华青少年交响乐团（NYO-China）创始人何梅同样认可国际化，她指出国际化的过程中语言非常关键，要跟国际对话就需要语言，可以包括英语或汉语，也可以包括音乐、体育等其他类型的语言，这是人类共同对环境的改善。希望能从企业的角度同教育机构和专家一起讨论，进一步帮助青少年更好地实现国际化。

英国曼彻斯特大学国际教育集团中国区总裁傅潇霄从高等教育的角度出发，对未来教育形态和人才培养方式进行思考。他指出，首先，国际化是长期系统工程，通过领导班子、教学团队及学生构成等方方面面体现出来；其次，疫情之后，整个世界格局和教育都在发生了变化，在线融合社会或者混合式教育成为主流的教学及人才培养模式；最后，国际化人才培养要能打破时间、空间和学科的边界，从传统的教育到数字化，这也将是未来教育的新形态。

北京新英才学校副校长魏庆佳表示，人才培养随着时代的发展具有不同的定位。爱与创造的教育主张有助于在深入进行个性化培养和专项培养的过程中不断加强对于人才培养的认识。疫情前曾有很多国外使官和元首的孩子来学习汉语，这在一定程度上促进了国际教育的理论互鉴与学习交流。希望能够借此次研讨会的契机，与各方专家一起，就构建适合传播中国传统文化的国际教育平台进行更加深入的交流。

上海金山区世外学校副校长赵毅表示，在做国际化工作时一定要牢固树立秉承中国心理念。以教育学为例，一个国家的教育一定是为自己的国家服务，选择国际课程是在选择如何享受国际资源来提高自己服务国家的能力，在这个过程当中，应当放眼世界，有包容世界的胸怀，赶超世界的雄心，才能拥有引领世界的风采。

北师大惠妍国际教育研究院院长谢萍分享了三点体会，第一，国际化人才的发展是全程式的发展，这包括从 K12 到 K15 甚至到高等教育、到终身学习的过程，每个人要全程式的发展，这需要国际化的事业和格局；第二，全域式，即企业界、教育界、商界、政界需要形成合力，共同探讨应如何培养我们的国际化人才；第三，全新式，需要思考如何进行国际创新型人才的培养，这需要一个系统思考和全新的创新推动。

广州博萃德学校（筹）学术总经理、副教授沈璐提出，可以借鉴英国国家 STEAM 中心的模式和理念，让企业的高技术人才去到中小学，让中小学的孩子从小体会到本国企业的文化和向心力，增加孩子们对本土企业的黏性。这样做有以下几点好处：第一，能够在青少年心中为企业自身树立正面的形象；第二，数据显示将技术人员派往各个学校也有助于提升他们自身的演讲能力；第三，不仅学校学生的水平能够提升，企业员工也能增强社会责任感和对企业的向心力。可以通过这一思路，找到一种能够把企业人才和学校教育结合起来的方法，从而增强两边的黏性，更好地助力对国际化人才的培养。

第四节　在华国际学校发展现状

经过几十年的发展，在华国际学校增长速度和增长潜力十分可观。即使在疫情和国际局势影响下，学生家长对于国际学校仍很有信心。从地域分布来看，在华国际学校正向二、三线城市延伸，广东受粤港澳大湾区政策影响也加快了国际学校建设步伐；国内国外布局同步展开，在华国际学校开始在海外扩大影响力；鉴于在华国际学校特别是民办国际学校的发展潜力，外资和国企纷纷进军民办国际学校市场；国际学校市场中的学费金额持续走高，学费稳步增长使得学校综合教育资源更为充沛，教育质量有所上升，教学内容也更为丰富；国际学校规模的空前发展对师资规模的需求提升，师资供不应求的情况出现；时代发展对国际学校提出了更高的要求，即教学培养立足中国、放眼世界的优秀人才。

总体规模

国际学校咨询集团（International Schools Consultancy Group）公开报告中的统计数据显示，截至 2020 年 7 月，中国国内英语教学的国际学校共有 959 所，占东亚地区的 58.2%，全球的 8.2%；在国际学校就读的学生共 395659 人，占东亚的 63%，全球的 6.6%。[①] ISC 研究学院院长理查德·加斯克尔（Richard Gaskell）表示，许多国家的国际学校数量和招生规模正在快速扩张，以满足不断增长的当地需求，而亚洲地区的需求明显高于其他地区，特别是中国内地和香港地区。值得注意的是，考虑到中国巨大的人口基数，与全球平均水平相比，我国适龄学生选择在国际学校就读的比例并不算高，国际学校在中国仍有很大的发展空间。

据统计，截至 2020 年 10 月 10 日，全国范围内处于正常运营状态，采用国际课程、实行双语教育的各类全日制国际学校共计 1399 所。[②] 2021 年，中国国际学校市场规模接近 462 亿元人民币，但市场规模同比增速较过去 5 年有所放缓，仅为 5.2%。2021 年获得课程或管理认证的国际学校数量共 932 所，比 2020

① ISC Research. China Market Intelligence Report 2020 [EB/OL] [2020-10-22], https：//iscresearchcom. finalsite. com/services/market - intelligence - report/china-mir.
② 新学说传媒：《2020 中国国际学校最新数据：新增获认证学校持续上涨，民办占比接近 60%》，[2020-12-11]，https：//www. sohu. com/a/437570722_380485。

年新增 25 所，增速放缓，但总体稳中有进（见图 4-1），一定程度上可归因于国际认证日趋严格以及国家监管和引导力度加大。

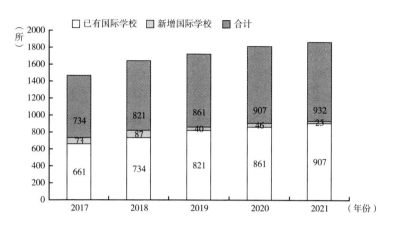

图 4-1　2017~2021 年在华国际学校认证数量情况

资料来源：《〈2021 中国国际学校发展报告〉重磅发布》，新学说传媒［EB/OL］［2022-01-17］，https：//new.qq.com/omn/20211218/20211218A03L1000.html。

　　当前反复的新冠肺炎疫情及复杂的国际局势，一定程度上影响了在华国际学校学生和家长的出国留学意愿，顶思对初高中家庭出国留学意愿的调查①显示，在此前有出国留学意愿的学生当中，超过半数会在疫情以后改变留学计划，而家长中有 72% 持有改变计划的想法。其留学计划的改变主要集中在目的国的变更和推迟留学等方面，这也一定程度上说明海外留学的意愿仍然存

---

　　①　顶思于 2020 年底进行了一项针对初高中生家庭出国留学意愿变化的调研，收集了 2235 份有效问卷，其中家长学生各占一半。样本在一线、新一线和二三线及以下城市均有分布，就读课程为国际课程、国内课程各半。顶思数据中包含少量除外籍人员子女学校、公立学校国际部/班和民办国际学校外的学校，包括大学/学院等高等教育机构，进修学校/学院全日制开设的国际高中和大学预科课程，以及少量采用国际化课程和教学法的创新性学校，此类学校在 2018 年时约占 4.8%。调研报告见顶思行业调研报告网站，http：//www.topschools.cn/industryresearch。

续，但出现了调整。以美国为例，2020 年《美国门户开放报告》显示，2019~2020 学年，赴美本科生已经连续第四年出现下滑。对留学咨询机构的调查显示，2020 年 4 月美国留学咨询量下跌迅速，比同期降低 40%。①

不过，留学意愿的调整并未直接打击在华国际学校发展。全球化智库（CCG）对在华国际学校的家长和学生调查发现，83%的国际学校学生家长表示不会因为疫情和国际局势的原因为子女转学。就此来看，国际学校的市场吸引力或许并不会受到疫情和国际局势的过度冲击。

此外，教育部在 2021 年全国教育工作会议上明确提出"不鼓励、不提倡低龄出国学习"。② 这意味着，未来海外低龄留学生或出现回流和规模收缩。因此，在华国际学校的生源规模仍有上升空间，为国际学校市场的进一步拓展提供了可能。

地理布局

由于各个地区经济发展水平提升，有教育消费能力的中产家庭数量增加，这类人群是国际学校消费的主力军，因此国际学校的数量随之不断增加。目前一线城市国际学校数量处绝对领先，其中，2019 年广东省以 188 所学校的数量居全国第一。此外，江苏省、北京市、上海市的国际学校数量均超过 100 所（见图 4-2）。③

---

① 《赴美留学"断崖式下跌"一年：近期咨询量小幅增长 10%，部分生源转向英国》，21 世纪经济报道［EB/OL］（2021-2-8）［2021-2-8］，https：//m. 21jingji. com/article/20210208/herald/bbc1cbedb4911093ec4b7072bbb 3dc56_zaker. html。

② 董鲁皖龙、柯进：《扬帆起航 为建设教育强国开好局起好步——2021 年中国教育改革发展新蓝图》，（2021-01-09）［2022-01-17］，http：//www. jyb. cn/rmtzgjyb/202101/t20210109_ 388789. html。

③ 顶思：《2019 中国国际学校图谱》，（2019-09-30）［2021-01-20］，http：// www. topschools. cn/Research。

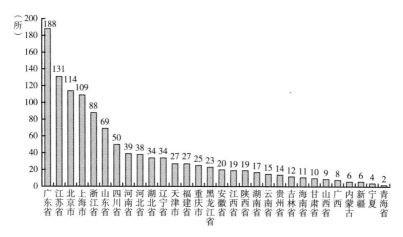

图4-2　2019年国际学校省份分布

资料来源：依据"顶思《2019中国国际学校图谱》［EB/OL］．（2019-09-30）［2021-01-20］，http：//www．topschools．cn/Research"中数据整理所得。

　　二、三线城市在国际学校的年增量上越发呈现后来居上之势。其中合肥、南京、东莞、成都、澄迈、佛山、济南、青岛、西安等地的年增量开始追赶一线城市（见图4-3）。

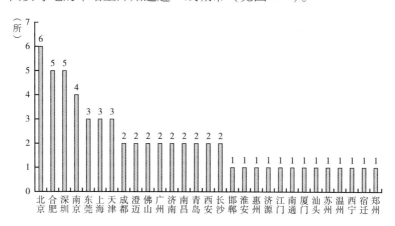

图4-3　2019年国际学校全国城市同比增量对比

资料来源：依据"顶思《2019中国国际学校图谱》［EB/OL］．（2019-09-30）［2021-01-20］，http：//www．topschools．cn/Research"数据整理所得。

受一些地方政策鼓励，国际学校建设速度开始加速，但西北、西南地区对比华东、华南地区，在国际学校总数上仍存在较大差距（见图4-4）。西南地区国际学校也有所发展，2019年昆明成为全国第 20 个拥有 IBO（International Baccalaureate Organization）认定的国际学校的城市，① 未来西南地区二、三线城市国际学校市场仍具有一定潜力。

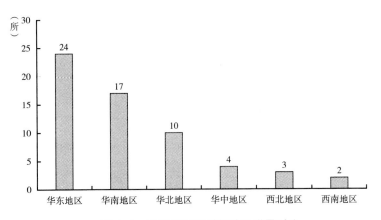

图4-4　2019年国际学校地区增量对比

资料来源：依据"顶思《2019 中国国际学校图谱》［EB/OL］.（2019-09-30）［2021-01-20］，http：//www.topschools.cn/Research"数据整理所得。

目前，本土国际学校品牌不但在国内市场具备压倒性优势，还随着"一带一路"等国际合作倡议的提出逐渐将目光投向海外。具体而言，民办资本开办海外校区进行品牌扩张，通过收购海外学校进行战略布局；而国资也积极开展海外建校试点。不论是欧洲、北美洲还是东南亚、南亚地区，都成为在华国际学校集团的潜在市场。表4-4列举了近年民办资本收购海外学校的主要案例。

① 《云南首家 IB 学校落户昆明世青国际学校》，《昆明日报》（2019-03-29）［2021-08-02］，https：//yn.yunnan.cn/system/2019/03/29/030239365.shtml。

表4-4　中资集团近年收购国外学校案例

英式学校			
中资集团	收购学校	中资集团	收购学校
孔裔国际教育	瑞德沃斯豪尔学校（Riddlesworth Hall School）	Achieve	切斯文法学校（Chase Grammar School）
Ipswich Education Ltd	伊普斯威奇中学（Ipswich High School）	中国首控集团	金斯利学校（Kingsley School）
合一教育	剑桥英文书院（Studio Cambridge）	中金投集团	赛特福德文法学校（Thetford Grammar School）
雅力教育	阿德科特学校（Adcote School）及米德尔顿公学（Myddelton College）	博实乐教育集团	伯恩茅斯学校（Bournemouth Collegiate School），剑桥文理学院（CATS）等

美式学校			
中资集团	收购学校	中资集团	收购学校
房天下	纽约军事学院（New York Military Academy）	嘉汇教育	切斯特学院（Chester College）
51talk	美国盐湖城国际学校（AISU）	安博教育	波士顿海湾州立大学（Bay State College）
新华教育	圣保罗大学（Saint Paul University）		

资料来源：根据"新学说《从引进来到走出去，中国将开启国际学校海外"扩张"路》［EB/OL］.（2019-07-30）［2020-10-25］，https：//baijiahao.baidu.com/s？id=1640481875685441671&wfr=spider&for=pc"整理而得。

学校类型

同全球趋势相似，集团化办学是在华国际学校行业发展的重要表现。据顶思统计，目前在华国际学校的市场份额中超过三成由集团持有，包含了95个教育集团。通过独立办学、托管运营和中外合作办学等手段，目前已经有超过 400 所国际学校实际属于集团的管理或运营范畴。① 其中，尤以枫叶教育集团、协和教育集团、建业教育集团、博实乐教育集团等大型教育集团占主导。这些集团化国际学校多集中在大中型城市，如北京和上海等地。

而在类型分布上，据统计，2020 年，在 907 所获得课程或管理认证的在华国际学校中，民办国际学校占 59%，外籍人员子女学校占 12%，29% 为公立学校国际部（班）（见图 4-5）。此外，在 2016~2020 年，民办国际学校的增量继续保持着逐年上升的态势，而公立学校国际或国际课程班、外籍人员子女学校则呈先升后降趋势（见图 4-6）。

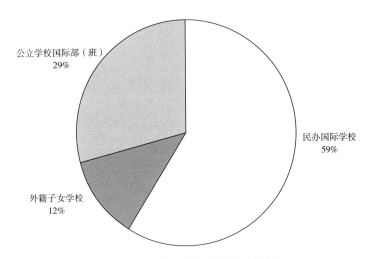

图 4-5　2020 年各类在华国际学校占比

资料来源：依据"新学说：《2020 中国国际学校最新数据：新增获认证学校持续上涨，民办占比接近 60%！》［EB/OL］.（2020-12-15）［2021-08-23］，https：//zhuanlan. zhihu. com/p/337133083"整理而成。

---

① 顶思：《东风吹水绿参差，十大数读锚定行业共创机遇》，（2021-02-03）［2021-5-25］，https：//zhuanlan. zhihu. com/p/352242767。

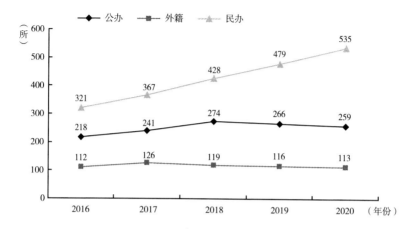

图 4-6 2016~2020 年各类在华国际学校数量变化

资料来源：依据"新学说：《2020 中国国际学校最新数据：新增获认证学校持续上涨，民办占比接近 60%！》［EB/OL］．（2020-12-15）［2021-08-23］，https：//zhuanlan. zhihu. com/p/337133083"整理而成。

随着民办国际学校的不断发展，除教育机构外，包括互联网、地产、金融、通信、制造业等跨行业领域的资本纷纷成为国际学校投资新势力，从侧面印证了国际教育在我国具有广阔的发展前景。

国企凭借其长期投资的能力、对国家政策的熟悉和获取办学资质的便利等优越性正逐渐进入国际学校产业，并有可能会在将来挑战民办国际学校的主导地位。同时，办学的方式也在不断革新。随着外籍人员子女学校市场逐渐饱和，部分外籍学校品牌开始转变办学策略，从原本以服务在华外籍人士为主要目标转而建设面向中国家庭的双语子品牌国际学校（部分案例见表 4-5）。近年来，英式学校一路高歌猛进，数量远超美式学校并仍在加速进入大陆市场。据统计，目前已有 20 多个英式品牌进入中国大陆，已拓展 50 多个校区。美国品牌学校近年也在加速进入中国，其中以爱圣教育集团（旗下有贝赛思学校）以及首次入华的爱文世界学校与荟同学校为典型代表。[①]

表4-5　外籍子女学校在中国开拓的双语子品牌系列

外籍人员子女学校	双语子品牌	分布城市
德威	德闳	北京、上海、苏州、珠海、西安
惠灵顿	惠立	上海、天津、杭州
诺德安达	诺德安达双语	上海、北京、香港、深圳、宁波、佛山、南通、嘉兴、广州、成都
哈罗	礼德	香港、北京、上海、深圳、重庆、珠海

资料来源：依据"新学说《新学说〈2019中国国际学校发展报告〉："政策严、投资冷、办学热"》[EB/OL]．（2019-11-11）[2020-09-13]，https：//www.sohu.com/a/352964242_380485．"中数据整理所得。

学费水平

截至2020年，在华国际学校的总体学费规模已经超过700亿元，比2019年约增长一成（见图4-7）。其中，民办国际学校的学费占比为首位，而外籍国际学校次之。民办国际学校在三类学校总体学费中的占比在2016~2020年内从六成增加至七成，说明随着民办国际学校产业的不断发展升级，其正成为在华国际学校市场中的关键角色。[②]

从收费的平均水平来看，外籍人员子女学校的收费最高，民办国际学校其次，公立学校国际高中部最低。外籍人员子女学校收费虽高，但学校数量不及民办国际学校，因此其收费占三类学校总体学费的比例次于民办国际学校。

[①]　新学说《新学说〈2019中国国际学校发展报告〉：'政策严、投资冷、办学热'》，（2019-11-11）[2020-09-13]，https：//www.sohu.com/a/352964242_380485。

[②]　新学说：《新学说〈2019中国国际学校发展报告〉："政策严、投资冷、办学热"》，（2019-11-11）[2020-09-13]，https：//www.sohu.com/a/352964242_380485。

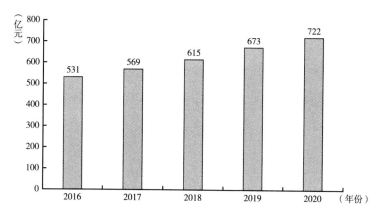

图 4-7　2016~2020 年国际学校费用情况

资料来源：依据"顶思《2020 年中国国际学校年度发展报告》［EB/
OL］.（2020-12-18）［2021-01-20］，http：//www. topschools. cn/research-
details? product_ id=989"整理而成。

在华国际学校的收费水平与地方经济发展水平相对同步，以
一线城市居高，二、三线城市依次递减。而在国内各区域的国际
学校中，北上广深的学费尤其高昂。根据 2020 年国际学校数据
库（International School Database，简称 ISD）的统计（见表 4-
6），北上广深四城市的国际学校花费已经进入了全球前 10。其
中，北京和上海分别处于第 2 和第 3 位，深圳和广州分别处于第
7 和第 8 位。而其他收费较高的学校主要集中在浙江和江苏地
区，其平均费用已经超过每年 2 万美元。根据经济发展水平和开
放程度，在华国际学校的收费依次递减，尤以西南、西北和东北
地区较低，如青海省的年平均费用仅超过 6500 美元。①

---

① 顶思：《千呼万唤始出来！2019 国际学校薪酬与教师发展报告来啦！》［EB/
OL］，（2019-05-26）［2020-10-22］，http：//k. sina. com. cn/article_
6179111250_ 1704dc15201900iq1r. html。

表 4-6 2020 年全球国际学校费用排名前十的城市

单位：美元/年

国家	城市	最低费用	费用中位数	最高费用
美国	纽约	23000	39898	58700
中国	北京	11802	35233	38974
中国	上海	5163	30146	43191
美国	洛杉矶湾区	12632	29025	34980
瑞士	苏黎世	8825	28092	35742
瑞士	洛桑	16233	26828	41984
中国	深圳	12438	25666	36144
中国	广州	13547	24663	48597
瑞士	日内瓦	16464	24510	30697
韩国	首尔	8721	23455	33104

注：按费用中位数由高到低排列。

资料来源：International School Database. The cost of international education around the world in 2020（international‐schools‐database. com）［EB/OL］.（2020‐11‐24）［2020‐11‐25］，https：//www. international‐schools‐database. com/articles/the‐cost‐of‐international‐education‐around‐the‐world‐in‐2020。

根据 ISD 调研，在华国际学校的费用水平主要受到土地租金、师资水平、硬件设施费用以及运营管理团队等因素的影响。由于国际学校的收费来源比较单一，仅通过学费来平衡营收，所以针对不同的客户群体，其收费标准跨度较大。例如，上海市最低费用为 5163 美元/年，而最高费用则可达 43191 美元/年，跨度达 8 倍。

师资配备

长期以来，国际学校的校方和家长都视外籍教师数量为衡量一所学校国际化水平的重要指标，外籍教师长期处于供不应求的状态。外籍人员子女学校的外教资源最丰富，民办国际学校外教数尚且高于平均水平，而公立国际学校相比之下存在短板

（见图4-8）。另有数据显示，外籍教师、学校高管的平均待遇
（薪酬、住房补贴、保险等）普遍高于中籍人员。[①]　然而，近年
来外籍教师的教学质量频频遭到质疑。虽然我国规定外国人应聘
国际学校教师时需要出具合法居留证、教师资格证、外国专家
证，但是由于外教资源供不应求，一些国际学校难以提供具有竞
争力的薪酬，从而不得不降低招聘门槛，其招收的外国教师质量
有时并不理想。

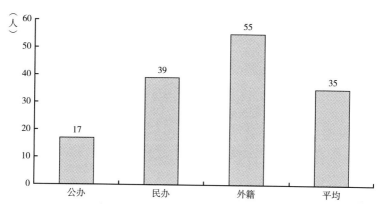

图4-8　2019年不同类型国际学校平均外教数量

资料来源：依据"新学说《2019中国国际学校发展报告》（2017-11-11）
［2020 - 09 - 23］，http：//edu. sina. com. cn/ischool/2019 - 11 - 11/doc -
iicezuev8538680. shtml"中数据整理所得。

不过，中外籍教师的不平衡地位正逐渐趋于缓和。据统计，
目前国际学校在职教师数量约为6万。其中，外籍教师数量占比
逐渐降低，中国籍教师逐渐成为国际学校的主力军。就全国范围

---

① 顶思：《千呼万唤始出来! 2019国际学校薪酬与教师发展报告来啦!》，（2019-
05-26）　［2020-10-22］，http：//k. sina. com. cn/article_ 6179111250_ 1704dc
15201900iq1r. html。

内来看，中国籍教师占比达到 74%。① 但是，优秀的中国籍国际教育教师仍是稀缺资源。② 目前在中国籍教师培养方面，相较于高等教育师范专业培养传统课程教师，我国国际学校教师培养体系还有待进步，需加强培养体系建设。目前，已有高校如河南安阳师范学院、北京师范大学开始关注这一问题，尝试与企业合作培养专门的国际学校教师，也有一些国内和国际的社会组织或机构提供专门培训服务。③ 虽然培训机会不少，但学校仍希望有更深入系统的培训方案。同时，国际学校也不应忽视对学校管理人员进行专门培训。

目前，国际学校的外籍教师是师资的重要组成部分。全球化智库（CCG）2018 年对国际学校的家长进行调研后发现，超过90% 的家长认为外籍教师有助于培养学生们的国际视野，56.35% 的家长认为外籍教师能够给学生带来更为优质的教育。同时，49.21% 的家长认为外籍教师能增强学生的外语水平。④

虽然家长们普遍对国际学校的外籍教师有着比较高的期待和满意度，但也对外籍教师的流动性表示担忧。全球化智库的调查结果显示，有 43.25% 的家长认为外籍教师流动性较高，导致学生的适应成本相应走高。⑤ 据顶思调查，仅有 25% 的外籍教师未

① 新学说：《国际学校教师进阶四部曲：从高校培养到 CPD 支持》，（2019-05-26）［2020-10-22］，https：//www.sohu.com/a/271232087_ 380485。
② 匿名：《国际学校越开越多，好老师缺口大》，（2017-10-30）［2020-09-23］，http：//edu.people.com.cn/n1/2017/1030/c1053-29616524.html。
③ 新学说：《国际学校教师进阶四部曲：从高校培养到 CPD 支持》，（2018-10-29）［2020-10-22］，https：//www.sohu.com/a/271232087_ 380485。
④ 全球化智库：《〈2018 中国国际学校蓝皮书〉发布：中国国际学校"国际教育本土化"进入"新时代"》，（2019-11-03）［2020-10-20］（ccg.org.cn），http：//www.ccg.org.cn/archives/36512。
⑤ 全球化智库：《〈2018 中国国际学校蓝皮书〉发布：中国国际学校"国际教育本土化"进入"新时代"》，（2019-11-03）［2020-10-20］（ccg.org.cn），http：//www.ccg.org.cn/archives/36512。

考虑过离职，高达 20% 的外籍教师已经离职或正在准备离职。造成这种情况除因中国国际学校聘用制度本身的特点外，还与部分外籍教师抱着"打工＋旅游"的心态来华从教有关。有的外籍教师在一个地方游览得差不多之后就会换地方，能够在一所学校待 3 年以上的外籍教师很少。此外，部分国际学校的管理水平和待遇较差，对教师缺乏吸引力。外籍教师流动频繁，导致国际学校教学力量不稳定，师资压力较大。①

近年来，随着国际学校行业的不断发展，更多中国籍人才进入国际学校领域。目前，虽然外籍子女学校仍然以外籍教师为主，但更多民办国际学校基于更高的稳定程度和更低的用人成本，开始选择中国籍教师。同时，国际学校对教师质量的要求越来越高。由于国际学校的教学体系要求相当的学历背景、专业资质和能力，在外籍教师无法满足学校需求总量的情况下，可以预期更多的中国籍教师将进入教师队伍。未来，随着疫情和国际形势的不断变化，在华国际学校的师资队伍也将回应不断更迭的时代诉求而变化。

课程安排

国际学校主要面对以海外留学为去向的毕业生。随着目的国的多样化、教育需求的全面化，国际学校开设课程也呈现百花齐放、多样融合的特点。

国际学校目前开设的课程体系大致可以分为三大类。一是国别课程，比如加拿大课程、澳大利亚课程、英国普通中等教育证书考试高级水平课程（A-level）。二是国际预科证书课程（IB）

---

① 顶思：《2019 国际学校薪酬和教师发展报告》，（2019-05-25）［2020-10-20］，http：//www. topschools. cn/research-details? product_ id＝954。

体系，该课程由国际文凭组织设计开发，不针对单个国家的教育系统或学制，是一套自成体系课程。三是大学先修课程，以美国大学先修课程（AP）和全球评估证书课程（GAC）为代表。此外，还有一些学校开设诸如小语种课程等特色课程。在实践中，有的学校只开设上述某一类课程体系，也有一些学校同时开设了多种课程项目。①

目前，我国国际学校美式课程（如 AP）出现了小幅度收缩，但从存量上看美式课程仍然占比较大，2020 年仅 AP 课程的学校就占总数的 22%。以剑桥 IGCSE 和 A-level 为代表的英式课程则有所增长，占比达到 20%（见图4-9）。

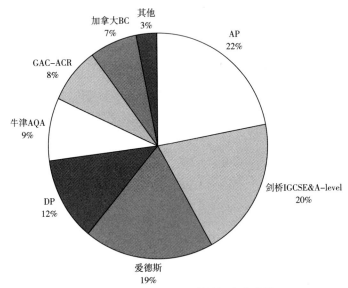

图4-9　2020 年在华国际学校课程占比情况

资料来源：顶思《2020 年中国国际学校年度发展报告》［EB/OL］．（2020-12-18）［2021-01-20］，http：//www. topschools. cn/research-details？product_ id=989。

---

① 环球周刊国际学校项目组：《2019 国际学校年度发展观察报告》，《中国教育报》2020 年 1 月 10 日，第 7 版。

受疫情和国际形势影响，有的国际学校家长希望做两手准备，以出国留学为首选，但保留回国内高考的退路。为了满足家长的多元化需求，同时也是为了符合国家关于义务教育阶段课程的要求，一些国际学校开始了课程改革。例如，上海协和教育集团将上海、江苏和浙江课程进行整合，在小学一至三年级，不论学生将来选择哪条路，都需要完成基础教育内容。四至五年级为过渡，为学生提供模块化选择，在升学方面出现"拼中考"与"过中考"的区别。[①]

与此同时，有的国际学校试图突破传统国际课程西方化的藩篱，开发具有中国自主知识产权的国际课程。例如，枫叶教育集团自 2020 年 9 月以来开始在其国内的高中开设枫叶世界学校课程，以枫叶原有的加拿大 BC 课程为基础，但是更加突出了"中西教育优化结合"理念，并获得全球最大的学校认证组织 Cognia（原 Advanc Ed）的认证（见延伸阅读 4-3）。

》延伸阅读 4-3 新形势下中国国际学校的机遇与挑战

2020 年 8 月 10 日，全球化智库（CCG）举办了"疫情时代教育对外开放背景下国际教育的未来"线上研讨会。中国知名国际学校校长和国际教育专家就新冠肺炎疫情和紧张的国际局势给国际教育带来的影响、中国国际学校的人才培养策略、新形势下国际教育的未来走向等话题进行了探讨。

全球化智库（CCG）联合创始人兼秘书长苗绿表示，新冠肺炎疫情的肆虐、地缘政治的纷争以及国际关系的紧张局势给国内的国际教育带来了非常多的不确定性。但是在人员流动受限制

---

① 新学说：《双轨制只是给学生上保险？未来一贯制双轨国际化学校大势所趋》，（2020-08-19）［2021-11-16］，https://mp.weixin.qq.com/s/xJALoHo7wUixgtWzDCC3Xw。

以及一些国家采取贸易保护措施的不利情况下，教育部等八个部门提出了要加强与世界的互动，加快和扩大教育对外开放。这表明，中国坚持教育对外开放不动摇，主动加强同世界各国的互鉴、互容、互通，形成更全方位、更宽领域、更多层次、更加主动的教育对外开放的局面，这也是对中国国际教育的非常高瞻远瞩的方针。

北京市二十一世纪国际学校执行校长范胜武指出，新冠肺炎疫情和紧张的国际局势造成很多家长对出国留学，特别是对K12，即对基础教育出现了一些观望。他表示，学校应积极地接收返流学生、做好国际教育的宣传，并提供高质量的线上教学。他认为，中西合璧的人才是国家的战略需求，因此国际学校需要一些优惠政策，如在户籍所在地限制、完成国家课程等方面应放开。国家扩大新时代教育对外开放体现了国家高度自信的姿态，也展现了大国风范，他希望开放的程度可以更大一些。

外联出国集团董事长何梅认为，现在的情况对于已经留学和准备留学的家庭来说非常艰难，需要获取大量的信息并做出判断。但同时，当下的情况也给国际教育机构一些机会，可以利用这个时期借助便利的线上平台举办有意义的活动，给予学生职业发展、专业选择等方面的帮助。她认为，《意见》特别重申了要继续通过留学的渠道培养中国现代化建设人才，这对国际教育的从业人员有很强的激励作用。

上海协和教育集团总校长卢慧文表示，在疫情大背景下，应对中国的国际教育形势秉持"谨慎的乐观"的态度。谨慎不仅意味着国际学校本身要在理念上"顶天"，坚持按照国际最高标准办学，还要在行动上"立地"，充分整合学校所在地区教育现状等现有资源情况。学生及其家长也要想明白、搞清楚留学这条道路的意义所在并为之做好充足准备。同时，也应乐观地相信中国将会有越来越多的年轻人走向世界。她指出，中国不仅要成为留学生的主要输出国，更要成为留学生的主要目的国，在这点上，中国教育"走出去"还有一些基础工作要做。

中国枫叶教育集团副总裁、枫叶研究院院长任鸿鹄认为，疫情对于中国国际教育构成入学、教学和升学三个方面的全方位影响，而中国的国际学校在课程研发、网络教学与招生和师资招聘方面其实早有所应对准备。他希望，目前国家能在外教入境、知识产权保护等方面给予民办国际教育更稳定的办学法治环境。他表示，中国国际教育的未来发展应以培养理解世界、引领世界的人才为目标，并需要在深耕本土的基础上积极借助"一带一路"的政策机会向东南亚沿线国家拓展。同时国际学校也应主动提高自身办学要求，建立课程、学校建设、资源配置、学校管理的全方位体系标准。

孔裔国际教育集团总校长孔令涛表示，中国的国际教育其实已经走向了世界，现在更重要的是如何去建立带有中国特色的教育体系，如何基于"一带一路"的资源优势和目前国家对国际教育的利好政策，把中国的文化教育融合式分享至全球。他还呼吁，在疫情背景下，国内的国际学校可以以中外合作办学的方式帮助无法出境的学生获得学籍和文凭，真正做到为学生着想。

艾毅教育集团创始人、CEO许尚杰认为，中国的国际教育应当拥有自己的一套体系。他呼吁政府为外籍教师的返华程序提供更多政策便利，因为新冠病毒让许多国外教师无法回到中国教书。此外，美国和中国摩擦倾向也让国际教育面临重大危机。而一个独立于美国的国际课程体系会增强中国国际教育的抗风险能力。这个体系应当具有扎根中国文化、包容性、非政府组织主导的特点，并且这个国际教育体系可以走向世界。他强调，还应当建设与网络课程相应的配套设施，比如在线平台，而这些配套设施可能需要多个机构来协调统筹。

北京市朝阳区芳草地国际学校国际部外事主任杨燕强调，疫情带来了观念转变，单一的线下教学和校园体验变成更为多样化的、适应学生个体需求的在线教学。她反思了国际教育应当继续看齐素质教育的一些重要目标，比如培养学生的独立能力与全球胜任力。此外，她还强调了中国老师在芳草地学校的重要性，希望学生能学贯中西，对世界保持开放态度，也对中国文化有所了解，从而为世界的和平和相互理解做出贡献。

QS 全球教育集团前中国总监张巘认为，应该以全球化的视角去分析当下面临的挑战。整体而言，教育产业的规模在过去呈现扩大的趋势，在未来也将呈现扩大的趋势。同时，受疫情影响，之前投入相对较小的教育信息化产业将会呈现长期的爆发式增长。现在西方大学已经将线上教育与线下教育的混合视为一种长期策略，而不是短期策略。对于中西相互交融不畅的担忧，张巘则认为中外合作办学和培养国际人才是大势所趋。中国应该推行自己的国际教育课程，中国政府也应该在基础教育方面提供相关的便利。MOOC（Massive Open Online Courses），即大型开放式网络课程平台现在正在大学内快速发展，这个平台也可以扩展到 K12 的国际教育方向上。

CCG 特邀高级研究员、中国教育发展战略学会副会长、教育部教育发展研究中心原副主任周满生认为，中国现在已经较为平稳地渡过了疫情危机，但是以英美国家为首的发达国家现在还处于疫情期间。疫情给国际教育同时带来了挑战与机遇，但是挑战要大于机遇。在未来，美国对于 STEM 即科学（Science）、技术（Technology）、工程（Engineering）、数学（Mathematics）专业的学生的限制会大大削减留学生的数量。中国最近发布的《意见》表明了中国要扩大开放，并提出了"内外统筹，提质增效，主动引领，有序开放"的十六字方针，体现了中国增强世界各国互认互通的主动性，中国国际学校应坚持多样化办学，不能照抄模仿西方的办学模式。

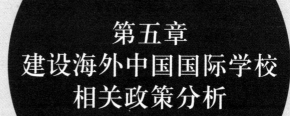

第五章
建设海外中国国际学校
相关政策分析

2019 年 2 月，中共中央、国务院印发《中国教育现代化2035》，为我国的教育现代化进程提供了总体思路。其中，"加快建设中国特色海外国际学校"作为"开创教育对外开放新格局"的具体举措被正式提出。① 在 2019 年和 2020 年，巴西里约中国国际学校和迪拜中国学校作为教育部首批海外中国国际学校试点单位分别开始运营。同时，华文学校和国内民办教育机构也开始在海外开展学历型教育的尝试。这些探索标志着海外中国国际学校建设的启动，中国开始尝试扭转落后于全球国际学校建设整体步伐的局势。本章将详细梳理海外中国国际学校建设的政策背景，并就当前相关文件中透露出的有关海外中国国际学校建设的目的和设想进行分析，以期为更广泛的讨论和建言提供抓手。

---

  ① 中共中央、国务院印发《中国教育现代化 2035》［EB/OL］.（2019-02-23）［2021-06-30］，http：//www. moe. gov. cn/jyb_ xwfb/s6052/moe_ 838/201902/t20190223_ 370857. html。

第一节　建设海外中国国际学校的政策渊源

虽然目前官方还未发布详细的指导性政策文件，但建设海外中国国际学校是教育对外开放的重要举措，也是"走出去"办学的创新实践，相关各方在政策制定上也一直在努力。

坚持教育对外开放不动摇

全球化时代，各国相互联系、相互依存的程度空前加深，人类社会早已成为你中有我、我中有你的命运共同体。在这样的时代，对外开放是必须坚持的基本国策。在庆祝改革开放 40 周年的大会上，习近平在讲话时强调："必须坚持扩大开放，不断推动共建人类命运共同体。"他总结道："改革开放 40 年的实践启示我们：开放带来进步，封闭必然落后。中国的发展离不开世界，世界的繁荣也需要中国。我们统筹国内国际两个大局，坚持对外开放的基本国策，实行积极主动的开放政策，形成全方位、多层次、宽领域的全面开放新格局，为我国创造了良好的国际环境、开拓了广阔的发展空间。"① 2020 年 5 月 23 日，习近平在与全国政协委员的一次谈话中提出："现在国际上保护主义思潮上升，但我们要站在历史正确的一边，坚持多边主义和国际关系民主化，以开放、合作、共赢胸怀谋划发展，坚定不移地推动经济全球化朝着开放、包容、普惠、平衡、共赢的方向发展，推动建设开放型世界经济。"②

---

① 习近平：《在庆祝改革开放 40 周年大会上的讲话》［EB/OL］．（2018-12-18）［2020-08-28］，http：//www.xinhuanet.com/2018/12/18/c_ 1123872025.htm。
② 张晓松、邹伟：《习近平强调：以开放、合作、共赢胸怀谋划发展》［EB/OL］．（2020-05-23）［2020-06-30］，http：//politics.people.com.cn/n1/2020/0523/c432730-31720726.html。

　　自改革开放以来，中国在教育对外开放中取得了丰硕成果。面对新时期的新形势，2016 年，中共中央办公厅、国务院办公厅印发了全面指导我国对外开放事业发展的纲领性文件《关于做好新时期教育对外开放工作的若干意见》。文件强调，要"坚持扩大开放，做强中国教育，推进人文交流"，① 并指出了这项事业在"不断提升我国教育质量、国家软实力和国际影响力"方面的重要战略意义。同年 7 月教育部印发的配套文件《推进共建"一带一路"教育行动》也明确表示了"中国将一以贯之地坚持教育对外开放，深度融入世界教育改革发展潮流。"② 新冠肺炎疫情下，国际关系越发紧张，教育部等八部门及时回应了习近平关于坚定不移地推动对外开放的呼吁，于 2020 年 6 月中旬发布《关于加快和扩大新时代教育对外开放的意见》，指出"教育对外开放是教育现代化的鲜明特征和重要推动力，要以习近平新时代中国特色社会主义思想为指导，坚持教育对外开放不动摇，主动加强同世界各国的互鉴、互容、互通，形成更全方位、更宽领域、更多层次、更加主动的教育对外开放局面"。③

"走出去"办学初见成效

　　"引进来"和"走出去"是我国对外开放政策相辅相成的两个方面。我国于 2003 年十六届三中全会中正式提出"走出去"，

---

① 　中共中央办公厅、国务院办公厅印发《关于做好新时期教育对外开放工作的若干意见》［EB/OL］.（2020-04-29）［2020-06-30］，http：//www. gov. cn/home/2016-04/29/content_ 5069311. htm。

② 　《教育部关于印发《〈推进共建"一带一路"教育行动〉的通知》［EB/OL］.（2016-07-15）［2021-06-30］，http：//www. moe. gov. cn/srcsite/A20/s7068/201608/t20160811_ 274679. html。

③ 　《教育部等八部门全面部署加快和扩大新时代教育对外开放》［EB/OL］.（2020-06-18）［2020-08-31］，http：//www. moe. gov. cn/jyb_ xwfb/gzdt_ gzdt/s5987/202006/t20200617_ 466544. html。

此后这一领域不断拓宽，并呈现从硬实力向软实力、由表及里发展的趋势。①

教育领域的"走出去"主要包括出国留学、国际中文教育和海外办学等形式。在出国留学方面，目前，我国是世界第一大留学生输出国；在国际中文教育方面，截至 2019 年底，我国与国外机构合作，已在海外建设了孔子学院 550 所，孔子课堂1172 个，② 中国文化中心 35 所，③ 此外，我国还有近 2 万所海外华文学校，国内也为这些华文学校的发展提供了大力支持；④ 在海外办学方面，我国分别于 2011 年、2015 年、2021 年在海外建立或启动了老挝苏州大学、厦门大学马来西亚分校、复旦大学布达佩斯分校等国内大学的海外分校，⑤ 清华大学则于 2015 年赴美与美国华盛顿大学、微软公司合作创办全球创新学院。⑥ 此外，随着中国企业"走出去"的步伐加快，我国职业教育也在与之同行。2015 年，在教育部的引导和支持下，我国有色金属行业率先开启职业教育"走出去"的试点工作，有色矿业集团与国内多所相关院校合作共赴海外开办技能培训班，并于 2019年 8 月成立了我国首个在海外开展学历教育的高等职业学院——

① 张天雪：《"中国教育走出去"指标体系的架构》，《教育发展研究》2017 年第 19 期，第 1~7 页。
② 中国国际中文教育基金会：《全球网络》［EB/OL］．［2021－06－31］，https：//www. cief. org. cn/qq。
③ 《中心介绍》，中国文化中心网站［EB/OL］．［2020－08－31］，http：//cn. cccweb. org/portal/site/Master/zxjs/index. jsp。
④ 《关于政协十三届全国委员会第二次会议第 3429 号（教育类 393 号）提案答复的函》，中华人民共和国教育部网站［EB/OL］．（2019－10－14）［2021－06－10］，https：//mp. weixin. qq. com/s/QbPnRqhXXqGT1oULXKZP9w。
⑤ 2011 年 6 月苏州大学获得中国教育部《关于同意设立老挝苏州大学的批复》，2015 年 10 月马来西亚高等教育部长批准注册厦门大学马来西亚分校，2021 年 4 月，匈牙利政府与复旦大学正式签订战略合作协议共同建校。
⑥ 《GIX 概况》，清华大学全球创新学院网站［EB/OL］．［2021－06－10］，https：//gix. tsinghua. edu. cn/gygix/gixgk/index. htm#posi_ 1。

中国—赞比亚职业技术学院。① 在职业教育方面，2016 年起天津市率先推出了"鲁班工坊"项目，由国内职业院校与国外大学或技术学院合作办学，截至 2021 年 1 月已经在亚非欧三大洲 16 个国家建成 17 个鲁班工坊，② 不仅扩大了我国产业的国际竞争力与职业教育的国际影响力，也为我国"走出去"办学积累了经验。③

但是，目前我国"走出去"办学还主要局限于高等教育和职业教育领域。我国基础教育领域虽然有多年的国际交流与合作经验，但在"走出去"办学方面仍处于探索阶段。2019 年 2 月，里约中国国际学校开始运营，但受疫情影响，没有公开进行大规模招生。④ 2020 年 7 月，迪拜中国学校正式启动并于当年 9 月开学，计划建成一所涵盖小学、初中、高中 12 年制的非营利全日制学校，提供以中国全日制课程为主、迪拜地方课程和国际课程为辅的教学。除此之外，枫叶、博实乐等国内民办教育集团也正在以合作建校或并购的模式加快海外办学的步伐。学而思教育集团也开始在美国硅谷创办分校，积极拓展线上教育项目，全英文教授美国小学与初中知识体系下的数学课程。⑤

---

① 薛艺磊：《中国高等职业教育"走出去"开启新篇章：中国—赞比亚职业技术学院正式成立》［EB/OL］.（2019-08-03）［2021-06-10］，https：// world. huanqiu. com/article/9CaKrnKlXBv。

② 刘颖：《天津在海外建成 17 个鲁班工坊：打造"一带一路"上的技术驿站》［EB/OL］.（2021-01-13）［2021-06-10］，http：//m. tjzbsh. cn/p/ 29840. html。

③ 许树森：《"走出去"，职教应与企业同行》［EB/OL］.（2017-12-06）［2021-06-10］，https：//epaper. gmw. cn/gmrb/html/2017-02/16/nw. D1100 00gmrb_ 20170216_ 1-14. htm。

④ 陈威华、赵焱：《通讯：疫情中的琅琅书声——记巴西里约中国学校》［EB/OL］.［2020-07-22］，http：//www. xinhuanet. com/world/2020-07/ 22/c_ 1126272414. htm。

⑤ 田菁：《鼓励三种海外办学模式，谁会率先在非洲建校?》［EB/OL］.（2019-12-23）［2021-06-10］，https：//www. sohu. com/a/362309816_ 691021。

建设中国海外国际学校的政策探索

从网络公开资料来看，我国从 2017 年开始酝酿基础教育海外办学政策。2017 年，政协第十二届全国委员会第五次会议提出了《关于在阿联酋等国家建立中文学校的提案》，教育部针对该提案与外交部进行协商后，表示"将积极研究将海外中国公民子女义务教育纳入国民教育体系"以及"适时创办中国国际学校"。① 2018 年，政协十三届全国委员会第一次会议上又提出了相关提案——《关于开办中国国际学校、鼓励海外专才回归的提案》，教育部在与外交部商讨后，在回复中表示正会同有关部门开展调研工作，了解在不同类型国家开设中国国际学校的相关法律规定和所需资源条件等情况。② 同年，习近平总书记也在全国教育大会上做出"加快建设中国特色海外国际学校"的重要指示，③ 为海外中国国际学校的发展奠定了基调。

2019 年，中共中央、国务院印发的《中国教育现代化2035》中提到，要"加快建设中国特色海外国际学校"。④ 至此，建设海外中国国际学校被正式提上日程。同年 10 月，政协十三

---

① 《关于政协十二届全国委员会第五次会议第 4011 号（教育类 391 号）提案答复的函》，中华人民共和国教育部网站［EB/OL］.（2018 - 03 - 01）［2021 - 06 - 10］，http：//www. moe. gov. cn/jyb_ xxgk/xxgk_ jyta/jyta_ gjs/201803/t20180301_ 328343. html。

② 《关于政协十三届全国委员会第一次会议第 3664 号（教育类 331 号）提案答复的函》，中华人民共和国教育部网站［EB/OL］.（2018 - 09 - 21）［2021 - 06 - 30］，http：//www. moe. gov. cn/jyb_ xxgk/xxgk_ jyta/jyta_ gjs/201901/t20190131_ 368709. html。

③ 《在迪拜中国学校庆祝 2020 年教师节暨答谢会上的讲话》，中华人民共和国驻迪拜总领事馆网站［EB/OL］.（2020 - 09 - 14）［2021 - 06 - 10］，http：//dubai. chineseconsulate. org/chn/zlsxx/zlsjh/t1814698. htm。

④ 中共中央、国务院印发《中国教育现代化 2035》［EB/OL］.（2019 - 02 - 23）［2021 - 06 - 30］，http：//www. gov. cn/zhengce/2019 - 02/23/content_ 5367987. htm。

届全国委员会第二次会议再次提交两份相关提案——《关于在海外开展中国国际学校建设的提案》和《关于切实解决我国在海外工作人员子女入学问题的提案》。教育部在对这两份提案的回复中提到，海外中国国际学校建设已受到党中央、国务院高度重视。另外，已通过驻外使馆、派出调研组和多部委协商等方式在多国开展实地调研，制定开办中国特色海外国际学校的试点方案，进行海外中国学校的顶层设计，为出台更详细的政策做准备。

作为海外中国国际学校政策的主要推动者，政协在中央高层表示重视推动海外中国国际学校建设之后，继续发挥着推动各党派团体、各族各界人士参政议政的作用。2020 年春，受全国政协港澳台侨委员会邀请，全球化智库（CCG）作为唯一的研究机构参与调研，走访了全国多个城市，还通过在线方式向多位海外国际学校负责人了解情况，为十三届全国政协第 44 次双周协商座谈会做准备。2020 年 12 月，双周协商座谈会顺利召开。① 此次座谈会重点在于了解中国海外国际学校建设的初步经验和困难，促进各部门间的协调与合作，尽快出台相关工作方案。

2021 年伊始，海外中国国际学校建设终于迈出了最关键的一步——教育部在当年的工作重点中，明确提出要研制"推进海外中国国际学校建设工作方案"，推动海外中国国际学校试点建设。② 2022 年 2 月发布的《教育部 2022 年工作要点》再次将

① 《全国政协召开双周协商座谈会 围绕"服务'一带一路'，加强教育国际合作"协商议政 汪洋主持》［EB/OL］.（2020-12-11）［2021-06-20］，http：//www.xinhuanet.com/politics/2020-12/11/c_1126850862.htm。
② 《教育部 2021 年工作要点》［EB/OL］.（2021-02-04）［2021-06-30］，http：//www.gov.cn/xinwen/2021-02/04/content_5584796.htm。

海外中国国际学校建设提上日程。① 上述一系列政策都释放出了强烈的信号——建设中国特色海外国际学校是新时代教育对外开放方针指导下"走出去"办学的重要任务。

第二节　建设海外中国国际学校的目的

海外中国国际学校的建设对于我国具有重要的战略意义。教育部明确表示:"推进海外华文教育,建设海外中国国际学校,有利于稳定我驻外干部队伍,凝聚海外中国公民、华侨华人的祖国情怀,培养海外国际化人才,增进与所在国民心相通,服务国家外交大局。"② 建设海外中国国际学校意义深远,主要体现在以下四个方面。

助力共建"一带一路",保障随迁子女教育权利

自 2015 年国家发展和改革委员会、外交部、商务部联合发布《推动共建丝绸之路经济带和 21 世纪海上丝绸之路的愿景与行动》以来,截至 2020 年底,我国已与 138 个国家和 31 个国际组织签署了 203 份共建"一带一路"合作文件,③"六廊六路多

---

① 《教育部 2022 年工作要点》［EB/OL］.（2022－02－08）［2022－02－23］,http：//www. moe. gov. cn/jyb ＿ xwfb/gzdt ＿ gzdt/202202/t20220208 ＿ 597666. html.

② 《关于政协十三届全国委员会第二次会议第 0405 号（教育类 073 号）提案答复的函》,中华人民共和国教育部网站［EB/OL］.（2019－12－06）［2021－06－10］,http：//www. moe. gov. cn/jyb＿ xxgk/xxgk＿ jyta/jyta gjs/201912/t20191206＿ 411147. html.

③ 于景浩、王芳、杨迅：《持续推进高质量共建一带一路》［EB/OL］.（2020－12－27）［2021－01－22］,http：//www. gov. cn/xinwen/2020－12/27/content＿ 5573662. htm。

国多港"互联互通架构基本形成，[①] 极大地推动了区域间贸易往来和经济市场一体化。

在"一带一路"倡议带动下，中国企业积极"走出去"，在以共建"一带一路"国家为代表的世界各国开展国际化经营。2019 年，中国全口径对外直接投资 1369.1 亿美元，稳居世界第二。截至 2019 年底的对外投资存量为 21988.8 亿美元，占全球的 6.4%，位居世界第三。而在"一带一路"项目上，从 2016 年起，我国对沿线国家的直接投资规模与同期所占对外投资比重双双持续增长。到 2019 年，全年直接投资额为 186.9 亿美元，占对外投资总额的 13.7%（见图 5-1），累计直接投资达 1173.1 亿美元，占中国对外直接投资存量的 8.2%。此外，我国在共建"一带一路"国家的对外承包工程也稳步增长，2019 年新签对外承包合同额为 1548.9 亿美元，占同期对外承包合同总额的 59.5%，同比增长 23.1%。[②]

随着国内企业在海外发展的步伐不断加快，我国在外劳务人员规模也一直维持在较高水平。尽管近些年受各类因素影响，外派劳务人员数量逐渐减少，但是 2015~2019 年每年派出的人数都保持在 48 万人以上，年末各类在外劳务人员也都在 96 万人以上。2020 年即使受到新冠肺炎疫情极大的影响，我国仍派出各类劳务人员 30.1 万人，年末各类在外劳务人员也在 60 万人以上（见图 5-2）。

鉴于大量的企业外派人员希望能够亲自照顾学龄子女并不耽

---

① 顾阳：《高质量共建"一带一路"成效显著》［EB/OL］. （2020-11-07）［2021-01-22］，http：//www.xinhuanet.com/fortune/2020-11/07/c_1126708665.htm。

② 中华人民共和国商务部：《中国对外投资合作发展报告》［EB/OL］. （2020-02-02）［2021-06-30］，http：//images.mofcom.gov.cn/fec/202102/20210202162924888.pdf。

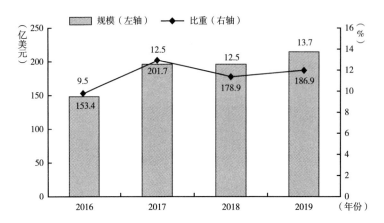

图 5-1　2016~2019 年我国共建"一带一路"直接投资规模及占当年对外直接投资比重

资料来源：中华人民共和国商务部《中国对外投资合作发展报告》〔EB/OL〕.（2020-02-02）〔2021-06-30〕，http：//images. mofcom. gov. cn/fec/202102/202102021629248 88. pdf。

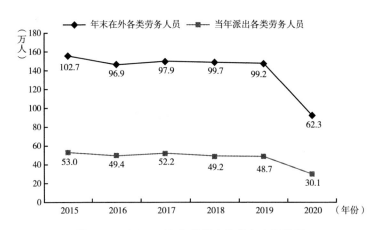

图 5-2　2015~2020 年我国在外劳务人员数量

资料来源：中华人民共和国商务部统计数据，〔EB/OL〕.〔2021-06-10〕，http：//hzs. mofcom. gov. cn/article/date/。

误其学习，海外中国教育需求加大。尽管《中华人民共和国义务教育法》第二条第二款规定，"义务教育是国家统一实施的所有适龄儿童、少年必须接受的教育，是国家必须予以保障的公益性事业"，① 但是外派人员子女的教育供给至今仍存在巨大的缺口。一方面，在一些地区优质的中文教育资源非常紧缺，比如迪拜侨联就曾反映许多在迪拜做生意的华人，其子女只能在规模和办学条件不佳的学校就读。另一方面，国外许多学校的学制与国内并不相通，这为家有学龄子女的外派人员出国工作增添了"后顾之忧"。一是因为海外的教育方式与国内差别较大，学生回国后难以适应，二是因为在优质教育资源紧张的国内城市，外派人员子女回国后很难获得插班资格。② 因此，如果海外中国学校始终无法满足企业外派人员的教育需求，不仅可能抑制企业内部的人才流动，还有可能间接导致我国的人才外流，影响共建"一带一路"人才队伍的稳定性。

除了企业外派人员之外，我国驻外使馆人员也在子女的中文教育问题上面临同样的困扰。近些年来，我国外交网络正在不断扩大，驻外机构数量在 2017 年和 2019 年分别超过法国和美国，位居世界第一。③ 愈加庞大的外交网络规模使得驻外外交人员群体对其子女的海外中文教育提出了更大的需求。

除了教育法，《中华人民共和国驻外外交人员法》第四十五条第 2 款也明确规定"国家采取多种措施，保障驻外外交人员的未成年子女依法享有受教育的权利"。但由于驻外外交人员的职业特殊性、在海外提供中国特色社会主义教育的难度大以及国

---

① 中华人民共和国教育部：《中华人民共和国义务教育法》［EB/OL］．［2021-06-10］，http：//www. moe. gov. cn/s78/A02/zfs_ _ left/s5911/moe_ 619/201001/t20100129_ 15687. html。

② 灯塔 EDU：《任正非：中国将来要和美国竞赛，一定要通过教育》［EB/OL］．（2019-05-22）［2021-06-10］，https：//www. sohu. com/a/315811236_ 99973445。

③ Lowy Institute Global Diplomacy Index ［EB/OL］．［2021-06-30］，https：//globaldiplomacyindex. lowyinstitute. org/2017/.

内外教育方式和入学资格衔接的障碍，其子女的教育问题至今也没有得到充分解决。

目前解决外交官子女教育问题的主要方式是建立驻外使馆阳光学校，自 2002 年我国在驻美使馆建立第一所驻外使馆阳光学校起，如今已发展到几十所，从最初的外交人员代课到专业教师授课，我国驻外使馆阳光学校体系逐渐完善。通过驻外使馆阳光学校的教育，学生在思想上能得到正确的指引，这对于外交人员子女的培养等发挥着重要的作用。但是目前阳光学校的运行也遇到了诸多问题，使得教育效果不尽如人意。首先，阳光学校本质上属于业余学校，教学的完整性和系统性方面比较欠缺，无法充分替代正规的学校教育。其次，阳光学校普遍存在校舍和资金困难等问题，学校主要建设在大使馆内部，教学空间比较紧张，而且存在因学校人数变动而临时停办等情况，这对于学生的系统培养和全面发展都会产生影响。

总而言之，我国的企业外派人员与驻外使馆人员都是我国"一带一路"建设的重要力量，当下两类人群都在不同程度上面临着教育需求难以满足的问题，巨大的群体需求直接对我国"一带一路"建设相配套的教育保障提出了战略层面的要求。只有真正地把优质海外中国国际学校视为社会基础设施的一部分、落实国家教育政策、保障海外公民的义务教育权益，才能够安置好外派人员家属，稳定我国驻外队伍，从而更加平稳地促进"一带一路"地区的建设和发展。

促进民心相通，紧跟国际中文教育需求

2019 年联合国经社部发布的关于全球国际移民存量的报告显示，中国大陆以 1073.23 万的输出移民成为世界第三大移民

输出地,^① 不断增加的移民输出使目前海外华侨华人的数量与日俱增，海外华文教育也面临越来越大的需求。此外，随着中国经济的高速发展和国际影响力的不断提升，非华裔外籍人士学习中文的热情也不断上涨，越来越多的外籍人士出于兴趣或工作需要学习汉语和中国文化。

截至 2020 年底，全球共有 180 多个国家和地区正在开展中文教育。^② 其中 70 多个国家已将中文纳入国民教育体系，4000多所国外大学开设了中文课程。^③ 正在中国以外地区学习中文的人数有 2500 万人，累计学习和使用中文的人数有 2 亿。^④ 而参与中文考试的人数也极具规模。"十三五"期间全球累计有 4000万人次参加 HSK（中文水平考试）、YCT（中小学中文考试）等中文水平考试。^⑤ 在全球新冠肺炎疫情大流行、许多国家都结合本国情况举行了汉语水平居家网考的情况下，学习者对于参与汉语水平测试仍充满了热情。从 2020 年 4 月首次开考到 2021 年 5 月，已有 7 万余名考生报考居家网络测试。^⑥ 上述数

---

① 全球化智库（CCG）：《〈中国国际移民报告 2020〉蓝皮书发布 亚洲国际移民增速显著》[EB/OL]．（2020-12-22）[2021-03-01]，http：//www. ccg. org. cn/archives/61145。

② 中外语言交流合作中心：《180 多个国家和地区开展中文教育 70 多个国家将中文纳入其国民教育体系——中文国际影响力持续扩大》[EB/OL]．（2020-06-11）[2021-06-30]，http：//www. chinese. cn/page/#/pcpage/article？id=714。

③ 中华人民共和国教育部：《全球已有 70 多个国家将中文纳入国民教育体系》[EB/OL]．（2020-12-15）[2021-03-01]，http：//wap. moe. gov. cn/jyb_zzjg/huodong/202012/t20201215_ 505528. html。

④ 《"汉语热"在全球又掀新高潮》[EB/OL]．（2021-03-08）[2021-06-30]，https：//cn. chinadaily. com. cn/a/202103/08/WS6045cca2a3101e7ce9742ddf. html。

⑤ 《教育部：十三五期间参加中文水平考试的人数达 4000 万人次》[EB/OL]．（2020-12-22）[2021-06-30]，https：//cn. chinadaily. com. cn/a/202012/22/WS5fe16f1fa3101e7ce9736a17. html。

⑥ 中外语言交流合作中心：《考生人数再创新高！2021 年第二场大规模居家网考在 49 个国家举行》[EB/OL]．（2020-05-17）[2021-06-30]，http：//www. chinese. cn/page/#/pcpage/article？id=647。

据表明，中文的学习和使用有着广泛的受众，并且海外的"汉语热"仍在持续发酵。尤其是从 2021 年 1 月 25 日，中文正式成为联合国世界旅游组织官方语言后，① 中文必将在国际舞台上发挥更加重要的作用，国际中文教育也有望迎来更广阔的发展前景。

我国在 2019 年 12 月正式开始使用"国际中文教育"这一名称，旨在以"国际中文教育"事业为统摄，提升我国文化的国际影响力。目前虽然没有对这一概念做明确的界定，但是学者们普遍认为"国际中文教育"是基于"对外汉语教育"、"汉语国际教育"和"海外华文教育"三门学科而形成的有机整体。② 从教学对象、教学人员、教学内容和教学地点来看，对外汉语教育发生在国内，面向以留学生为主的来华外国人，由中国人提供作为第二语言或外语的汉语教育；汉语国际教育一般指在海外开展的面向母语非汉语者的汉语教育，教师可以为中国人、华侨华人或者外国人；③ 而海外华文教育的主要教学对象为海外幼儿园和基础教育阶段的华裔儿童和青少年。④ 而从教育目的来看，对外汉语教育与汉语国际教育重在扩大中文的全球影响力，

① 《"汉语热"在全球又掀新高潮》［EB/OL］．（2021-03-08）［2021-06-30］，https：//cn. chinadaily. com. cn/a/202103/08/WS6045cca2a3101e7ce9742ddf. html。

② 郭熙、林瑀欢：《明确"国际中文教育"的内涵和外延》［EB/OL］．（2021-03-16）［2021-06-30］，http：//www. cssn. cn/zx/bwyc/202103/t20210316_ 5318331. shtml；王辉、冯伟娟：《何为"国际中文教育"》［EB/OL］．（2021-03-15）［2021-06-30］，https：//www. gmw. cn/xueshu/2021-03/15/content_ 34688036. htm。

③ 王辉、冯伟娟：《何为"国际中文教育"》［EB/OL］．（2021-03-15）［2021-06-30］，https：//www. gmw. cn/xueshu/2021-03/15/content_ 34688036. htm。

④ 郭熙、林瑀欢：《明确"国际中文教育"的内涵和外延》［EB/OL］．（2021-03-16）［2021-06-30］，http：//www. cssn. cn/zx/bwyc/202103/t20210316_ 5318331. shtml。

华文教育的主要价值则在于为海外华侨华人提供学习和使用中文的环境，有助于加强其文化认同。① 总而言之，"国际中文教育"概念的提出为对外汉语教育、汉语国际教育以及海外华文教育的开展提供了一个整合性、包容性的框架，有利于学科之间合作互补、共同发展，更好地推进我国国际中文教育事业的发展。②

目前，海外国际中文教育机构主要包括全日制华文学校、周末制中文学校、孔子学院和孔子课堂、驻外使馆阳光学校以及海外中国文化中心（见表5-1）。这五大类机构是目前在海外进行中文教育和传播中华文化的主要力量。

表5-1　海外国际中文教育机构的类型、特点和数量

类型	特点	数量
全日制华文学校	（1）办学主体：华侨华人自主兴办； （2）培养对象：华侨华人子女； （3）学校性质：除马来西亚建立了从幼儿园到大学的完整华文教育体系外，其他国家主要开展的是从幼儿园至初中阶段的华文教育，少数华校开办有高中； （4）分布地区：主要集中在东南亚	全球各地的华文学校，总计约2万所（截至2019年10月）[1]
周末制中文学校	（1）办学主体：华侨华人自主兴办； （2）培养对象：侨胞子女，普遍未纳入当地教育体系； （3）学校性质：大多无自有校舍，未纳入当地教育体系； （4）分布地区：主要分布于欧洲、美洲、大洋洲、非洲	

---

① 郭熙、林瑀欢：《明确"国际中文教育"的内涵和外延》［EB/OL］.（2021-03-16）［2021-06-30］，http：//www.cssn.cn/zx/bwyc/202103/t20210316_ 5318331. shtml。
② 王辉、冯伟娟：《何为"国际中文教育"》［EB/OL］.（2021-03-15）［2021-06-30］，https：//www.gmw.cn/xueshu/2021-03/15/content _ 34688036. htm。

续表

类型	特点	数量
孔子学院和孔子课堂	(1)办学主体:中外教育机构合作办学,教育部中外语言交流合作中心统筹,中国国际中文教育基金会制定规划、设立标准、评估质量; (2)培养对象:以外籍成年人为教学对象; (3)学校性质:中国语言文化培训交流机构; (4)分布地区:覆盖162个国家和地区	孔子学院550所、孔子课堂1172个(截至2019年底)[2]
驻外使馆阳光学校	(1)办学主体:我驻外使领馆(团); (2)培养对象:外交官随居子女; (3)学校性质:临时教学机构; (4)分布地区:我驻美国使馆开办了第一所,有63个驻外使领馆(团)先后开办过阳光学校	27所(截至2018年9月)[3]
海外中国文化中心	(1)办学主体:文化和旅游部统筹,我驻外官方机构; (2)培养对象:海外华侨华人、非华裔外籍人士; (3)学校性质:中国语言文化培训交流机构; (4)分布地区:初步覆盖亚洲、非洲、欧洲、北美洲及大洋洲地区	35家(截至2021年6月)[4]

注:[1] 中华人民共和国教育部:《关于政协十三届全国委员会第二次会议第3429号(教育类393号)提案答复的函》[EB/OL].(2019-10-14)[2021-06-10],http://www.moe.gov.cn/jyb_xxgk/xxgk_jyta/jyta_gjs/201912/t20191206_411148.html。

[2] 中国国际中国教育基金会:《全球网络》[EB/OL].[2021-06-30],https://www.cief.org.cn/qq。

[3] 中华人民共和国驻波兰共和国大使馆:《驻波兰使馆举行阳光学校成立暨揭牌仪式》[EB/OL].(2018-09-01)[2021-06-30],http://www.chinaembassy.org.pl/chn/sghd/t1590265.htm。

[4] 中国文化中心:《中心介绍》[EB/OL].[2021-06-30],http://cn.cccweb.org/portal/site/Master/zxjs/index.jsp。

尽管从整体来看,国际中文教育机构的培养对象比较全面、在全球的覆盖范围也较为广泛,但仍然难以满足海外华侨华人和非华裔外籍人士对于国际中文教育的新需求,主要体现在以下几个方面。

　　首先，国际中文教育机构的质量有待提升。目前，"三教"（教师、教材、教法）问题仍然是制约教育质量的关键挑战。第一，教师队伍上，外派中文教师数量不足，海外师资短缺现象严重。[1] 教师质量有待提高，受过专业师范教育的教师较少，[2] 无证上岗、师资队伍不稳定等问题较为突出。[3] 并且外派教师缺乏对当地文化的了解，容易导致师生交流障碍，本土教师则年龄偏大且学历层次较低。[4] 此外，华侨华人聚居的东南亚地区中文教师待遇低，社会地位也一般，对于长期任教和受过专业教育的高水平教师吸引力较低。[5] 第二，教学内容上，各地区使用的教材版本过多，缺乏统一的教学大纲和质量评估标准，影响国际中文教育的系统性和衔接性。[6] 此外，尽管我国近年来大力推动国际中文教育教材研发，但许多教材内容偏向于介绍中国传统文化，脱离当地的语言文化环境，本土化程度不足，难以满足学习者的实际需求。[7] 第三，教学方法上，教育理念陈旧、教学方法单一、现代化教育手段应用不广等问题在国际中文教育中也较为突

① 赖彩凤：《基于经济视域下的海外华文教育可持续发展探究》，《质量与市场》2020 年第 20 期，第 133~135 页。
② 张恩迪：《关于进一步推进海外华文教育发展的建议》，《中国发展》2021 年第 2 期，第 14~15 页。
③ 谢树华、包含丽：《疫情冲击下海外华文教育面临的困境与发展趋势——基于组织生态学视角的分析》，《华侨华人历史研究》2021 年第 2 期，第 52~60 页。
④ 黄方方：《海外华文教育"三教"现状、问题及对策》，《社会科学家》2016 年第 8 期，第 118~122 页。
⑤ 陈祥光：《东南亚国家华文教育特点分析与支持方法探讨》，《教育教学论坛》2016 年第 6 期，第 229~231 页。
⑥ 孙宜学：《"一带一路"沿线国家华文教育：现状、问题与对策》，《海外华文教育》2017 年第 7 期，第 893~902 页。
⑦ 黄方方：《海外华文教育"三教"现状、问题及对策》，《社会科学家》2016 年第 8 期，第 118~122 页。

出。①缺乏合适的教学方法，会使海外中文学习者产生畏难情绪，从而影响国际中文教育的效果。第四，教育经费上，多数国际中文教育机构为民办机构，资金途径不稳定，主要依靠海外华人社团捐款、自筹以及学生学费，因而难以保障学校的稳定运转。②

其次，能够被国内外认可的学历型全日制海外国际中文教育机构数量明显不足。目前，绝大多数国际中文教育仍停留在"兴趣班"阶段，难以满足那些希望接受全日制教育的外派人员、华侨华人以及喜爱中国语言及文化的当地居民的需求。此外，对于海外现有的个别全日制学历型教育机构，办学资格也难以得到所在国家政府的承认，这使得海外国际中文教育机构无法享有同其他学校一样的政策优惠，在招生、员工招聘等方面都会面临极大不利条件。即便是在日本这样拥有较长的华侨华人聚居历史、华文学校的发展也较为完备的国家，包括华文学校在内的外国人学校始终没有得到日本政府在法律上的许可并被纳入义务教育体系。③以具有120余年办学历史的日本神户中华同文学校为例，其学历只能在其所在的兵库县神户市得到认可，毕业后能够升入当地的公立学校。但在兵库县之外，即使是大阪府内其他地区的学校也不认可华文学校的学历，学生的去向问题成为家长和学生在择校时的重要顾虑。除了华文学校的学历不被所在国认可之外，海外华文教育的学历也难以得到中国教育部的正式认可。由于现在大部分的国家和地区，即使有学历型华文教育机构存在，也没有构建起完整的华文教育体系，部分海外华侨华人考

① 黄方方：《海外华文教育"三教"现状、问题及对策》，《社会科学家》2016年第8期，第118~122页。
② 赖彩凤：《基于经济视域下的海外华文教育可持续发展探究》，《质量与市场》2020年第20期，第133~135页。
③ 王智新：《在日华侨华人教育的现状、问题与思考》，《湖北民族大学学报》(哲学社会科学版)2021年第1期，第2~13页。

虑将面临升学的子女送到中国国内读书。但是很多海外华文学校的教育与国内并不接轨，也尚未被纳入中国的教育框架内，这使得华侨华人子女在申请国内学校，尤其是升入大学时受到很大限制。

基于上述背景，在海外建立规范化、专业化、本土化、多样化的学历型教育机构显得尤为必要。首先，对于华侨华人而言，海外中国国际学校建设可为其子女提供系统学习中华语言和文化的环境，有助于其提升中文使用能力，加强对中华文化的归属感及认同感，从而促进中华语言及文化在海外实现代际传承。其次，获得国内外认可的国际中文教育也代表着华侨华人群体受到当地政府的重视，有利于提升我国侨胞在国外的社会地位。此外，承接两国教育体制的教育模式可为海外侨胞携带子女归国、融入祖国的发展提供便利。最后，对于对华友好的国外青年学生而言，海外中国国际学校也有助于其深入学习中国语言和文化，掌握了解中国一手信息的渠道，并为赴华留学、从事中外合作事业奠定坚实的基础。因而，海外中国国际学校也是展示中国形象、传播中华优秀文化、涵养海外资源、增进中外友好交流的重要平台。

应对国际人才竞争，寻求人才培养突破口

在全球化的大趋势之下，人才供给严重不足、人才短缺长期化及常态化趋势，加剧了全球人才竞争的白热化程度。[①] 然而，在持续对外开放背景之下，我国对国际化人才的需求却愈加迫切。面对激烈的国际人才竞争，我国以人才吸引与人才培养为两

① 汪怿：《全球人才竞争的新趋势、新挑战及其应对》，《科技管理研究》2016年第4期，第40~45、49页。

大着力点，分别采取了一系列措施。

关于国际化人才的培养，对内，中共中央和国务院于 2010 年印发《国家中长期教育改革和发展规划纲要（2010—2020 年）》，一直致力于加强国际交流与合作，提升教育国际化水平，培养大批"具有国际视野、通晓国际规则、能够参与国际事务和国际竞争的国际化人才"。① 与此同时，我国也大力支持出国留学事业，要求"创新和完善公派出国留学机制，加强对自费出国留学的政策引导，加大对优秀自费留学生资助和奖励力度"，② 通过促进留学，借助国外优质高教资源，培养国际化人才，并形成了"支持留学、鼓励回国、来去自由、发挥作用"的新时代留学工作方针。③ 对外，我国积极发展国际中文教育，通过在海外建立孔子学院（孔子课堂）及在线教育平台为海外人士提供汉语学习的渠道，从而促进中外人文交流、文明互鉴和民心相通。但从目前来看，国际交流与合作、出国留学政策的执行以及孔子学院的发展受海外国际形势影响较大，我国总体上处于被动局面。近几年，作为中国学生最主要留学目的地的美国大幅收紧留学生和访问学者相关政策，限制赴美签证、驱逐中国公派留学生、在机场对留学生进行严查等，④ 赴美人才培养和学术

---

① 《国家中长期教育改革和发展规划纲要（2010—2020 年）》，中华人民共和国教育部网站［EB/OL］.（2010-07-29）［2021-06-30］，http：//www. moe. gov. cn/srcsite/A01/s7048/201007/t20100729_ 171904. html。

② 《国家中长期教育改革和发展规划纲要（2010—2020 年）》，中华人民共和国教育部网站［EB/OL］.（2010-07-29）［2021-06-30］，http：//www. moe. gov. cn/srcsite/A01/s7048/201007/t20100729_ 171904. html。

③ 中华人民共和国教育部：《对十三届全国人大三次会议第 5337 号建议的答复》［EB/OL］.（2020-09-16）［2021-06-30］，http：//www. moe. gov. cn/jyb_ xxgk/xxgk_ jyta/jyta_ gjs/202010/t20201010_ 493775. html。

④ 李司坤、田秋：《突然驱逐 15 名中国公派留学生 美对华留学限制还将走多远》［EB/OL］.（2020-09-07）［2021-01-29］，http：//news. china. com. cn/2020-09/07/content_ 76676374. htm。

交流严重受阻；孔子学院（孔子课堂）的推广也由于受所在国政策限制、舆论环境的压力和学院运营的现实因素等影响而受挫，多所孔子学院被迫关停，使得国际中文教育的发展遭遇了重大阻碍。① 这些都给我国国际化人才的培养带来了新挑战。

我国长期坚持科教兴国、人才强国战略，习近平总书记更是多次提出"聚天下英才而用之"的人才观，重视人才的教育培养和挖掘利用。② 在当今人才引进遭遇多方围堵、人才培养与交流也屡遭挫折的困境下，致力于从基础教育阶段培养国际化人才的海外中国国际学校或许可为我国提供一条破局之路。其一，通过向海外适龄群体从小提供具有中国特色的系统化教育，国际学校有利于培养具有国际视野并同时掌握中华语言文化的国际化人才，从长远上为我国涵养人才，从而规避国际围堵对我国造成的负面影响。其二，中国特色海外国际学校的建设有助于我国扩大人才基础，不仅可以"从全球70亿人中选拔人才"，③ 还可以发展为"从全球70亿人中培养人才"，从而极大丰富我国的人才储备。

参与全球教育治理，分享基础教育经验

"全球教育治理"即教育领域的全球治理，是全球治理中的一个重要子领域。④ 随着2015年联合国教科文组织发布了《反

---

① 杨帆：《美国孔子学院舆情研究》，中央民族大学硕士学位论文，2020。

② 沈荣华：《习近平人才观的核心：聚天下英才而用之》［EB/OL］.（2017-06-29）［2021-01-29］，http：//theory. jschina. com. cn/yaowen/201706/t20170629_ 4297132. shtml。

③ 王辉耀：《选才基数，从"13亿"变"70亿"》［EB/OL］.（2017-02-09）［2021-06-30］，http：//www. xinhuanet. com//comments/2017-02/09/c_ 1120435008. htm。

④ 孙进、燕环：《全球教育治理：概念·主体·机制》，《比较教育研究》2020年第2期，第39~47页。

思教育：向"全球共同利益"的理念转变》 （Rethinking Education：Towards a Global Common Good），教育作为全球共同利益的作用越来越突出，① 这也要求各个主权国家、政府间国际组织、国际非政府组织、跨国公司、智库等机构积极参与到全球教育治理当中，推动全球教育的发展进程。我国也于 2016 年颁发的《关于做好新时期教育对外开放工作的若干意见》中首次明确提出要积极参与全球教育治理，提升发展中国家在全球教育治理中的发言权和代表性。② 其后我国又在 2017 年颁布《关于加强和改进中外人文交流工作的若干意见》，指出"积极参与人文领域全球治理，积极向国际社会提供人文公共产品，分享我国在扶贫、教育、卫生等领域的经验做法"。③ 2019 年印发的《中国教育现代化 2035》再一次强调："积极参与全球教育治理，深度参与国际教育规则、标准、评价体系的研究制定。推进与国际组织及专业机构的教育交流合作。健全对外教育援助机制。"④ 这表明我国愈加重视全球教育治理，并且正在努力从全球教育治理的积极参与者转变为负责任的引领者。⑤

中国在基础教育领域丰富的治理经验意味着中国投身于全球

① 丁瑞常：《全球教育治理的向度与限度》，《比较教育研究》2021 年第 6 期，第 35~43 页。
② 《中办国办印发〈关于做好新时期教育对外开放工作的若干意见〉》，中华人民共和国教育部网站［EB/OL］.（2016 - 04 - 30）［2021 - 06 - 30］，http：//www. moe. gov. cn/jyb_ xwfb/s6052/moe_ 838/201605/t20160503_ 241658. html。
③ 中共中央办公厅、国务院办公厅：《关于加强和改进中外人文交流工作的若干意见》［EB/OL］.（2017 - 12 - 21）［2021 - 01 - 31］，http：//www. gov. cn/xinwen/2017-12/21/content_ 5249241. htm。
④ 《中共中央、国务院印发〈中国教育现代化 2035〉》，中华人民共和国教育部网站［EB/OL］.（2019 - 02 - 23）［2021 - 06 - 30］，http：//www. moe. gov. cn/jyb_ xwfb/s6052/moe_ 838/201902/t20190223_ 370857. html。
⑤ 孙进、燕环：《全球教育治理：概念·主体·机制》，《比较教育研究》2020 年第 2 期，第 39~47 页。

教育治理的巨大潜力。在"对内"教育治理的层面上，自新中国成立以来，我国着力进行普及初等教育和扫除文盲工作，为联合国推动下的全民教育运动做出了巨大贡献，并且近些年来我国在促进教育公平问题上也积累了丰富的经验。而在"对外"的全球教育治理中，我国在对外教育援助和国际教育交流与合作方面都起步较早，并取得了较为显著的成果。① 这些宝贵经验可以随着我国教育"走出去"的步伐为其他国家教育事业的发展提供参考。与此同时，我国的基础教育水平在国际层面也有着较强的竞争优势。在 2018 年经济合作与发展组织（OECD）组织的国际学生评估项目（PISA）中，79 个国家（地区）15 岁的学生参与了抽样测试，我国四省市（北京、上海、江苏、浙江）作为一个整体取得全部 3 项科目（阅读、数学、科学）参测国家（地区）第一的好成绩。② 而在教师教学国际调查（TALIS2018）项目中，上海的多项指标排名世界第一，"以改进教学、追求卓越教学为重点的教研制度"在教师培养方面贡献突出。③ 上述调查结果表明我国在基础教育方面成果较为显著，相比于其他国家在教育理念和方法上有一定特色，这为我国分享在基础教育发展中的经验、帮助其他国家提升基础教育质量提供了良好基础。

总而言之，中国特色海外国际学校可作为中国基础教育经验

---

① 蒋凯、张军凤：《中国高等教育对外开放的基本特点》，《清华大学教育研究》2017 年第 6 期，第 7~15 页。

② 中华人民共和国教育部：《PISA2018 测试结果正式发布》［EB/OL］. （2019-12-04）［2021-01-31］，http：//www. moe. gov. cn/jyb_ xwfb/gzdt_ gzdt/s5987/201912/t20191204_ 410707. html。

③ 吴振东：《上海教师 TALIS 调查多项指标世界第一"秘诀"是什么?》［EB/OL］. （2019-07-04）［2021-01-28］，http：//www. gov. cn/xinwen/2019-07/04/content_ 5406345. htm。

分享的载体，在一定程度上缓解国际市场上教育产品供给单一化、西方化的不足，促进国际教育交流与合作，加强各文明间的对话，从而为构建人类命运共同体打下良好基础。①

第三节　建设海外中国国际学校的设想

明确的建校方案有助于促进我国海外国际学校事业平稳发展。尽管目前国家在相关政策文件中还没有提及建设海外中国国际学校的具体策略，但是通过梳理近年来涉及海外办学的政策文本等材料，仍然可以了解国家对于逐步拓展海外国际学校网络的大致构想。本节将从协调机制、目标群体、办学地点、办学形式、支持体系五个方面详细分析我国在海外办学方面的政策思路。

协调机制

建设海外中国国际学校的协调机制涉及针对政府部门的内部协调，以及针对社会力量和海外相关机构的外部协调。

在对内协调上，基于 2016～2017 年海外中国国际学校的办学思路，将驻外阳光学校逐步过渡到全日制中国国际学校，因而其管理模式也参考了阳光学校的经验，相关政策文件中提到的都是以外交部管理为主，教育部、财政部给予配合。② 其中外交部

---

① 王景枝：《人类命运共同体视角下的和平教育与传播》［EB/OL］.（2020-11-10）［2021-03-01］，http：//ent.cnr.cn/chuanmei/20201110/t20201110_525324705.shtml。

② 中华人民共和国教育部：《关于政协十二届全国委员会第四次会议第 0189 号（教育类 040 号）提案答复的函》［EB/OL］.（2016-09-27）［2021-06-10］，http：//www.moe.gov.cn/jyb_xxgk/xxgk_jyta/jyta_gjs/201609/t20160927_282408.html。

负责办学地当地的疏通协调工作；财政部则协同教育部，考虑将创办中国国际学校纳入财政支出总体规划，并申请细化设立财政专项资金，为国际学校的建立和运营提供资金保障；① 此外，教师的选派则由教育部、国务院侨办以及相关省区市教育行政部门等共同负责，从而保障学校师资队伍规模合理、流动有序、派出及时。②

对外协调机制则是近两年来才在政策文件中有所表述。2016 年相关文件中的策略仍是"发挥政府主导作用"，③ 但从 2019 年起则开始强调积极调动社会资源办学，采取"政府搭台、社会运作、多方合力、协同推进"的原则，充分利用中资企业、华侨华人、民间团体等办学热情和力量，尤其是强烈支持技术发展成熟、从业经验丰富的教育服务企事业单位参与海外试点学校的建设项目。④ 因而可以看出社会办学主体正逐渐成为海外中国国际学校办学的重要力量。

---

① 中华人民共和国教育部：《关于政协十二届全国委员会第五次会议第 4011 号（教育类 391 号）提案答复的函》［EB/OL］. （2018-03-01）［2021-06-10］，http：//www. moe. gov. cn/jyb _ xxgk/xxgk _ jyta/jyta _ gjs/201803/t20180301_ 328343. html。

② 中华人民共和国教育部：《关于政协十二届全国委员会第四次会议第 0189 号（教育类 040 号）提案答复的函》［EB/OL］. （2016-09-27）［2021-06-10］，http：//www. moe. gov. cn/jyb _ xxgk/xxgk _ jyta/jyta _ gjs/201609/t20160927_ 282408. html。

③ 中华人民共和国教育部：《关于政协十二届全国委员会第四次会议第 0189 号（教育类 040 号）提案答复的函》［EB/OL］. （2016-09-27）［2021-06-10］，http：//www. moe. gov. cn/jyb _ xxgk/xxgk _ jyta/jyta _ gjs/201609/t20160927_ 282408. html。

④ 中华人民共和国教育部：《关于政协十三届全国委员会第二次会议第 0405 号（教育类 073 号）提案答复的函》［EB/OL］. （2019-12-06）［2021-06-10］，http：//www. moe. gov. cn/jyb _ xxgk/xxgk _ jyta/jyta _ gjs/201912/t20191206_ 411147. html。

目标群体

海外中国国际学校办学的目标群体主要分为三类：一是中方外派人员随迁子女，包括各类驻外机构、海外中资机构工作人员、赴海外经商和务工人员子女等；二是华侨华人中的适龄群体；三是对汉语言以及中国文化感兴趣的非华裔外籍人士。

但是从目前的政策文件来看，对于不同群体的侧重程度仍有所差异。其中外派人员子女是办学的主要对象，同时也是试点学校的主要面向群体。[①] 这可能是考虑到当下该群体接受义务教育的权利尚未得到充分保障，教育需求最为迫切，因而海外国际学校的建设需要首先缓解这一当务之急。此外，为本国子女提供海外教育是国际通行做法，办学国际阻力更小。

华侨华人则是办学的第二类重要对象。根据现有文件表述，海外中国学校的建立旨在为其学习中文与中国的历史文化提供更多的便利条件，[②] 同时也有助于提升其对祖国的认同感，加强凝聚力与向心力。[③]

相比之下，非华裔外籍人士则是受到关注较少的群体。目前只在十三届全国政协第 44 次双周协商座谈会上提到了"要积极

---

① 中华人民共和国教育部：《关于政协十二届全国委员会第四次会议第 0189 号（教育类 040 号）提案答复的函》［EB/OL］. (2016-09-27)［2021-06-10］, http：//www. moe. gov. cn/jyb_ xxgk/xxgk_ jyta/jyta_ gjs/201609/t20160927_ 282408. html。

② 中华人民共和国教育部：《关于政协十三届全国委员会第二次会议第 3429 号（教育类 393 号）提案答复的函》［EB/OL］. (2019-12-06)［2021-06-10］, http：//www. moe. gov. cn/jyb_ xxgk/xxgk_ jyta/jyta_ gjs/201912/t20191206_ 411148. html。

③ 中华人民共和国教育部：《关于政协十二届全国委员会第四次会议第 0189 号（教育类 040 号）提案答复的函》［EB/OL］. (2016-09-27)［2021-06-10］, http：//www. moe. gov. cn/jyb_ xxgk/xxgk_ jyta/jyta_ gjs/201609/t20160927_ 282408. html。

推进国际中文教育合作，满足各国人民学习中文、了解中国历史文化和发展现状的需求"①。但这只是海外中国国际学校发展的阶段性限制，待海外中国国际学校事业发展到一定程度，非华裔外籍人士也将受到更多的重视。而届时对于该群体在教育领域的辐射，能够有效地提升我国基础教育的国际认可度，并助力中华语言文化在全球范围内的传承，增强中华文化的国际影响力。

办学地点

选择适合的办学地点对于海外中国国际学校事业的前期发展至关重要。教育部、外交部、财政部在 2019 年前就开展了多项前期调研活动。包括委托 45 家驻外使（领）馆调查所在国办学条件及路径，并且赴日本、缅甸、老挝、泰国、阿联酋、肯尼亚、英国、美国、巴西等国家实地了解办学需求与所在国办学相关法律。② 此外，基于调研结果，我国已于 2019～2020 年在巴西里约、柬埔寨金边、阿联酋迪拜创建了试点学校并积累了一些办学经验。根据目前政府部门所开展的行动举措以及发布的相关政策文件，可以总结出中国特色海外国际学校选址的如下几项原则。

其一是"在需求最为迫切、条件最为成熟的 1～2 个国家先行试点"。参考教育部公布的创办迪拜中国学校的考量因素，这里的"办学需求"主要体现在当地外派人员与华侨华人的数量，

---

① 《全国政协召开双周协商座谈会 围绕"服务'一带一路'，加强教育国际合作"协商议政 汪洋主持》，新华网［EB/OL］.（2020-12-11）［2021-06-10］，http：//www. xinhuanet. com/politics/leaders/2020 － 12/11/c ＿ 1126850862. htm。

② 中华人民共和国教育部：《关于政协十三届全国委员会第二次会议第 3429 号（教育类 393 号）提案答复的函》［EB/OL］.（2019-12-06）［2021-06-10］，http：//www. moe. gov. cn/jyb ＿ xxgk/xxgk ＿ jyta/jyta ＿ gjs/201912/t20191206_ 411148. html。

以及华文学校的开办情况。"办学条件"则涉及所在国家的政治局势、经济发展情况、地理位置、语言环境、与办学相关的法律法规等。① 在迪拜这样教育需求突出、办学条件又比较成熟的地点开展试点项目有助于我国海外办学事业稳步发展、早出成果。

其二是结合"一带一路"倡议，推进海外中国国际学校建设。尤其是教育部 2019 年在对政协委员提案的回复中明确表示要积极在非洲地区发展中国国际学校。② 政府部门侧重在非洲办学具有多重考虑因素，一方面当地越来越多的中方外派人员及其随迁子女导致较大的中文教育缺口，另一方面中非在各领域日益密切的交流也要求我国为当地居民了解中国的语言和文化提供更完善的教育平台。除此之外，近年来非洲的华文教育也有了显著发展，为华文教育转型为全日制中国国际学校提供了良好的基础。因而在非洲建校也是我国海外办学事业发展的重点。

综合上述建校原则与目前政府部门海外办学活动发展情况，我国未来很有可能先在南非、赞比亚、尼日利亚等非洲国家，以及经过调研的日本、缅甸、老挝、阿联酋、肯尼亚、英国、美国等地继续开展海外中国国际学校的试点项目。待试点学校发展到一定程度后，再稳步向全球其他地区扩大办学网络。

办学形式

我国所倡导的海外中国国际学校的办学形式经历了从依托

① 中华人民共和国教育部：《关于政协十二届全国委员会第五次会议 第 4011 号（教育类 391 号）提案答复的函》［EB/OL］.（2018-03-01）［2021-06-10］，http：//www.moe.gov.cn/jyb_ xxgk/xxgk_ jyta/jyta_ gjs/201803/t20180301_ 328343.html。

② 中华人民共和国教育部：《关于政协十三届全国委员会第二次会议第 0405 号（教育类 073 号）提案答复的函》［EB/OL］.（2019-12-06）［2021-06-10］，http：//www.moe.gov.cn/jyb_ xxgk/xxgk_ jyta/jyta_ gjs/201912/t20191206_ 411147.html。

"阳光学校"的单一模式到现在多样化办学模式①的演变。阳光学校是面向我国部分驻外使领馆解决驻外外交人员随居子女教育问题的学校，一般设立在使馆和领馆内，由外交部主管，多年来的办学实践为我国政府在海外办学提供了一手且丰富的经验。因而教育部在 2016 年给政协委员会提案的回复中还表示逐步将阳光学校向中国国际学校过渡。但是阳光学校数量少、规模小，且受到场地、师资、教材的限制较大，难以满足广大海外华侨华人的教育需求。教育部又在 2019 年给政协提案回复中提出"探索多样化办学模式，建立健全政策保障机制"②。

目前，教育部公布了三种办学方案：一是依托现有阳光学校或孔子学院，逐步发展成中国国际学校。二是在所在国现有教育机构中"借壳"开办"中国教学部"。三是鼓励国内教育机构在条件成熟国家独立举办全日制中国国际学校。并且目前阶段皆以举办小学和幼儿园为重点。③ 其中第一类学校的特点在于有此前华文教育的办学经历，因此受众基础较好，但是需要克服学校转型的困难；第二类学校能够节省前期在校舍建设等方面的成本，但对所在国合作机构的依赖度较高，在保持运转稳定，以及维持"中国特色"方面都会面临较大挑战；对于第三类学校，在政府

---

① 中华人民共和国教育部：《关于政协十三届全国委员会第二次会议第 3429 号（教育类 393 号）提案答复的函》［EB/OL］.（2019-12-06）［2021-06-10］，http：//www. moe. gov. cn/jyb ＿ xxgk/xxgk ＿ jyta/jyta ＿ gjs/201912/t20191206＿ 411148. html。

② 中华人民共和国教育部：《关于政协十三届全国委员会第二次会议第 0405 号（教育类 073 号）提案答复的函》［EB/OL］.（2019-12-06）［2021-06-10］，http：//www. moe. gov. cn/jyb ＿ xxgk/xxgk ＿ jyta/jyta ＿ gjs/201912/t20191206＿ 411147. html。

③ 中华人民共和国教育部：《关于政协十三届全国委员会第二次会议第 0405 号（教育类 073 号）提案答复的函》［EB/OL］.（2019-12-06）［2021-06-10］，http：//www. moe. gov. cn/jyb ＿ xxgk/xxgk ＿ jyta/jyta ＿ gjs/201912/t20191206＿ 411147. html。

的统筹领导下，更有可能独立做出具有中国特色的整体规划，从而培养出符合我国发展需求的国际化人才。但这类学校前期成本较高、办校难度较大。总而言之，相比依赖政府主导的单一类型学校，推动多种类型的海外中国学校共同发展有利于充分利用海内外各类办学资源，加快办学速度、丰富学校类型，从而推动海外办学事业的发展。

支持体系

目前来看，政府部门提及的对于海外学校办学的其他支持主要涉及资金筹备、教师队伍建设、课程与教学三个方面。

在资金筹备方面，各部门正在争取国家财政支持，有望在将来设立专门针对海外中国学校的专项资金，用于校舍及其他场地租赁，教师选派、学生学费补贴，办学管理等费用。除此之外，政府部门也将积极调动社会资源，利用中资企业、华侨华人、民间团体等社会群体的募捐资金支持海外中国学校的创建。[1]

在教师队伍建设方面，2016年的相关文件表示将探索地方对口支援阳光学校的机制，并由教育部、国侨办以及相关省市教育行政部门共同负责教师选派工作。[2] 2019年又强调要明确海外中国学校教学人员的资格资质、编制待遇、培训考核等事项，从

---

① 中华人民共和国教育部：《关于政协十三届全国委员会第二次会议第0405号（教育类073号）提案答复的函》［EB/OL］.（2019-12-06）［2021-06-10］, http：//www. moe. gov. cn/jyb＿ xxgk/xxgk＿ jyta/jyta＿ gjs/201912/t20191206＿ 411147. html。

② 中华人民共和国教育部：《关于政协十二届全国委员会第四次会议第0189号（教育类040号）提案答复的函》［EB/OL］.（2016-09-27）［2021-06-10］, http：//www. moe. gov. cn/jyb＿ xxgk/xxgk＿ jyta/jyta＿ gjs/201609/t20160927＿ 282408. html。

而保障教育教学质量。① 虽然没有提及具体部门的职责，但仍有可能是教育部、国侨办与对口省市教育部门联合负责师资调配工作。

在课程方面，教育部的规划是制定统一的教学标准、规范课程设置与教材选用。在保证与国内的语文、数学、历史等主干课程同步的同时也做到与国际课程相接轨。② 在这样的课程体系下学生可以拥有在国内外的多种升学途径。此外，在课程教学上，教育部强调积极利用人工智能、在线教育等现代教学技术支持海外中国学校的建设，并且鼓励相关企事业单位为学校提供教育技术服务，③ 从而保障教育的先进性，为培养国际学校学生"国际视野"提供充分的条件。

---

① 中华人民共和国教育部：《关于政协十三届全国委员会第二次会议第 3429 号（教育类 393 号）提案答复的函》［EB/OL］．（2019-12-06）［2021-06-10］，http：//www.moe.gov.cn/jyb _ xxgk/xxgk _ jyta/jyta _ gjs/201912/t20191206_ 411148.html。

② 中华人民共和国教育部：《关于政协十三届全国委员会第二次会议第 3429 号（教育类 393 号）提案答复的函》［EB/OL］．（2019-12-06）［2021-06-10］，http：//www.moe.gov.cn/jyb _ xxgk/xxgk _ jyta/jyta _ gjs/201912/t20191206_ 411148.html。

③ 中华人民共和国教育部：《关于政协十三届全国委员会第二次会议第 0405 号（教育类 073 号）提案答复的函》［EB/OL］．（2019-12-06）［2021-06-10］，http：//www.moe.gov.cn/jyb _ xxgk/xxgk _ jyta/jyta _ gjs/201912/t20191206_ 411147.html。

第六章
海外中国国际学校建设的
探路者

通过海内外各方的不懈努力，海外中国国际学校建设的大幕已缓缓开启。依据创办主体和课程设置的差异，海外中国国际学校可大致分为三种类型：一是由中国政府主推华侨华人和中资企业提供全部或部分资金，国内公办学校运营的海外中国学校，主要采用国内基础教育课程；二是海外华侨华人创办的、或由海外华文学校转型而来的学历型华文学校，通常参考中外两方或三方的教育标准，开设相应课程；三是由国内民办教育集团在海外以并购或合作办学模式开设的国际学校，现阶段以 IB、A-level 等主流国际课程为主，但融入了中国元素。由于课程设置不同，面向的群体就存在差异。因此，海外中国国际学校建设整体上呈现多元化发展的趋势，基本覆盖各类需求群体。这些走在前面的国际学校作为"探路者"，在实践中积累了大量的经验，而其发展过程中遇到的困难也值得后来者注意。

第一节　海外中国学校

　　本节"海外中国学校"的说法和内涵，实际上是受中国政府赴海外办的第一所①学校——迪拜中国学校启发。海外中国学校，如名称所暗示的那样，内核是一所"中国"学校，但是位于"海外"。此类学校的建设由中国政府提供部分启动资金，并依托国内庞大的公立教育资源筹备师资，开设的课程以中国基础教育课程为主，且能与国内学籍衔接，面向的群体主要是当地华侨。此类学校还有于 2021 年 8 月获批、2022 年 7 月正式成立的柬埔寨中国学校。本节将以相对成熟的迪拜中国学校为例论述。

迈出第一步

迪拜中国学校是教育部首批海外中国国际学校试点单位之一。如名所示，该校所在地迪拜是阿拉伯联合酋长国（简称"阿联酋"）人口最多的城市，也是中东地区的经济金融中心以及旅客和货物的主要运输枢纽。迪拜中国学校由教育部委托浙江省杭州市承办、杭州第二中学领办，② 是一所涵盖小学、初中、高中 12 年教育制的非营利全日制学校。③ 学校坐落在迪拜米尔迪夫（Mirdif）地区，该地区附近是迪拜两大华侨密集区——德拉（Deira）和国际城。经过半年的筹备，学校于 2020 年正式创立，并在当年 9 月 1 日开学，迎来了第一批学生。④

迪拜中国学校以为迪拜华侨华人子女提供优质的中国基础教

---

① 里约中国国际学校的成立也受到中国政府大力支持，但资助方以华侨华人及在巴西的中资企业为主，另外，采用的是中巴融合课程。因此，本书将其归为学历型华文学校。

② 浙江省杭州第二中学：《全国政协积极推进海外办学，杭州二中迪拜学校成为典范》[EB/OL].（2020-12-18）[2021-06-10]，https：//mp. weixin. qq. com/s/uku4coKcQtXZNEthjt4qOQ。

③ 迪拜中国学校：《学校概况》[EB/OL].[2021-06-10]，http：//www. csd. ae/school/xxgk. html。

④ 浙江省杭州市第二中学：《凝心聚力守初心 奋楫扬帆再起航丨杭州二中迪拜学校举行党员大会暨期中小结会》[EB/OL].（2020-12-12）[2021-06-10]，https：//mp. weixin. qq. com/s/hG8oEzpcVHcP8NhDes1xAw。

育为宗旨，并致力于打造一所具有中国特色、世界一流的海外中国基础教育学校。① 中国驻迪拜总领馆总领事表示，迪拜中国学校是"解决海外华侨华人子女教育的民生工程"，也是"传承中华文化的铸魂工程"，还是"实现中阿'一带一路'合作共赢以及'中国教育走出去'的引领工程"。②

迪拜中国学校规划的招生人数为 800 人。小学部在 2020 年率先开始招收 1~6 年级学生，此后逐年拓展招生学段，③ 预计在 5 年之内实现全部学段的招生。④ 学校采取小班化管理模式，每个班级人数控制在 24 人以内，以便为学生实施个性化教育。⑤ 师资方面，由杭州二中选派学校校长，并在杭州市范围内双向选聘优秀的教师教授中国课程，同时也在迪拜当地有资质和经验的专业人员中招聘英语、阿拉伯语、公民和道德等学科的教师以及部分行政人员。其中由杭州二中向迪拜输送的教师需要至少在迪拜连续任教两年，从而保证教师团队的稳定性和教学的连贯性。⑥

在运营模式上，学校通过多种渠道筹措运营经费，包括官方

---

① 迪拜中国学校：《学校愿景》［EB/OL］.［2021-06-10］，http：//www. csd. ae/school/xxyj. html。

② 浙江省杭州市第二中学：《迪拜中国学校为何"选中"杭州、"选中"杭州二中?》［EB/OL］.（2020-09-12）［2021-06-10］，https：//mp. weixin. qq. com/s/QbPnRqhXXqGT1oULXKZP9w。

③ 迪拜中国学校：《学校概况》［EB/OL］.［2021-06-10］，http：//www. csd. ae/school/xxgk. html。

④ 《中国首个海外全日制学校开始招生 105 名学生缴费报名》，中国新闻网［EB/OL］.（2020-06-09）［2021-06-10］，http：//www. chinanews. com/hr/2020/06-09/9207908. shtml。

⑤ 《中国首个海外全日制学校开始招生 105 名学生缴费报名》，中国新闻网［EB/OL］.（2020-06-09）［2021-06-10］，http：//www. chinanews. com/hr/2020/06-09/9207908. shtml。

⑥ 迪拜中国学校：《学校概况》［EB/OL］.［2021-06-10］，http：//www. csd. ae/school/xxgk. html。

的财政拨款、中资企业的捐款、学费收入等多种来源。其中学生的学费取决于其所在的年级，每学年在 25000～28000 迪拉姆范围内（折合人民币 43587～48817 元）①，目前学费水平比迪拜的平均学费要低，学生可以分学期缴费。②

千呼万唤始出来

迪拜中国学校所在国——阿联酋是中东地区的经济、贸易、金融和航空中心，也是"一带一路"合作重点国家以及华侨华人最多的西亚国家。截至 2017 年，已有在阿华侨华人 20 万人，中资企业 4000 余家，他们对于在阿开办中国国际学校、让子女接受与国内接轨的教育有着巨大的需求。③ 在阿联酋诸多城市中，迪拜是华侨华人人口最多的城市。需要说明的是，与美澳等国家不同，入籍迪拜非常困难，因此，在迪拜生活的"中国人"大多数为持有中国护照的华侨，对于中国的依赖程度很高。

在迪拜中国学校成立之前，当地已拥有采用 17 种不同国家学制的 173 所学校，部分国际学校中也开设了中国课程，但一直没有专门采用中国学制的学校，这使得当地华侨华人子女长期缺失中国语言与文化的教育环境。④ 此外，阿联酋领导人也高度重视中文教育，曾提出希望在阿 100 所学校教授中文，中国教育部

① 按照 2021 年 6 月 16 日的汇率计算。

② 迪拜中国学校：《迪拜中国学校 2021～2022 学年招生公告》［EB/OL］．［2021-06-10］，http：//www. csd. ae/front/common/index/528。

③ 中华人民共和国教育部：《关于政协十二届全国委员会第五次会议第 4011 号（教育类 391 号）提案答复的函》［EB/OL］．（2017-10-24）［2021-06-10］，http：//www. moe. gov. cn/jyb _ xxgk/xxgk _ jyta/jyta _ gjs/201803/t20180301_ 328343. html。

④ 浙江省杭州市第二中学：《迪拜中国学校为何"选中"杭州、"选中"杭州二中？》［EB/OL］．（2020-09-12）［2021-06-10］，https：//mp. weixin. qq. com/s/QbPnRqhXXqGT1oULXKZP9w。

也表示将全力配合为两地中文教育及中国境外学生交流搭建平台。① 来自民间和官方的双重诉求使得迪拜成为建设海外中国国际学校试点单位首选地区。

据当地华侨反映，早在很多年前就有多个教育集团想在迪拜建中国国际学校，考察过数次，但迟迟没有落定，其中一个很重要的原因就是希望能够满足多元化的教育需求，采用英、美或 IB 课程，在此基础上加入中国元素。但在国际学校竞争激烈的迪拜，很难保证这样的学校会有足够的经济回报。因此，在筹划迪拜中国学校时抛弃了过去一味追求"国际学制"的属性，直接抓住了最有痛点的那一部分群体——计划让子女短期在迪拜生活和学习，未来仍要回国发展的迪拜华侨。② 迪拜中国学校正式建校过程可追溯至 2016 年 4 月中国驻迪拜总领馆开办的侨界迪拜中文教育座谈会。在这场座谈会上，参会人员就"如何筹建中文国际学校"一事交换了意见。③ 在 2017 年的政协十二届全国委员会第五次会议上，也有代表提出在阿联酋等国家建立中文学校的提案。教育部对该提案的回复函中也提出了关于"适时创办中国国际学校"的建议，并对于阿联酋等国的社会环境和办学条件予以肯定。④ 此后，中国

---

① 中华人民共和国教育部：《关于政协十二届全国委员会第五次会议第 4011 号（教育类 391 号）提案答复的函》［EB/OL］.（2017－10－24）［2021－06－10］，http：//www. moe. gov. cn/jyb＿xxgk/xxgk＿jyta/jyta＿gjs/201803/t20180301＿328343. html。

② 毛一鸣：《迪拜中国学校客观分析》［EB/OL］.（2020－07－01）［2021－11－12］，https：//zhuanlan. zhihu. com/p/152358546。

③ 浙江省杭州市第二中学：《迪拜中国学校为何"选中"杭州、"选中"杭州二中?》［EB/OL］.（2020－09－12）［2021－06－10］，https：//mp. weixin. qq. com/s/QbPnRqhXXqGT1oULXKZP9w。

④ 中华人民共和国教育部：《关于政协十二届全国委员会第五次会议第 4011 号（教育类 391 号）提案答复的函》［EB/OL］.（2017－10－24）［2021－06－10］，http：//www. moe. gov. cn/jyb＿xxgk/xxgk＿jyta/jyta＿gjs/201803/t20180301＿328343. html。

驻迪拜总领馆又抓住 2018 年习近平主席成功访问阿联酋的历史机遇，结合迪拜打造世界教育高地和希望吸引更多中国投资的需求，找准双方利益契合点，为筹建中国学校赢得了阿方的大力支持。

基于阿拉伯地区华侨的强烈需求、迪拜社会环境的适宜性以及国家政策的鼓励和带动，2020 年 3 月起，通过教育部、浙江省教育厅、杭州市委市政府、中资企业、迪拜相关部门等多方的努力，在不到半年的时间就完成了通常两年完成的筹建工作，在迪拜创办了第一所中国特色海外国际学校，创造了中国奇迹。①据知情人士透露，迪拜中国学校建校资金来源以浙江省政府和杭州市政府拨款、华侨华人捐款以及学生学费为主，教育部、财政部也进行了一定的资金支持。在学校的筹建过程中，阿方曾主动提供校舍建设方面的协助，其目的是在合作办学中融入宗教元素，但这不符合中国《教育法》中规定的学校教育与宗教分离的原则，因此中国驻迪拜大使馆经过慎重研究最终予以婉拒。

最后，就运营方而言，迪拜中国学校由教育部委托杭州市教育局承办，委托浙江省杭州市第二中学负责运营，②形成了"名校来领办，一城对一校"的海外办学模式。③杭州市是我国教育

① 浙江省杭州市第二中学：《迪拜中国学校为何"选中"杭州、"选中"杭州二中？》[EB/OL].（2020-09-12）[2021-06-10]，https：//mp. weixin. qq. com/s/QbPnRqhXXqGT1oULXKZP9w。

② 浙江省杭州市第二中学：《迪拜中国学校为何"选中"杭州、"选中"杭州二中？》[EB/OL].（2020-09-12）[2021-06-10]，https：//mp. weixin. qq. com/s/QbPnRqhXXqGT1oULXKZP9w。

③ 浙江省杭州第二中学：《全国政协港澳台侨委调研组莅临杭州二中调研海外华人教育推进工作》[EB/OL].（2020-09-28）[2021-06-10]，https：//mp. weixin. qq. com/s？_ _ biz = MzAxNjA2Mjk3Ng = = &mid = 2651538692&idx = 1&sn = c952b8fc6b0afaee3c87f592a69e86ab&。

现代化与国际化发展中的领军城市，近些年来也开始逐渐加强与共建"一带一路"国家的教育交流与合作。而杭州市第二中学拥有悠久的办学历史、优质的师资力量、丰富的中小学校"孵化"历程，以及成熟的国际学校办学经验，这些优势为迪拜中国学校的建设运营提供了重要资源保障。[①]

管委会下的校长负责制

迪拜中国学校组建了以杭州市教育局、驻迪拜总领馆、中资企业代表为核心的管委会，实行管委会领导下的校长负责制，传承运营方杭州市第二中学先进的办学理念，目标是打造成一所"具有开创性、标志性和引领性的海外中国学校"[②]。

学校的教学内容受到中国教育部和浙江省教育厅的监管，并且每三年要接受一次迪拜知识与人力发展局（Knowledge and Human Development Authority）的评估。[③] 除此之外，教育部负责协调学生的学籍、学校承办地和启动资金等事宜；地方政府负责国内外优质教育资源的国际化事宜，在师资、资金和教师待遇等方面提供兜底支持和保障；驻外使领馆主要负责与当地的沟通协调等工作并为学校提供政治领导；杭州市第二中学负责管理模式和课程设计、教学科研以及与杭州市政府共同完成教师的选派；学校的管理团队作为落实教学工作的主体，具体负责学校的教学

---

① 浙江省杭州市第二中学：《迪拜中国学校为何"选中"杭州、"选中"杭州二中？》[EB/OL]．（2020-09-12）[2021-06-10]，https：//mp. weixin. qq. com/s/QbPnRqhXXqGT1oULXKZP9w。

② 迪拜中国学校：《学校概况》[EB/OL]．[2021-06-10]，http：//www. csd. ae/school/xxgk. html。

③ 迪拜人：《迪拜中国国际学校招生指南》[EB/OL]．（2020-03-24）[2021-06-10]，http：//www. dubairen. com/67960. html#：~：text＝%E8%BF%AA%E6%8B%9C%E4%B8%AD%E5%9B%BD。

和管理工作。学校现有校长和副校长 3 人，均为从杭州市选派的有丰富教学和管理经验的教师。学校设有教务处、总务处、办公室、学生处和科研处来负责学校的日常运营。

学校的管理模式采用与国内接轨的中国方案，尤其是体现在密切的家校联合上。学校会定期举行学生家长会，由各科教师向学生家长详细介绍每个科目的学习内容与目标，以及每个学生的学习进展与不足之处，并邀请家长与学校一同努力帮助孩子取得更大的进步。① 平时学校也会与各班家长通过微信群建立密切的联系，及时通知家长学校的活动与学生的近况。在 2021 年的中国新春之际，迪拜中国学校还组织了多方领导、学校师生与学生家长通过网络直播的方式参与新春活动，为身处疫情的同胞送去温暖与祝福。②

以中国课程为内核

迪拜国际学校的课程设置以引入中国国内幼儿园和中小学全日制课程为主，辅以迪拜教育部门要求的地方课程，同时加入国际课程元素。中国全日制课程包括国家课程和校本课程，涵盖全部学科并与国内课程标准接轨。而迪拜的地方课程则包含阿拉伯语、伊斯兰研究、社会学、道德学等，便于学生了解当地文化、融入当地社会生活。③ 国际课程则指未来迪拜中国学校可能在初

① 迪拜中国学校：《校园新闻：相遇是缘，同心同力，开创美好》［EB/OL］.（2020-11-20）［2021-06-10］，http：//www.csd.ae/front/kh/detail/834/545。

② 迪拜中国学校：《校园新闻：云端传情，恭贺新春迪拜中国学校 2021 年"云端"新春团拜会》［EB/OL］.（2021-02-11）［2021-06-10］，http：//www.csd.ae/front/kh/detail/878/545。

③ 迪拜中国学校：《学校概况》［EB/OL］.［2021-06-10］，http：//www.csd.ae/school/xxgk.html。

高中阶段增设的西语或法语课程,以满足学生的多语种学习需求,但是在小学阶段暂不设立。① 整体来看,这样中外结合、标准明确、资质互认的课程设置,为学生日后无论是回国参加高考还是升入海外大学都提供了可能性。

　　除了注重基础学术课程的建设之外,迪拜中国学校还积极探索课程的融合,提供每周多达 33 门的优质的人文历史、科学技术、艺术体育、综合实践、哲学思辨等综合类选修课程,助力学生核心素质的养成,有利于学生的全面发展和竞争力的提升。② 此外,迪拜中国学校也计划开设课后兴趣班和中文补习班,为本校学生提供免费课程。并且为了加强家校互动,学校也将开设开放日和亲子课堂。③

　　在教学上,中国课程教材为部编版课本,其中语文、数学和科学课程采用中文教学,艺术、体育等综合学科则采用英语教学。英语课倾向于采取海外的英文教材,采用中外教相结合的授课模式,一、二年级安排一周 5 节的英语课,加上拓展性课程,一周共有 6~7 节英文课程,三年级之后则是一周 4 节。学校每天都设有语文、数学和英语课程,其教学内容、进度和标准都与

---

① 迪拜人:《迪拜中国国际学校招生指南》 [EB/OL]. (2020-03-24) [2021-06-10], http://www.dubairen.com/67960.html#:~:text=％E8％BF％AA％E6％8B％9C％E4％B8％AD％E5％9B％BD％E5％9B％BD％E9％99％85％E5％AD％A6％E6％A0％A1％E4％B8％BA％E5％A4％96％E4％BA％A4％E9％83％A8％E8％81％94％E5％90％88％E6％95％99％E8。

② 迪拜中国学校:《迪拜中国学校成功举办 2021 学年招生线上说明会》 [EB/OL]. (2021-05-03) [2021-06-10], https://mp.weixin.qq.com/s/WU4Bj4duXi2H8379fF-GcA。

③ 迪拜人:《迪拜中国国际学校招生指南》 [EB/OL]. (2020-03-24) [2021-06-10], http://www.dubairen.com/67960.html#:~:text=％E8％BF％AA％E6％8B％9C％E4％B8％AD％E5％9B％BD％E5％9B％BD％E9％99％85％E5％AD％A6％E6％A0％A1％E4％B8％BA％E5％A4％96％E4％BA％A4％E9％83％A8％E8％81％94％E5％90％88％E6％95％99％E8。

国内教学保持一致。①

迪拜中国学校的课程实施基本顺利，只有道德课程的开设遇到了一些阻碍。根据学校校长尹立平所述，中国的道德意识形态课是中国教育的重要组成部分，但是鉴于其拥护社会主义价值观的政治色彩，在此课程最终获得批准之前，中方与当地政府进行了多轮谈判，最终不得不改用"道德与法律"的课程名称。此外，当地规定不允许唱中国国歌或悬挂国旗，但是最后在两国的协商下，学校印制了中国国旗，并在教室里与阿联酋国旗一起展示。②

家长的认可

据中国驻迪拜使馆人员介绍，迪拜中国学校目前运营状况良好，受到领区中国子女家长的青睐。有学生家长透露，其孩子此前所在学校一半以上的中国学生都转学到了迪拜中国学校。③

家长们普遍对于学生在学校所接受的中国传统教育感到非常满意，许多家长十分认可学校传统文化的氛围，认为有助于学生培养民族自豪感。④ 也有家长对学校严格的教学风格表示赞同，如一位子女曾在英制学校上学的家长对于学生能够拥有课本并参

---

① 迪拜人：《迪拜中国国际学校招生指南》［EB/OL］.（2020-03-24）［2021-06-10］，http：//www. dubairen. com/67960. html#：~：text＝%E8%BF%AA%E6%8B%9C%E4%B8%AD%E5%9B%BD%E5%9B%BD%E9%99%85%E5%AD%A6%E6%A0%A1%E4%B8%BA%E5%A4%96%E4%BA%A4E9%83%A8%E8%81%94%E5%90%88%E6%95%99%E8。

② Six Tone. China's First International School Opens in Dubai［EB/OL］.（2020-09-28）［2021-06-10］，https：//www. sixthtone. com/news/1006150/China.

③ Six Tone. China's First International School Opens in Dubai［EB/OL］.（2020-09-28）［2021-06-10］，https：//www. sixthtone. com/news/1006150/China.

④ 迪拜中国学校：《迪拜中国学校成功举办 2021 学年招生线上说明会》［EB/OL］.（2021-05-03）［2021-06-10］，https：//mp. weixin. qq. com/s/WU4Bj4duXi2H8379fF-GcA。

加期末考试感到非常欣慰。① 此外，多数家长非常肯定学校密切的家校交流与合作，并对老师们的及时反馈表示感谢。② 家长们对于学校的中西文化结合工作也给予了很大肯定。③

第二节　学历型华文学校

海外华文学校虽然数量庞大，但除了在马来西亚，能够提供学历型教育的华文学校极少。华文学校主要服务于华侨华人群体，有着深厚的历史积淀，是海外中国国际学校建设的重要基础。近几年，在国内外各方的努力下，一些华侨华人开始尝试建立学历型的新式华文学校，其中，位于意大利的中意国际学校和位于巴西的里约中国国际学校引起了海内外广泛关注。这两所学校的共同特点是课程上采用中外融合的模式，主要面向当地华侨华人子女，同时也向其他国家学生放开。学历型华文学校与海外中国学校的区别是前者更具"国际"属性，因此在起名时也采用了"国际学校"的说法，而后者的"中国"性更明显。当然，这两所学历型华文学校也存在差别，主要体现在与中国官方的关系上。巴西里约中国国际学校于 2019 年被中国教育部列为"海外中国国际学校试点项目"，在教学资源上受到中国政府更多支持。而中意国际学校也曾被中国国务院侨办授予中意国际学校"海外华文教育示范学校"荣誉称号，受到侨办的大力支持。本

---

① 迪拜中国学校：《校园新闻：于变局中开新局　疫情冲击下的迪拜中国学校云端教学之路》［EB/OL］.（2021-03-01）［2021-06-10］，http：//www.csd. ae/front/kh/detail/882/545。

② 迪拜中国学校：《校园新闻：相遇是缘，同心同力，开创美好》［EB/OL］.（2020-11-20）［2021-06-10］，http：//www.csd.ae/front/kh/detail/834/545。

③ Six Tone. China's First International School Opens in Dubai［EB/OL］.（2020-09-28）［2021-06-10］，https：//www.sixthtone.com/news/1006150/China。

节将以建校较早、发展得更为成熟的中意国际学校为例，对其进行分析。

全日制华人学校

中意国际学校是目前欧美唯一一所由华人创办、纳入所在国教育体制的全日制三语寄宿学校，与意大利本土国立学校享有同等资质。学校于 2013 年 9 月建立于意大利帕多瓦市，设有幼儿部、小学部、初中部、高中部（文科、理科），拥有完整的基础教育体系。此外，还有针对成人学习的语言部，并且即将开设大学预科部，① 是一所融合多元文化的国际化学校。

中意国际学校面向不同国籍与不同文化背景的学生招生，办学目标不仅在于解决各类驻外机构、海外中资机构工作人员以及赴海外经商、务工人员随居子女在国外接受中文教育问题，同时也为海外华侨华人子女以及对中国文化感兴趣的当地居民学习中文提供便利。学校秉承融合中国传统文化与国际先进的教育方式的基本理念，以"创办一所孩子喜欢、家长放心、教师热爱、符合国际社会发展需要的新型学校"为办学宗旨，② 致力于把学生培养成能够熟练运用中、意、英等国际语言，综合素质全面发展的新一代人才。③ 截至 2020 年，在校生中中国籍及华裔学生

---

① 中意国际学校：《中意国际学校诚谢各界新老朋友》［EB/OL］.（2021-01-01）［2021-06-10］，https：//www. siic. it/%E4%B8%AD%E6%84%8F%E5%9B%BD%E9%99%85%E5%AD%A6%E6%A0%A1%E8%AF%9A%E8%B0%A2%E5%90%84%E7%95%8C%E6%96%B0%E8%80%81%E6%9C%8B%E5%8F%8B/? lang=zh-hans。

② 中意国际学校：《学校结构：初中部》［EB/OL］.［2021-06-10］，https：//www. siic. it/%e5%ad%a6%e6%a0%a1%e7%bb%93%e6%9e%84/? lang=zh-hans#1475161533453-ffc90b9a-1c3d。

③ 中意国际学校：《学校简介》［EB/OL］.［2021-06-10］，https：//www. siic. it/%e5%ad%a6%e6%a0%a1%e7%ae%80%e4%bb%8b/? lang=zh-hans。

占 50%，意大利籍学生占 30%，其他外籍学生占 20%。各国学生在学校里接受中、意、英三语教育，实现了不同肤色、不同国籍的深度融合。

在学校规模上，幼儿部开设了两个班级，招收 3~5 岁的儿童；小学部共五个年级，各设有一个班级；初中部共有三个年级，各设一个班；高中部共有五个年级，语言类和科学类每个年级各设 1 个班，每班学生不超过 25 人。并且高中部在 2019 年迁往帕多瓦市的新校区，实现了独立教学后，各学部的功能区划得到了进一步优化。

师资方面，中意国际学校拥有一支专业素质过硬、教学经验丰富的教师队伍。截至 2020 年学校共有教师 50 余名，来自中国、意大利、新加坡、英国、美国、塞尔维亚和爱尔兰等多个国家。所有教师都具备意大利教育部所规定的资质，并且语言类教师均由母语教师担任。[①] 自 2018 年开始，国侨办专门外派中国教师到校任教，有效提升了中文教学的质量。此外，学校也充分利用中、意两国的教师培训资源，鼓励教师参加继续教育，并积极定期组织教学研讨会、示范课堂观摩、网络学习等活动，不断提升教师的教学水平。

华侨华人的心血

与上述官方机构促成的迪拜中国学校不同，中意国际学校主要是在社会人士的推动下建立的。学校的前身是意大利金龙学校，是意大利著名的中文培训基地，由李雪梅博士于 2001 年 2 月创办，并在 2011 年 2 月被国务院侨办授予"海外华文教育示

---

① 中意国际学校：《学校简介》 ［EB/OL］.［2021-06-10］，https：//www.siic.it/%e5%ad%a6%e6%a0%a1%e7%ae%80%e4%bb%8b/？lang=zh-hans。

范学校"称号。

多年的办学经验使得李雪梅博士更为深入地了解到海外华文教育的局限，她认为随着海外中文的兴起，意大利的华文教育也得到了迅速发展。但是传统的海外华人学校相当于中文扫盲班，只能够满足较低层次的需求，一所真正现代意义上的海外华人学校还应当沿着本土化、专业化、正规化和标准化的方向发展。①通过李雪梅博士的发起和组织，以及中意两国的华人企业家和教育专家、学者的通力合作，在筹备了近5年后，2013年9月中意国际学校在意大利文化重镇帕多瓦市建成并开学②，成为意大利境内唯一由当地教育部门批准的、华人开办的全日制双语寄宿学校。③

建校以来，学校与中意政府及社会保持了良好的社会关系，学校的多项活动得到了两方政府部门的大力支持，并与阿里巴巴、优尼瓦斯（UNIGAS）④等全球大型跨国企业建立了战略合作关系，提供学生奖学金，提供商务人才培训服务以及实习机会，这为学校的快速发展提供了有力的外部保障。⑤加之学校全体师生的共同努力，如今中意国际学校已经成为帕多瓦省18所

① 《中意国际学校：意大利现代华文教育的探路者》，中国侨网［EB/OL］．（2014-12-03）［2021-06-10］，http：//www. chinaqw. com/hwjy/2014/12-03/28308. shtml。

② 《中意国际学校：意大利现代华文教育的探路者》，中国侨网［EB/OL］．（2014-12-03）［2021-06-10］，http：//www. chinaqw. com/hwjy/2014/12-03/28308. shtml。

③ 中意国际学校：《学校简介》［EB/OL］．［2021-06-10］，https：//www. siic. it/%e5%ad%a6%e6%a0%a1%e7%ae%80%e4%bb%8b/？lang=zh-hans。

④ 总部位于意大利的著名国际燃烧器生产公司。

⑤ 中意国际学校：《中意国际学校诚谢各界新老朋友》［EB/OL］．（2021-01-01）［2021-06-10］，https：//www. siic. it/% E4% B8% AD% E6% 84% 8F% E5% 9B% BD% E9% 99% 85% E5% AD% A6% E6% A0% A1% E8% AF% 9A% E8% B0% A2% E5% 90% 84% E7% 95% 8C% E6% 96% B0% E8% 80% 81% E6% 9C% 8B% E5% 8F% 8B/？lang=zh-hans。

重点中、小学之一。无论在东西方教育理念的融通，还是在两种教育制度的融合方面，该校都进行了充分的探索和实践。

规范化建校

目前全球海外华文学校的发展水平参差不齐，大多数学校提供的都是非学历教育，尚未实现本土化、专业化与规范化。而中意国际学校打破了这种束缚，获得了意大利教育部门的认可，创造性地进入了所在国全日制教育序列，这是海外华文教育本土化发展的重大突破和历史性时刻，意味着学校可以面向全意大利社会进行招生，教学模式也突破了业余周末班和补习辅导班的发展瓶颈。目前，学校无论是在硬件设施，还是在教学管理模式上，都严格遵循所在国教育部门的要求，同时参照和融合了中国的基础教育体系标准，真正实现了规范化建校，也为学校的长远发展奠定了坚实的基础。

关于学校的管理团队，学校现有校长副校长共 2 人，皆为办学经验丰富的中国教师。幼儿部、小学部、初中部、高中部负责人各 1 人，其中既有中国教师也有意大利教师。此外还有后勤管理人员 3 人。[1]

在师资管理上，学校内部拥有一支国际化的教学管理团队。自建校以来，学校高标准选聘各国优秀教师，建立现代化管理制度，形成了规范有序、积极向上、和谐友爱、良性竞争与互助合作相结合的良好团队氛围。在教师团队建设中，特别强调对国际视野的培养，塑造整个团队更高层次的格局观。

在学生管理方面，学校实行中国式的寄宿管理制度。在校期

---

[1]　中意国际学校：《教职员工》［EB／OL］.［2021－06－10］，https：//www.siic.it/personale/？lang＝zh-hans。

间，学生需要上交个人手机，白天参与常规的课程，晚上有语言辅导、作业辅导以及多种兴趣活动，从而保障学习效果的最大化。① 平常会有专职的生活教师负责学生的生活管理与相关技能训练，包括整理内务、与人相处等，以提高学生的自我管理能力。②

此外，学校处处彰显中国传统文化，将学生优秀人格的塑造和先进理念的培养视为教育的第一要务。无论是华裔青少年，还是意大利学生和外籍学生，都要接受中华传统文化的熏陶，学习为人处世的道理。

三语课程

中意国际学校的课程特点之一在于贯穿各个学习阶段的三语学习环境。幼儿园的学生从入学就接触寓教于乐的教学方式，并在大班时开始了解基础的英文知识。小学阶段英文是必修科目，中国学生加强意大利语的学习，意大利学生则加强中文的学习；初中阶段继续强化三门语言的训练与扩展，全面培养学生听说读写能力。③ 并且所有阶段的中、意、英三门语言课程均由教学经验丰富的母语教师授课。这种连续且系统的三语课程不仅有助于从小培养学生的多语言应用能力，更促进了学生对多元文化的理解。

---

① 中意国际学校：《中意国际学校诚谢各界新老朋友》［EB/OL］.（2021-01-01）［2021-06-10］，https：//www. siic. it/%E4%B8%AD%E6%84%8F%E5%9B%BD%E9%99%85%E5%AD%A6%E6%A0%A1%E8%AF%9A%E8%B0%A2%E5%90%84%E7%95%8C%E6%96%B0%E8%80%81%E6%9C%8B%E5%8F%8B/？lang=zh-hans。

② 中意国际学校：《学校简介》［EB/OL］.［2021-06-10］，https：//www. siic. it/%e5%ad%a6%e6%a0%a1%e7%ae%80%e4%bb%8b/？lang=zh-hans。

③ 中意国际学校：《学校简介》［EB/OL］.［2021-06-10］，https：//www. siic. it/%e5%ad%a6%e6%a0%a1%e7%ae%80%e4%bb%8b/？lang=zh-hans。

中意国际学校课程的第二大特点在于衔接中意两国教学标准的课程体系。学校义务教育阶段的课程设计不仅符合意大利教育部的大纲要求，也参照了中国教育部颁发的各科义务教育课程标准，在小学与初中阶段增设了中文、中国数学等课程，同时对英文课程加以扩展。① 高中阶段分为科学高中与语言高中。其中科学高中旨在提升学生采用中、意、英三种语言探究物理等科学课程的能力，语言高中除了开设上述三门语言课程外，也进行西班牙语、拉丁语的教学，促进学生对相关文明历史与传统文化的理解。② 虽然高中阶段的课程与国内稍有不同，但是学校专门为高中生成立了"中国名校直通车"项目，为有意回国深造的学生提供相关培训。目前学校已经与浙江大学、北京外国语大学、中国传媒大学、暨南大学、华侨大学等多所中国大学达成合作关系，为学生提供校际交流项目。学生经过学校推荐也可前往合作高校读书，这为海外华侨华人子女回国升学提供了良好的平台。③

中意国际学校课程的另一大特点在于融合了中西方文化丰富

---

① 中意国际学校：《中意国际学校诚谢各界新老朋友》［EB/OL］.（2021-01-01）［2021-06-10］，https：//www.siic.it/%E4%B8%AD%E6%84%8F%E5%9B%BD%E9%99%85%E5%AD%A6%E6%A0%A1%E8%AF%9A%E8%B0%A2%E5%90%84%E7%95%8C%E6%96%B0%E8%80%81%E6%9C%8B%E5%8F%8B/？lang=zh-hans。

② 中意国际学校：《中意国际学校诚谢各界新老朋友》［EB/OL］.（2021-01-01）［2021-06-10］，https：//www.siic.it/%E4%B8%AD%E6%84%8F%E5%9B%BD%E9%99%85%E5%AD%A6%E6%A0%A1%E8%AF%9A%E8%B0%A2%E5%90%84%E7%95%8C%E6%96%B0%E8%80%81%E6%9C%8B%E5%8F%8B/？lang=zh-hans。

③ 中意国际学校：《中意国际学校诚谢各界新老朋友》［EB/OL］.（2021-01-01）［2021-06-10］，https：//www.siic.it/%E4%B8%AD%E6%84%8F%E5%9B%BD%E9%99%85%E5%AD%A6%E6%A0%A1%E8%AF%9A%E8%B0%A2%E5%90%84%E7%95%8C%E6%96%B0%E8%80%81%E6%9C%8B%E5%8F%8B/？lang=zh-hans。

的实践活动。首先，学校开设有一系列节日庆祝活动，包括西方的万圣节、圣诞节等节日，以及春节、元宵节、中秋节等中国传统节日，使学生感受不同文化的魅力。其次，学校还开办了武术、绘画等兴趣班课程，以及书法比赛、诗歌朗诵比赛、作文比赛等课外活动，激发学生对不同文化的兴趣。此外，在语言实践活动中，学生可以前往英国、美国、爱尔兰等英语国家参与研习项目，也有机会前往中国参加夏令营，从而加深对于英文文化与中国文化的理解。①

助推中意文化交流

首先，自建校以来，中意国际学校凭借其过硬的教育质量在教育本土化方面取得了一定成就。尽管有部分媒体质疑其教育模式过于强调竞争，可能会加剧学生之间的差异，但是仍有许多意大利父母对于学校严格的语言教学表示欢迎，认为相比其他学校的教育更有助于提高学生的语言能力。②

其次，中意国际学校也在促进中意两国文化与教育交流方面发挥了极大作用。在 2017 年促成了中欧第一个官方华文教育合作协议签约后，学校组织了中意两国代表互访、教学研讨会等多项教育合作活动。此外，学校也积极在意大利华人与本土社会之间搭建文化交流平台，帮助华人提升社会地位并更好地融入本土社会。

---

① 中意国际学校：《学校简介》［EB/OL］.［2021-06-10］，https：//www.siic.it/%e5%ad%a6%e6%a0%a1%e7%ae%80%e4%bb%8b/? lang＝zh-hans。

② Donna Moderna. La prima scuola cinese（dove studiano anche i bambini italiani）［EB/OL］.（2017-11-23）［2021-06-10］，https：//www. donnamoderna. com/news/societa/la-prima-scuola-cinese-dove-studiano-anche-i-bambini-italiani.

随着近年来中意两国合作交流不断加强、意大利的中文学习热潮不断高涨，中意国际学校有望继续在当地提高办学声望，吸引更多的学生就读。一项 2017 年的调查显示，中国以略微的优势超越美国成为意大利人在欧洲外的第一留学目的国，意大利境内有 279 所中学（占总数的 8%）开设了中文课程，大约有 17500 名高中生正在学习普通话。曾参与编撰意大利全国中文教学大纲的中文教授费德里科·马西尼（Federico Masini）表示中文正在成为意大利的第二大外语。① 在 2019 年意大利成为首个加入"一带一路"倡议的 G7 国家后，中意两国交往日益密切。在此背景下，中意国际学校必将在推动意大利华文教育发展、促进两国文化交流与多方合作方面发挥越来越重要的作用。

第三节　民办学校"走出去"

在海外国际学校建设中，还有一支力量不容忽视，即国内民间教育集团。早在 2006 年，汇佳教育机构就在新加坡经济发展局和中国驻新加坡大使馆的支持下，于新加坡创办了"汉合国际学校"（Chinese International School②，Singapore），开启了中国教育集团海外办学的新篇章。③ 近几年，受出国留学热潮影响，国内教育集团迅速发展，并试图赴海外占领市场。此外，英美一些私立学校受政策影响，经济压力日渐增大，这为国内教育集团

---

① Donna Moderna. La prima scuola cinese（dove studiano anche i bambini italiani）［EB/OL］.（2017-11-23）［2021-06-10］，https：//www.donnamoderna.com/news/societa/la-prima-scuola-cinese-dove-studiano-anche-i-bambini-italiani.
② 英文名后改为"Hillside World Academy"。
③ Hillside World Academy. Hillside World Academy［EB/OL］.［2021-11-15］，https：//www.hwa.edu.sg/about/our-story/.

对其进行收购提供了机遇。① 据统计，截至 2021 年 2 月 28 日，枫叶集团在海外拥有 13 所学校，其中在加拿大与澳大利亚拥有 4 所海外学校。此外，2019 年 9 月，枫叶集团的北美公司收购了一个占地 27 英亩的私立学校，即安大略省布罗克维尔的奥古斯塔学院（Augusta Academy）。该寄宿制学校计划于 2022 年 9 月开放。另一家国内民办教育巨头——博实乐在海外也拥有 14 所学校（包含暑期学校和语言学校）。② 在众多"走出去"的民办教育集团中，本节选择了国内规模最大，也是海外国际学校数量最多、类型最多元的民办教育集团——枫叶教育集团作为案例，梳理其海外办学之路，以期为读者提供参考。

多元一体的办学模式

枫叶教育集团海外国际学校主要是指该集团在加拿大、澳大利亚、新加坡、马来西亚运营的一系列全日制国际幼儿园、小学、初中与高中。其中子公司枫叶教育北美公司（MLENA）在加拿大经营了 3 所与大学合作建设的高中，包括 2016 年 6 月在加拿大不列颠哥伦比亚省（British Columbia，简称 BC 省）创建的汤姆逊大学枫叶附属学校（Maple Leaf World School—Thompson Rivers University，简称 MLWS-TRU），2017 年 7 月同在 BC 省开设的昆特仑理工大学枫叶附属学校（Maple Leaf World School—Kwantlen Polytechnic University，简称 MLWS -

---

① 新学说：《国际学校政策东风再起，中国教育向外输出再下一城?》[EB/OL].（2019 - 12 - 14）[2021 - 11 - 15]，https://new.qq.com/omn/20191224/20191224A0MPYR00.html。

② 新学说：《中国教育集团的新风口? 多所中国国际学校布局海外，或将成就蓝海市场》[EB/OL].（2021 - 10 - 19）[2021 - 11 - 16]，https://zhuanlan.zhihu.com/p/423039508。

KPU），以及 2019 年 9 月在加拿大安大略省成立的湖首大学枫叶附属学校（Maple Leaf World School—Lakehead University，简称 MLWS-LakeheadU）。① 枫叶集团旗下的枫叶教育亚太有限公司也经营了 1 所与大学合作建设的高中以及 2 所提供 K-12 教育的国际学校，包括 2019 年 6 月在澳大利亚阿德莱德市成立的南澳大学枫叶附属学校（Maple Leaf World School -University of South Australia），坐落在马来西亚吉隆坡的枫叶金斯利国际学校（Maple Leaf acquired Kingsley International School），以及位于新加坡的加拿大国际学校（Canadian International School），该校拥有两所校区。

在学校办学模式上，加拿大与澳大利亚的 4 所高中全部采用了与当地大学合作的轻资产办学模式。这些学校坐落在大学校园内，面向 10~12 年级的中国学生、当地学生以及所有国际学生开放，为其提供所在大学的图书馆、实验室、体育馆、健身中心等场地与设施，并开放部分大一学分课程供学生选修，帮助学生顺利实现从高中到大学的过渡。而马来西亚与新加坡的 2 所学校则是分别在 2020 年 1 月与 8 月以收购方式进行的海外扩张，目前两校原有的授课内容仍保持不变。

在学校定位上，枫叶海外学校秉承"中西教育优化结合，实施素质教育"的办学理念，致力于实现中外教育思想、教师队伍、课程与教育资源的"三个结合"，为中国学生以及所有国际学生提供优质的中英双语教育服务。② 但是由于枫叶海外学校主要是面向到国外大学接受高等教育的学生，因而目前只开设了

① 《我们的故事》，枫叶集团官网［EB/OL］.（2020-04-24）［2021-06-10］，http：//www.mapleleaf.cn/about/1.html。
② 《我们的故事》，枫叶集团官网［EB/OL］.（2020-04-24）［2021-06-10］，http：//www.mapleleaf.cn/about/1.html。

少部分中文课程，其他课程多采用英文教学。此外，枫叶海外学校的学费定价也偏向中高端，以汤姆逊大学枫叶附属学校（甘露校区）为例，国际学生每年的学费为 22000 加元，加之申请费与学杂费总计 39250 加元，[①] 高于当地普通私立高中的费用 14000～16000 加币。南澳大学枫叶附属学校的学费则为一年 2 万澳币，[②] 也高于澳大利亚私立高中一般的学费 15000～18000 澳元。而其在新加坡收购的加拿大国际学校则是新加坡最大营利性高端国际学校。[③]

在学校规模上，截至 2020 年底，枫叶在新加坡的在校生已达到 3500 人，在马米西亚的学生也有 1000 余人。合作高中的人数则相对较少，2020 年加拿大 3 所高中的毕业生人数共有 54 名。所有学校在教学上都采用了小班模式，配备优质的国内外教师，致力于将毕业生送入世界一流名校入读。

从中国启航

枫叶集团国际学校的海外扩张以丰富的国内办校经验作为基础。该集团是目前中国基础教育领域开办最早、规模最大的国际

---

① Maple Leaf Education North America：《枫叶世界学校-加拿大校区申请信息材料 2021/2022 学年》［EB/OL］.［2021-06-10］，https：//north-america. mapleleafschools. com/wp-content/uploads/%E6%9E%AB%E5%8F%B6%E5%8A%A0%E6%8B%BF%E5%A4%A7%E6%A0%A1%E5%8C%BA%E7%94%B3%E8%AF%B7%E4%BF%A1%E6%81%AF-202122%E4%B8%AD%E6%96%87%E7%89%88. pdf.

② 枫叶教育集团：《南澳大学枫叶附属学校即将开学 枫叶第三所海外学校等你来》［EB/OL］.（2018-12-17）［2021-06-10］，https：//mp. weixin. qq. com/s/SvVkooRgwHK0L5hkAzfQSQ。

③ 《枫叶教育集团完成收购新加坡加拿大国际学校》［EB/OL］.（2020-08-29）［2021-06-10］，https：//new. qq. com/omn/20200829/20200829A0MAW000. html。

学校办学机构。① 1995 年在大连市开办了第一所国际学校——大连枫叶国际学校，此后借助 2001 年中国加入世贸组织以及 2010 年中国颁布教育十年振兴规划后国际教育升温的机遇，② 以集团提供品牌、当地政府提供校舍的轻资产办学模式迅速在国内扩张学校网络。截至 2020 年已在国内 24 个城市开办了 100 多所学校，形成了涵盖外籍人员子女学校、幼儿园、小学、初中、高中的国际教育体系，具有丰富的国际学校办学经验，并形成了卓越的品牌效应。

基于国内成熟的办学模式，以及 2014 年枫叶教育在香港上市后融资渠道变得更为畅通，该集团从 2016 年起以开办大学附属高中的轻资产办学模式开启了其海外学校拓展之路。其加拿大子公司——枫叶教育北美公司在哥伦比亚省开办了枫叶集团的首所海外学校——汤姆逊大学枫叶附属学校（亦称甘露枫叶大学学校）。该校从动议到开学仅用了一年的时间，这得益于汤姆逊大学与枫叶集团多年的合作关系以及加拿大 BC 省教育部的大力支持，但最为关键的原因在于枫叶集团选择了大学作为其轻资产办学模式的合作对象。③ 对于枫叶集团来讲，一方面能够充分利用学校现有的校舍，节省前期投资和缩短建设周期，另一方面也可以尽享大学校园中图书馆、实验室、体育场等教学资源，并让学生身处一个多元综合的校园环境中，从而为其提供更加优质的

① 刘国华：《从中国的枫叶到世界的枫叶——记加拿大甘露枫叶大学学校开学盛况》[EB/OL]．(2016-10-21) [2021-06-10]，http：//science．china．com．cn/2016-10/21/content_ 9103723．htm。

② 顶思：《35 亿收购新加坡学校，任书良如何打造"世界的枫叶"》[EB/OL]．(2020 - 10 - 16) [2021 - 06 - 10]，https：//www．sohu．com/a/425089728_ 691021。

③ 刘国华：《从中国的枫叶到世界的枫叶——记加拿大甘露枫叶大学学校开学盛况》[EB/OL]．(2016-10-21) [2021-06-10]，http：//science．china．com．cn/2016-10/21/content_ 9103723．htm。

教学条件。而对于合作大学来讲，这意味着带来更多的生源以及更高的国际知名度，因而这种合作办学成为典型的双赢项目，枫叶集团随后在加拿大和澳大利亚以同样的模式开办了 3 所附属学校。

除了自身的办学优势之外，国内政策动向也对枫叶集团加速开辟海外国际学校市场起到一定的推动作用。2018 年中国出台了两项针对民办学校的限制性政策，其中《民办教育促进法实施条例（修订草案）（送审稿）》禁止集团化办学者通过兼并收购、加盟连锁、协议控制等方式控制非营利性民办学校，也限制了义务教育阶段民办营利学校的开办；《中共中央国务院关于学前教育深化改革规范发展的若干意见》则限制了民办幼儿园的上市以及上市公司对营利幼儿园的投资与收购，这使得幼儿园、小学、初中业务占总营收四成的枫叶集团在国内的发展面临很大的不确定性，因而其加快了海外办学的步伐。① 2019 年 9 月，枫叶教育北美公司收购了安大略省布罗克维尔的一个私立学校"Augusta Academy"，计划将其作为寄宿式校园并于 2022 年开放。② 2020 年 1 月，枫叶集团向马来西亚金斯利国际教育企业集团发出收购要约，同年 8 月又宣布收购新加坡最大营利性高端国际学校——加拿大国际学校。③ 上述海外学校扩张举措将帮助枫

---

① 江敏：《深度 35 亿元收购新加坡学校 枫叶教育海外扩张为何这么猛?》［EB/OL］．（2020-07-03）［2021-06-10］，https：//finance.sina.com.cn/stock/relnews/hk/2020-07-03/doc-iirczymm0239203.shtml。

② Maple Leaf Education North America：《我们的故事》［EB/OL］．［2021-06-10］，https：//north-america.mapleleafschools.com/zh/%E5%85%B3%E4%BA%8E%E6%88%91%E4%BB%AC/%E6%88%91%E4%BB%AC%E7%9A%84%E6%95%85%E4%BA%8B/。

③ 《枫叶教育集团完成收购新加坡加拿大国际学校》［EB/OL］．（2020-08-29）［2021-06-10］，https：//new.qq.com/omn/20200829/20200829A0MAW000.html。

叶集团提前实现其规划中的大区建设计划，即在海外建成两个覆盖小学、初中与高中，并且学生人数规模达到 8000 到 1 万人的学校聚集区域。其中新加坡的枫叶学校将成为其亚太教育大区的旗舰学校，进而辐射到整个东南亚办学。①

集团化管理

在管理机构上，枫叶集团的海外学校由旗下两个专门负责海外教育业务的子公司负责。其中枫叶教育北美公司（MLENA）于 2016 年 2 月 4 日在加拿大 BC 省注册，负责在加拿大和美国开发和运营新的私立学校，招募国际和本地学生，提供短期游学、冬夏令营以及其他项目。② 而枫叶教育亚太有限公司（MLEAP）于 2015 年在香港注册，负责澳大利亚与东南亚地区的独立学校办学、学生招聘、大学合作计划等其他项目。③

在海外学校的经营模式上，枫叶集团针对不同类型的学校采取了不同策略。其一，对于与加拿大和澳大利亚大学合作办学的高中，合作方提供可供租赁的校舍，帮助枫叶学校取得各类办学资质以及落实办学优惠政策，枫叶集团则提供品牌、课程、管理团队、师资以及教学模式，并自负盈亏。④ 因而枫叶集团在经营此类学校时具有较大的自主空间。其二，对于在新加坡与马来西

① 顶思：《35 亿收购新加坡学校，任书良如何打造"世界的枫叶"》［EB/OL］．（2020 - 10 - 16）　［2021 - 06 - 10］，https：//www. sohu. com/a/425089728_ 691021。

② Maple Leaf Education North America：《我们的故事》［EB/OL］．［2021 - 06 - 10］，https：//north - america. mapleleafschools. com/zh/% E5% 85% B3% E4% BA%8E%E6%88%91%E4%BB%AC/%E6%88%91%E4%BB%AC%E7%9A%84%E6%95%85%E4%BA%8B/。

③ Maple Leaf Education - Asia Pacific. Our Story ［EB/OL］．［2021 - 06 - 10］，https：//asia-pacific. mapleleafschools. com/about/our-story/.

④ 枫叶教育集团：《合作办学模式及流程》［EB/OL］．（2021 - 04 - 07）［2021-06-10］，http：//www. mapleleaf. cn/cooperation/1113. html。

亚直接收购的发展成熟、规模较大的优质国际学校，枫叶集团除了对学校的服务功能进行调整以及对部分课程进行改进之外，并未对学校原有的管理与运营模式做出重大改变。

关于枫叶海外学校的资质认证，一方面，加拿大的3所高中同枫叶国内的学校一样，一直由BC省对其课程进行认证，澳大利亚的枫叶学校则由南澳大利亚教育部进行认证。但是2019年枫叶集团宣布其自主研发的枫叶世界学校课程获得了全球最大教育认证机构Cognia（之前叫AdvancEd）的认证，并于2020年9月开始率先在国内高中开始实施。① 这意味着如果今后枫叶海外高中也开始实施世界学校课程，其毕业生将无须再经过BC省教育部的审核确认程序，即可以直接收到由Cognia在毕业证和成绩单上加盖印章做信誉背书的毕业证和成绩单。此外，枫叶集团也在与英国认证机构UK Naric进行合作，尝试将枫叶世界课程与A-level课程以及加拿大BC课程对标，从而加大枫叶新课程体系的国际认可度，保障毕业生顺利申请全球所有英文授课的大学以及中国大学的中外合作办学项目。② 而另一方面，枫叶集团在东南亚并购的两所学校仍然采用原有的资格认证方式。其中位于新加坡的加拿大国际学校作为一所授权的国际文凭（IB）世界学校会定期参与外部审核；而位于马来西亚的枫叶金斯利国际学校主要提供IGCSE、A-Level等课程，也根据原有的模式进行资质认证。

在师资管理方面，枫叶各海外学校都具有一支高质量的国际

① 枫叶教育集团：《全面解读 | 枫叶世界学校课程》［EB/OL］．（2021-05-21）［2021-06-10］，http：//www. mapleleaf. cn/apply/WorldSchoolCurriculu/1274. html。

② 全球化智库：《任鸿鹄：未来国际学校发展一方面要深耕本土，另一方面要向海外拓展》［EB/OL］．（2020-08-04）［2021-06-10］，https：//mp. weixin. qq. com/s/qRZn80adcTem8ltz49AILA。

教师队伍。其中新加坡与马来西亚的并购学校仍然聘用原有的教师，加拿大 3 所高中的校长和老师则需要获得加拿大政府的认证。[①] 但是鉴于 BC 省本土的优质教师数量相对较少，非 BC 省的教师又需要采取较为复杂的认证程序，枫叶学校的外籍师资队伍建设一直受到一定的限制。[②] 因而枫叶集团从 2016 年开始实行理科教师项目，每年从集团高中选出优秀的学生到其海外合作大学学习教育管理等相关专业，毕业后再申请 BC 省教学资质，回到枫叶学校教学并享受外教待遇，从而解决部分师资问题。[③] 此外，如果今后枫叶海外学校也开始实施枫叶世界学校课程，则一方面学校可以全世界范围内招聘英语国家认证的教师，并减少向 BC 省提出认证的时间成本，另一方面 Cognia 也会提供师资培训以及管理服务提升方面的支持，从而进一步提升教师质量。[④]

国际课程中国化

枫叶集团收购的海外学校与其他枫叶学校的课程体系并不一致，但枫叶集团仍保留了其原有的部分课程。其中马来西亚的枫叶金斯利国际学校是一所提供 K-12 教育的学校，从学前儿童到

---

① Maple Leaf Education North America：《我们的员工》［EB/OL］．［2021-06-10］，https：//north - america. mapleleafschools. com/zh/% E5% 85% B3% E4% BA%8E%E6%88%91%E4%BB%AC/%E6%88%91%E4%BB%AC%E7%9A%84%E5%91%98%E5%B7%A5/。

② 枫叶教育集团：《为什么枫叶高中要从成功运行多年的加拿大 BC 省课程转型为枫叶世界学校课程?》［EB/OL］．（2021-05-21）［2021-06-10］，http：//www. mapleleaf. cn/apply/WorldSchoolCurriculu/1276. html。

③ 全球化智库：《任鸿鸽：未来国际学校发展一方面要深耕本土，另一方面要向海外拓展》［EB/OL］．（2020-08-04）［2021-06-10］，https：//mp. weixin. qq. com/s/qRZn80adcTem8ltz49AILA。

④ 枫叶教育集团：《全面解读 | 枫叶世界学校课程》［EB/OL］．（2021-05-21）［2021-06-10］，http：//www. mapleleaf. cn/apply/WorldSchoolCurriculu/1274. html。

9 年级学生都学习英国国家课程，10~11 年级的学生学习剑桥 IGCSE 课程并准备相应的考试。此外，学校也为通过 IGCSE 的考生开设了相当于大学预科的剑桥 A-Level 课程，助力学生申请海外大学。课程基本采用英文教学，只在现代语言课程中开设中文供学生选修。① 但枫叶集团计划引入其与孔子学院共同开发的枫叶汉语作为中文语言课程（CSL），从而满足国际学生学习中文的需求。② 而位于新加坡的加拿大国际学校则是一所涵盖 K-12 教育的国际文凭（IB）世界学校，幼儿园到小学 6 年级采用国际文凭小学项目课程（PYP），7~10 年级学习国际文凭中学项目课程（MYP），中学最后两年，即 11~12 年级的学生则参与国际文凭大学预科项目（IBDP），并为申请大学做准备。③ 课程也大多采用英文教学，但是学校面向幼儿园到小学 6 年级的学生开设了中英双语项目，每个班级分别配备一名中文为母语的教师与一名英文为母语的教师，隔天轮流为学生授课，并与其他学习国际文凭小学项目课程的学生保持进度一致。此外，学生们每周需要参加五节中文课程，采取汉语教学资源开发公司——大苹果中文（Big Apple Chinese）设计的中文阅读计划循序渐进地提升学生的中文素养，并加强其对中国文化的了解。④

---

① Maple Leaf Kingsley International School［EB/OL］.［2021-06-10］, https：//www. kingsley. edu. my/kis/.

② Maple Leaf Education-Asia Pacific. China Maple Leaf Offers a Conditional General Cash Offer for Kingsley Edugroup in Malaysia-Belt and Road Initiative Area［EB/OL］.（2020-01-29）［2021-06-10］, https：//asia-pacific. mapleleafschools. com/2020/01/30/china-maple-leaf-offers-a-conditional-general-cash-offer-for-kingsley-edugroup-in-malaysia-belt-and-road-initiative-area/.

③ Canadian International School. About［EB/OL］.［2021-06-10］, https：//www. cis. edu. sg/about/the-ib-programme.

④ Canadian International School. Chinese-English Bilingual Programme［EB/OL］.［2021-06-10］, https：//www. cis. edu. sg/learning/bilingual-programme.

与上述收购的学校相比，枫叶集团在海外合作高中开设的课程更加具有枫叶特色。目前，加拿大的 3 所枫叶高中在具体的课程设置上略有差异，但是结构上都分为艺术、健康、语言、数学、科学、社会学与专业课程七大模块。整体来看，课程类型较为丰富，有些内容已经接近大学预科水平。值得一提的是，枫叶海外高中还为学生提供了中文课程，分别为语言模块的中文课程和社会学模块的中国社会学课程，且这些课程全部由中国认证的中文老师授课。①

新冠肺炎疫情发生后，枫叶集团开始积极探索网络教学。2020 年 2 月枫叶与 Instruction 公司签约全球最大在线学习管理平台 Canvas 的使用权，并在该平台上开展所有高中的教学工作。与此同时，学校招生也转为网络直播等更为灵活的方式。②

民办教育集团的优势

整体来看，与迪拜中国学校及中意国际学校相比，枫叶海外学校具有其自身集团化办学的优势。一方面，枫叶集团在学校建设、资源配置以及学校管理服务等方面都建立了一定的标准，因而所开办的学校更加规范；另一方面，枫叶集团多年的国际学校办学经验及成就也为其海外建校树立了良好的品牌，这有助于枫叶集团寻找到稳定的合作方。此外，在海外大区建设计划的推动下，枫叶集团有望继续在世界范围内扩张其学校网络，并成为全

---

① Maple Leaf Education North America：《课程选择》［EB/OL］．［2021 - 06 - 10］，https：//north - america. mapleleafschools. com/zh/% E5% AD% A6% E6% 9C%AF%E8%AF%BE%E7%A8%8B/%E8%AF%BE%E7%A8%8B%E9%80% 89%E6%8B%A9/。

② 上海育路：《枫叶国际学校高中部加拿大 BC 省课程介绍》［EB/OL］．（2019 - 04 - 17）［2021 - 06 - 10］，http：//sh. yuloo. com/guojixuexiao/zxzn/1904/197131. shtml。

球最大的基础教育办学机构之一。

在办学效果上,枫叶集团在东南亚收购的 2 所国际学校本身就是当地一流的国际学校,因而并购后仍然可以保持较高的办学标准及知名度。而枫叶集团与大学合作开设的国际高中尽管运营时间短,在校生人数也相对较少,但也取得了不错的办学成绩。2020 年加拿大 3 所高中的所有毕业生均被世界百强大学录取,并不乏进入全球顶尖大学的学生,从而从侧面证明了枫叶海外学校较高的办学质量。

除此之外,枫叶集团也正在积极推进新的世界学校课程的应用。作为全球第一个融入中国元素的国际认证课程,如果今后能够借助枫叶集团海外学校的扩张逐渐加强其国际影响力,则对于打破 IB、A-Level 等西方国际教育课程的垄断,建立中国特色国际课程标准与体系,并为国际课程贡献中国智慧具有重要的意义。

第四节　建设海外中国国际学校的经验和困难

尽管中国海外国际学校有多种类型,但是在建校的经验和困难上存在一些共性,本节将对这些共性做简要总结。

主要经验

第一,在建校过程中,依托中外友好互利合作关系,利用多方资源获取支持。上述三个案例表明,海外中国国际学校在进行选址时不仅要考虑到当地对中文教育的市场需求、官方对于建设中国国际学校的支持程度,也要把握好中外交流合作的机遇,才能找准双方的利益契合点,为海外办校赢得更多的支持。因而未来要优先选择侨胞基数较大、对华态度友好、教育氛围包容、开放且多元的国家与地区，通过互利共赢的合作方式，逐渐扩大中国海外学校网络。除此之外，建校时也要充分调动国内外相关资源。例如官办学校可以发挥制度优势，继续探索"一城一校"的模式，为学校提供专业化的教学与管理团队。民间机构或个人创办的学校可借助中国驻外使馆、海外中资企业、热心的教育专家与学者的支持，解决办学初期的资金与宣传问题。还可以采用与当地学校合作的轻资产办学模式，获得对方提供的教学场地与教育资源。总之，海外办学必须统筹多方资源，才能够减少建校问题，加快建校速度。

第二，在运营管理上，提升规范化及专业化程度，保证学校教育质量。不论是哪种类型的学校，教学质量都始终是其发展的生命线。尤其是在我国海外国际学校发展初期，教学质量的好坏会直接影响当地对于中国学校的印象，进而影响今后的招生工作以及新学校的建设。因而各校都要主动提高自身的办学要求，在课程开发、师资建设、资质认证等全方面建立起严格的标准。其中，课程建设既要遵循学校所在国家教育部门的要求，同时也要参照我国的教育标准；既要与国际要求接轨，也要符合本校学生具体的学习需求。师资建设方面则需要统筹安排教师招聘、教学管理、培训考核等事项，才能够培育一支背景多元、经验丰富且稳定的教学团队。在资质认证上，学校不仅要争取当地教育部门的认可，也要争取当地或者国际认证机构的认证，才能保障学生顺利升学。

第三，在办学路径上，融入中国课程与教学元素，发挥中国特色优势，做好中外文化交流与传承。上述三个案例都不同程度采用或融入了中文课程，包括采用中英双语课程的模式，开设单独的中文课程，或者举办丰富多样的中文活动。相比完全采用英文或者当地语言进行授课的学校，这类学校更加符合海外华侨华人的教育需求，也更利于学校突出其办学特色，在当地树立学校品牌。除了开设具有中国元素的课程外，上述案例学校也在一定程度上融入了中式教学与管理方法。尽管目前仍有一些质疑中国教学模式过于强调记忆、突出竞争的声音，但是对于许多在外的华侨华人家长来说，这些中国学校仍因其严格的教学标准、密切的家校联系、及时全面的学生反馈而备受青睐。因而，海外中国国际学校需要继续发挥中国特色，实现中外课程与教学更好的结合。

第四，在校园文化建设上，一方面要塑造多元文化环境，提升学生的国际理解素养。多元的校园文化是国际学校的重要特点。在海外建校时，不能一味宣扬中国模式、中国特色，而忽视了当地的教育特色和社会文化，这容易让本土居民产生文化侵略之感，并引起双方之间的摩擦。海外中国国际学校可借鉴上述三项案例的一些做法，倡导多元、包容的文化价值观，注重培养学生的国际理解素养，使其学会接纳和尊重不同文化的风俗习惯，能够同来自不同背景的学生交流与合作，共同应对全球性挑战。另一方面也要提升学生对中国文化的了解，帮助其对中国文化产生认同感和归属感，找到自己在世界多元文化大家庭中的位置。

主要困难

第一，官方支持上，海外办学相关组织机构建设还不完善，政策支持力度还不够。首先，专门的海外办学政府机构对于统筹多个部门、配置办学资源至关重要。目前，美国等海外国际学校发展成熟的国家已经开设了单独的海外学校协调或管理部门，但是我国的海外办学活动尚未明确设立能够统筹教育部、外交部、财政部等多个部门的运行机制，不利于我国海外办学事业的长久发展。其次，国际学校"走出去"也格外需要国家政策的支持。

我国虽然提出了海外办学的相关政策，但是从整体来看都比较偏向于华文教育、高等教育以及职业教育，关于基础教育"走出去"的相关政策还未落实，这很难激发我国海外 K-12 教育学校的办学热情。除此之外，我国已经与共建"一带一路"100 多个国家及地区签订了合作备忘录，但合作内容很少涉及国际办学问题。因而与一直将海外国际学校办学作为外交政策之一的部分欧美发达国家相比，我国仍需要在此方面给予更多重视。

第二，当下海外国际学校在自身建设方面还存在诸多困难和问题。首先，建校需要大量资金投入，许多发达国家都有专项资金加以支持，我国在这方面还没有建立长效机制。其次，海外学校与中国高等教育体制的衔接还不够顺畅。许多国际高中都以将毕业生送入海外大学为目标，因而开设的课程与中国高中的学习内容相差较远，这给那些需要回国升学的学生带来了极大的不便。此外，海外国际学校存在收费偏高的问题。一些营利性的海外国际学校收取的学费普遍高于当地普通私立学校，这给许多家庭特别是本应享有义务教育权利的外派人员家庭带来了不小的经济压力。

第三，海外国际学校建设在课程和教师方面资源准备不足。课程与教师的筹备难以靠海外国际学校自身完成，需要中国基础教育界、海外华文教育界鼎力支持。在课程方面，海外国际学校主要依靠自身力量开发课程，我国还尚未集合国内专家力量，开发一套能够代表中国基础教育水平、适合海外群体，并被国内外大学广泛认可的课程体系和考评方式，更谈不上课程的本土化和多样化。在师资方面，虽然我国在对外汉语教师培养和输送方面积累了一定的经验，但在国际教育学科教师培养方面相对滞后。在教师选送方面，还存在编制、考评、可持续性等方面的种种问题。上述问题是制约海外国际学校发展最核心、最关键的困难。

第四，海外办学面临着国际形势变化与全球突发性危机等外部挑战。紧张的国际局势与全球新冠肺炎疫情都会对海外中国国际学校建设造成全方位的冲击。在办学上，当下多变的国际政治环境、肆虐的新冠病毒，都在很大程度上限制了海外中国国际学校的建设。在学校教学上，网课的实行使得一些师生出现了不适应的问题，并且虚拟的教学环境也减少了国际学校提供跨文化学习环境的优势。在生活方面，外籍师生的跨国流动受到阻碍，境外学生的安全与健康也面临较大风险。鉴于此，近几年似乎并不是加快办学步伐的最好时机。但这并不意味着中国的海外办学事业要消极等待，一方面，办学机构可以做一些前期的调研等准备事项，为后续的工作做好铺垫；另一方面，国内的教育机构可借此机会以云端的形式走出去，在海外市场推广国内优质的网络教育产品与教育服务。与此同时，正在运营的学校也可以积极利用网络平台进行教学、招生、招聘、宣传等工作，从而尽可能降低外部因素对学校运转带来的消极影响。

第七章
中国国际学校的
现状与未来

中国国际学校是全球国际学校体系的重要组成部分，是全球化时代各国基础教育相互影响与融合的体现。本书提出，中国国际学校包含两大部分，一是在华的国际学校，二是海外中国国际学校。从本质上看，前者是其他国家基础教育影响力在中国的延伸，而后者则是中国基础教育影响力在海外的延伸。不过，一国基础教育影响力在延伸时，又会与当地基础教育体系相互碰撞、磨合、创新。当前，全球国际学校总体上呈现以"单一化、西方化"为特点的世界图景，中国作为后来者，虽已入局，但角色仍较为被动。在前文基础上，本章将就当前国际学校的世界图景进行分析，并对中国国际学校的未来发展提出一些建议。

第一节　　"国际学校"的世界图景

　　本书首先对国际学校全球发展态势，主要英语、非英语国家国际学校全球布局及经验进行了梳理，随后又呈现了在华国际学校和海外中国国际学校的发展动向。通过对比可见，发达国家在国际学校建设上具备先发优势，但经多年孕育，中国国际学校也逐渐迸发出活力，有望将国际学校的世界图景向"多元化"趋势推进。

发达国家国际学校的先发优势

全球化对于早期世界图景产生了重大影响，国际学校的世界图景也不例外。由于近两百年发达国家全球化步伐走得较快，其海外国际学校的发展也起步较早。从 16 世纪初到第二次世界大战，世界经济全球化主要表现为帝国殖民主义国家对于弱国的资源掠夺，如英国殖民者在 1600 年成立东印度公司，对于殖民地资源进行了系统性、全方位的剥削掠夺。从第二次世界大战结束到冷战期间，发展中国家仍然处于战略弱势地位，国际货币体系确立为以美元为中心的布雷顿森林体系，这一体系也使国际经济秩序暗存不公平、不公正的现象。从冷战结束后，世界全球化进程大大加快，世界贸易组织取代关贸总协定，但世界秩序仍然受西方发达国家所主导。正是由于这些特殊的历史因素，在全球化浪潮的翻涌之中，西方发达国家乘上时代发展势头，逐步推动海外国际学校发展，在基础教育的海外延伸中取得了先发优势。

第一，发达国家在国际学校数量上具备压倒性优势。目前，以英国、美国为代表的英语国家在海外拥有海量的国际学校，而且增长势头强劲。这些学校有的是由英语国家开办的，有的则是东道国筹资主动建立的。而法国、德国、日本这样的非英语发达国家在海外的国际学校数量也十分可观。与之相比，以中国课程为核心的国际学校建设自 2019 年才启动，到目前为止仅开办了 2 所，虽然还有一些正在转型的海外华文学校和走出去的民办国际学校，但总体数量上与发达国家不可同日而语。学校是人才培养的载体和文化传承与交流的重要场所，发达国家海外国际学校的绝对数量优势，意味着其在海外拥有巨大的人才"蓄水池"

和提升文化软实力的"能量站"。

第二，发达国家海外国际学校遍布全球，尤以发展中国家为重。从发达国家部分国际学校分布情况上来看，其国际学校的海外分布也与其全球化的发展路径密切相关。首先，对于有殖民历史的国家，譬如英国、法国等，在原殖民地区开办海外学校有利于其维持国家影响力，延续自身语言与文化的传播。殖民关系结束后，曾经留下的殖民痕迹不可能在短时间内消失，这些殖民痕迹将在政治、经济、文化等各个领域持续产生影响。学校教育不仅能够促进知识的传授，还能够塑造一定的价值观和行为准则。通过开办国际学校，发达国家将维系新一代海外年轻人对于其理念的认同，加深原本逐渐淡化的影响力，进而提升软实力。其次，国际学校分布与发达国家海外市场布局有关。在经济全球化中，发展中国家逐渐成为投资、生产与制造中心，在这些国家设立国际学校，能有效应对跨国公司随迁子女教育问题，为在海外地区工作的家庭免去后顾之忧，从而间接促使发达国家经济全球化更加稳定和深入。

第三，形成了"西方标准，全球参与，广泛认可"的全球国际学校体系。"西方标准"是指国际学校建设与西方发达国家价值观相契合。本书在第一章曾专门提到国内外学界对于国际学校的西方化特色的评析。国际学校教育所推崇的价值观源于西方17~18世纪的启蒙运动，并非全部为世界其他国家所认可。而国际学校、国际课程等一系列认证机制进一步为西方标准的推广提供了保证。"全球参与"则是指国际学校在运营方式、课程建设与教学方面为本土参与预留了空间。如IB课程提供了包含中文在内的多种工作语言，鼓励各地结合本土社会风貌教授课程。所以，不同地区可以根据自身语言、社会情况，在统一的大框架下进行一定程度的变通。这种既有统一标准，又预留了一定本地化创新空间的方式，使得西方标准的国际学校教育在全球得到"广泛认可"，成为全球高等教育体系选拔人才的重要参考依据。

如日方升的海外中国国际学校

国际学校的发展情况在一定程度上可作为衡量一个国家主动融入全球化程度的指标。20 世纪 70 年代末，中国才以独立自主的面貌正式对外开放。在过去的 40 多年中，中国融入经济全球化的步伐逐渐加快，取得了辉煌的成绩，但在其他领域的发展还略显滞后。对于很多人来说，虽然早已熟悉和适应了对外贸易和跨境流动，但谈及教育，特别是基础教育，往往限于一国之内。因此，教育也成为中国主动拥抱全球化过程中较为保守的领域。教育关乎个人成长，关乎后代幸福，更关乎文明的延续、创新和交流互惠。开办海外中国国际学校，对于坚持对外开放的中国来说，既是时代需求，也是必经之路。

中共中央、国务院 2019 年印发的《中国教育现代化 2035》提出要"加快建设中国特色海外国际学校"，[①] 但并未解释何为"中国特色"，不过，这也为刚刚起步的海外中国国际学校提供了想象和创新的空间。那么，中国能否建成具有中国特色、能与当前英语国家相匹敌的海外国际学校体系呢？调研中，一位民办国际学校校长提到中国有三大优势。第一，语言受众面广。一些小语种国家，如芬兰和德国，尽管其教育体系很有知名度，但其语言受众面过窄，不利于国际传播。中文的受众面虽然不如英语广泛，但是海外华侨华人群体十分庞大，再加上各国学习中文的热度增加，因此语言受众面必将有所扩大。第二，强大的国力支

---

① 中共中央、国务院印发《中国教育现代化 2035》［EB/OL］．（2019-02-23）［2021-06-30］，http：//www.gov.cn/zhengce/2019-02/23/content_5367987.htm。

持。例如，新加坡的基础教育质量很高，但是新加坡是一个小国，不具备构成国际主流教育体系的条件。但中国是目前 GDP 排名第二的国家，增长势头迅猛、国力逐渐提升，可以为中国海外国际学校提供全方位的支持。第三，强大的高等教育体系支撑。高等教育体系可以为基础教育体系培养的人才提供进一步深造的机会。近年来，中国大学在国际排行榜上排名逐渐上升，激发了国际学生来华留学的热情，也增添了中国海外国际学校的吸引力。

中国不仅具备建立海外国际教育体系的潜力，从当前实践情况来看，中国海外国际学校也正逐渐形成自身特色，例如，在建校模式上，以海外中国学校、学历型华文学校、民办学校走出去三种类型为主，以应对不同类型群体的教育需求；在培养对象上，目前以海外中国公民和华侨华人为主；在教学上，注重传播中国基础教育经验，或在现有的国际课程中增加中国元素的分量。未来，或许也会形成"中国标准、共商共建、广泛认可"的中国特色海外国际学校体系，使国际学校的世界格局更加多元化。与其他领域一样，海外国际学校的"中国特色"不会是凭空想象的，也不会是一成不变的，而是摸着石头过河、用实践检验出来的。

重视"中国特色"的构建固然重要，但在国际关系日趋紧张的情况下，过于强调"特色"可能会使其他国家将海外中国国际学校看作文化入侵，增加海外学校建设的阻力。事实上，中国基础教育在发展过程中也吸纳了全球的经验，在"特色"之外，更多的是共性。因此，在推动海外中国国际学校建设中，应该更多地挖掘和强调"共性"，只有这样，海外中国国际学校才能发展得更顺畅。

在华国际学校厚积薄发

虽然中国是世界上最大的英语国际学校市场，但如今的在华国际学校与半殖民地半封建社会中的教会学校有着本质区别，在华国际学校是我国主动拥抱全球化的产物。在华国际学校的诞生与发展，既是时代的需求所致，又倚赖于教育工作者的辛勤耕耘，以及家长、学生的信任，是中国教育对外开放过程中值得珍视的重要成果。

在华国际学校主要有三种形式，其中，外籍人员子女学校是我国吸引和留住优秀外籍和港澳台人才的重要途径，公立学校国际部（国际课程班）和民办国际学校的出现则满足了部分中国家长和学生对于国际教育和出国留学的需求，也在一定程度上发挥了全球人才环流和人才共享的作用。全球化智库 2018 年调查发现，家长、教师和学生们认为在华国际学校培养了一大批能力出众、活跃在国内外舞台上的国际化人才，这些学校还为国内教育同行提供了不少可借鉴的经验。①

一个新事物的诞生，总要经受无数次洗礼，更何况是在全球化思潮急剧变化的时代。走在教育对外开放前线的在华国际学校，难免会出现种种问题，呈现"粗放型发展"态势。在过去20 余年的飞速发展中，在华国际学校积累了不少问题，如教学质量参差不齐、区域发展不平衡、商业取向逾越教育取向等。尽管近年来国家开始加大对国际学校的监督力度，但是距离实现在华国际学校规范化发展、高质量发展仍然有很长一段路要走。相信接下来的一系列政策和改革，将是促进在华国际学校转向

---

① 全球化智库、南南国际教育智库研究院：《中国国际学校蓝皮书 2018：中国国际学校"国际教育本土化"发展报告》［R/OL］.（2018-10）［2021-08-12］，http://www.ccg.org.cn/archives/58933。

"精耕细作"模式的催化剂。对于在华国际学校来说，未来一段时间将是大浪淘沙、整体质量全面提升的时代。

除了加速适应国内政策需求外，一些在华国际学校开启了海外拓展的新征程。过去几十年，在华国际学校引进、参照和研究国外课程，不断探索中国学生能够接受的教学方式，还聚集了一大批具有国际视野、拥有国际教育经验、敢于开拓的本土和国外教师，为中国基础教育的海外延伸积蓄知识、人才和经验，成为建设海外中国国际学校的重要基奠。未来，在华国际学校极有可能成为中国改变当前国际学校世界图景、实现弯道超车的依傍。

第二节　关于中国国际学校未来发展的建议

中国国际学校是一个复杂的系统，牵涉海内外多方力量，因此需要各行各业人士的参与。本节将从宏观视角分别就促进在华国际学校和中国海外国际学校发展提出一些初步的建议。

关于促进在华国际学校发展的建议

第一，重视在华国际学校的战略意义。一方面，在华国际学校是我国吸引和培养国际人才的重要平台，建议相关政府部门转变人才工作思路，秉持"人才环流"的人才观，从长远着眼，重视在华国际学校在我国人才战略中的位置，充分发挥其引才和育才优势，更好地服务于我国"双循环"的全新发展格局。另一方面，建议相关政府部门将在华国际学校作为教育对外开放和文化外交的重要依托，进一步发挥在华国际学校促进中外人文交流的作用，鼓励中国学生走向世界，帮助外籍学生了解中国，加强中外教育的融合与创新，提升人文交流的广度和深度。

第二，面向中国学生的在华国际学校应以培养"现代中国人"为目标。培养"中国人",是在华国际学校的根本培养目标,是保障国家教育主权、促进国家发展的必然要求,也是帮助学生找到自身文化身份、增强学生全球竞争力的必然要求。建议在华民办国际学校和公立学校国际部(班)不仅要以提升学生的全球胜任力为重要导向,还要注意加强学生对于中国语言、文化与基本国情的了解,正确引领学生思想价值观的发展,使其成为具有"中国心,世界眼"的国际化人才。此外,培养"现代化"人才也是中国国际教育的重要目标。国际教育应当格外重视培养学生的数字素养、合作能力、创新能力等面向未来的能力,保证学生能够为日益复杂的社会做好准备。①

第三,加大中外融合课程的开发和指引力度。尽管目前许多在华国际学校都在课程中引入了中国元素,但是仍然普遍存在课程结构混乱、课程融合表面化、以"民族文化认同"代替"国家认同"等问题。② 建议各个学校加强国家课程标准与国际课程标准的对标研究,结合各校资源与特点,开发出深度融合中外课程内容、既满足国家需求又满足学生需求的课程体系。此外,教育主管部门可以组织有关专家,为国家课程标准设立多样化的实施方案,特别是针对有国际教育需求的学生设立实施方案,以使国际课程在融汇中外的前提下还能够不断创新发展。

第四,完善在华国际学校教师培养、交流与管理体系。建议中央教育主管部门对在华国际学校教师的培养和管理进行宏观规划,鼓励师范类大学开设国际教育相关专业或者培训课程,尽快补充在华国际学校教师队伍。建议地方教育主管部门和学校管理

① 滕珺:《重构新现代课程:中国国际学校创新实践年度报告(2019)》,上海教育出版社,2020,第129~130页。

② 滕珺:《重构新现代课程:中国国际学校创新实践年度报告(2019)》,上海教育出版社,2020,第138、146页。

者积极促进中外教师、各类在华国际学校教师间的相互学习，取长补短，总结适合在华国际学校学生的教学方法，促进相关经验的推广。在管理上，建议各级教育部门加快推进在华国际学校教师资格认定，健全教师专业标准体系，实行严格的外籍教师招聘程序，全面提升国际学校教师质量。希望各类国际学校积极引进既了解中式教育又接受过西式教育、综合素质好的海归教师；强化教师的职前与在职培训，推动教师专业自主发展；组织或参与国际学校交流论坛，提高学校管理者的决策能力。

第五，组织专业力量发挥支持和监督功能。一方面，要加强对在华国际学校发展的研究。中央与各地区教育主管部门应当积极组织和鼓励国际教育领域相关专家全面评估当下在华国际学校的发展问题，深入了解群众对于在华国际教育的实际需求，借鉴国外先进的办学经验，主动探索中西融合课程，创新教育教学方法，从而为教育部门与在华国际学校的管理者提供科学的决策参考，推动在华国际学校有序发展。另一方面，相关主体可自发成立在华国际学校行业协会，凝聚家长、学者、相关领域专家等多方社会力量。① 行业协会的主要功能可包括：构建国际学校评估体系，规范与引领在华国际学校发展；开展常态化的在华国际学校追踪调查，及时反映办学问题；沟通民间与政府，支持国家与地方的相关政策，同时积极反映社会需求，并从学校的角度建言献策；推动在华各地各类国际学校的交流与合作，搭建相关交流平台，促进教师与管理人员的学习互鉴。

第六，相关政府部门可考虑打通国际学校向中外合作办学高校升学的渠道。在华国际学校是中国教育体系重要的一部分。为

---

① 冯丹：《北京国际学校发展需要改革创新》，《投资北京》2019年第3期，第46~48页。

满足国际学校学生多元的升学需求，建议相关政府部门考虑国际学校毕业生升入国内大学的可能路径。[①] 在不损害普通高考学生利益的前提下，探索国际学校高中与中外合作办学高校对接的模式，建立明确的升学机制，保证录取标准公正公平、录取过程与结果公开透明。以试点先行的方式在部分学校开展，随后逐渐推广到全国其他地区。

关于促进海外中国国际学校发展的建议

第一，海内外华语各界人士应尽快凝聚共识，构建"中国标准，共商共建，广泛认可"的海外中国国际学校体系。"中国标准"指由中国及华语圈基础教育领域专家共同研制出的中国海外国际学校办学标准和课程标准，用以指导我国海外国际学校平稳运行。"共商共建"一方面指整合中国大陆官方、民间、海外华侨华人、中资企业以及对华友好国家等办学力量，为海外国际学校提供政策、资金以及教育资源等多方面的支持；另一方面也指鼓励各地区中国国际学校根据自身特点，在办学标准指导下，进行本土化创新。"广泛认可"则指致力于努力提升我国海外国际学校的教育质量与国际影响力，使学校的学历获得世界绝大多数国家认可，保障学校毕业生在全球范围内顺利升学。建议国家将建设海外中国国际学校纳入对外开放、"一带一路"倡议、人才战略等政策体系，并通过国内外各类媒体，加强理念传播，促进各方讨论，尽快达成共识。

第二，成立海外中国国际学校建设和协调机制。首先，建议在中央层面建立专门负责海外中国国际学校的协调机构，统筹海

---

① 全球化智库、南南国际教育智库研究院：《新时代·再启航：中国国际学校蓝皮书（2020）》，2020。

外国际学校的全球布局，与教育部、外交部、统战部、财政部、国资委、中编办、文化和旅游部、国家移民管理局等部门密切合作，共同推进海外国际学校建设工作。并且在建校后继续统筹教材供给、人员派遣与培训、信息监管、学校认证、学历认证等国际学校的管理工作，同时为海外公民申请国内高校提供咨询、培训等便利。其次，鼓励海内外相关领域学者、国际学校教学与管理人员、华侨华人代表合作创立民间性质的"海外中国国际学校咨询委员会"，研制我国海外国际学校的办学方法、教学大纲、教材内容、教师资质、学生水平测试等，有效指导学校的教育教学工作。最后，筹建"海外中国国际学校教育基金会"，由国家部分出资，鼓励民间参与，对海外中国国际学校的建设提供资助；并且基金会下设学习奖学金，为有需要的海外中国公民子女提供经济支持。

第三，由教育部牵头，加大针对海外办学需求与条件的调研力度。建议教育部牵头，联合外交部、侨务部门、我驻外使领馆、在外中国企业协会、合作学校、教育专家、财务专家等各方团队，对海外建校开展系统性调研。一方面普查摸底海外各国适龄学生规模、华文学校的发展情况，并结合华侨华人移民趋势等因素测算具体办学需求；另一方面充分了解办学意向国的政治、经济、文化、社会发展情况，以及办学相关政策条件，分析办学的可行性，形成精确的办学定位和路径，为制定我国海外国际学校政策和开展相关实践做好铺垫。

第四，相关部门应尽快出台建设海外中国国际学校的指导意见或法律法规，为开展海外学校办学事业提供明确的依据和指导。政策文件的制定应以海外调研为基础，内容可涵盖适用范围、教育宗旨、课程设置、教师选派、学校治理模式、监管或认证方式等。此外，还要重视海外办学政策与国内相关教育政策的配合与对接，例如，制定海外国际学校学生回国就学和升学政策、海外国际学校教师派遣与回国政策等，使海外就学和工作的学生与老师免除后顾之忧。海外办学政策还应具备一定的灵活性，可考虑采取"一国一策"方案，针对不同国家采取不同的政策。例如，在对华紧张国家，首先保证中方外派员工和外交官人员子女的教育需求，侧重采取民间办学的形式，谨慎采用官办形式，避免引发政治污名化问题，影响学校的顺利运转以及人员安全；而在对华友好国家，加快建设步伐，尽量满足外派人员、华侨华人与外籍友人三类群体的教育需求，并且可以较大力度地支持官办学校的发展，提供更为专业化、正规化和标准化的教育，并且更好地保障教育公平。

第五，稳扎稳打，发起多方力量，整合现有资源。当前国际局势十分复杂，中国要总结和吸取既往对外文化交流"欲速则不达""行稳致远"的宝贵经验，在海外国际学校建设上不能急于求成，而要稳扎稳打。可部分参考英美德法等发达国家"政府引领"的办学路径，前期由官方出资办学，以保证本国公民义务教育基本权利，小范围积累海外国际学校建设经验。在此基础上，逐步完善海外中国国际学校办学标准。在标准指导下，鼓励国有企业、民营企业、跨国企业、海外华侨华人投资或捐资助学；充分挖掘和利用我国现有的国际教育资源，鼓励各类在华国际学校"走出去"办学，支持海外 2 万多所华校转型；还可拓宽中外合作办学形式，争取当地政府或民间力量的资助。

第六，尽快启动"三教"资源的筹备。海外国际学校的可持续发展终究还是取决于高质量的"三教"（教师、教材、教法）资源。其一，鼓励国内师范类院校开设海外国际学校需要的各类教师培养项目，培养语言能力过硬、专业基础扎实、跨文化适应能力强的教师。制定教师派遣制度、教师待遇保障制度，保障连续稳定且高质量的中方师资力量。健全外籍教师的聘用制度，严格认定外籍教师资质，强化入职后的培训与考核。其二，开发兼顾中国特色与地方特色和全球性的课程及教材。在地方特色方面，可考虑开设本土语言、文化和社会课程。而在全球性的体现上，可考虑融入国际理解教育元素。其三，还要重视创新教学方法。海外国际学校学生的语言能力、知识基础均有很大差异，学校应当依据学生的发展阶段设置动态分层课程，开展循序渐进的教学，并利用小班化的特点对学生提供个性化的指导。在没有条件开展大规模实地教学的地区，海外国际学校建设还可考虑采用远程教育的方式开展教学，因此，应加快线上课程和教学方式的研发步伐，并将线上教学素养作为教师培养的培训重点之一。

附　录

附录一
国外主要认证机构认证的
在华国际学校

● 获得两项及以上认证的学校

学校	CIS	WASC	NEASC	COGNIA
北京乐成国际学校	√	√		
北京德威英国国际学校	√	√		
上海德威外籍人员子女学校(浦东)	√	√		
苏州德威外籍人员子女学校	√	√		
广州誉德莱外籍人员子女学校	√	√		
增城誉德莱外籍人员子女学校	√	√		
包玉刚实验学校	√	√		
天津(经济技术)开发区国际学校天津分校	√	√		
北京顺义国际学校	√		√	
莱蒙国际学校	√		√	
苏州新加坡外籍人员子女学校	√		√	
北京京西学校	√		√	
上海耀中外籍人员子女学校	√		√	
北京海淀凯文学校		√		√
康桥国际学校		√		√
清澜山学校		√		√

注: 下文将不再列出表中学校。

● **获得 CIS 认证的学校**

北京耀中国际学校

北京中学

城市绿洲学校

广州 ULC 剑桥国际高中

广州英国学校

南京英国学校

青岛美亚国际学校

青岛耀中外籍人员子女学校

清华附中国际学校

上海不列颠英国外籍人员子女学校

上海惠灵顿外籍人员子女学校

上海新加坡外籍人员子女学校

深圳国际交流学院

深圳外国语学校

天津惠灵顿外籍人员子女学校

长沙玮希国际学校

重庆耀中国际学校

● **获得 WASC 认证的学校**

NCPA 美式中学

北京澳大利亚国际学校

北京鼎石（国际）学校

北京世青国际学校

北京市私立汇佳学校

北京王府学校

博实乐广东碧桂园学校

大连金浦新区华美双语学校

大连美国国际学校

东莞文盛国际学校

复旦大学附属中学国际部

广州美国人外籍人员子女学校

海嘉双语国际学校

杭州国际学校

昆明国际学校

南京国际学校

宁波爱学国际学校

宁波华茂国际学校

宁波鄞州赫德实验学校

青苗国际双语学校（及昆明、上东校区）

清华大学附属中学国际部

厦门国际学校

山东省第一国际学校

上海德威外籍人员子女学校（浦西）

上海赫德双语学校

上海李文斯顿美国学校

上海美国学校

上海浦东新区民办万科学校

上海七宝德怀特高级中学

上海市民办中芯学校

上海万科双语学校

上海西华国际学校

上海协和国际学校

上海长宁国际学校

深圳博纳（国际）学校

深圳国际交流学院

深圳南山国际学校

深圳蛇口国际学校

深圳外国语学校国际部

深圳万科梅沙书院

深圳新哲书院

泰达国际学校

威海中世韩国国际学校

无锡波士顿国际学校

西安国际学校

西安汉诺威国际学校

西安梁家滩国际学校

西宁外籍人员子女学校

浙江宁波乔治亚外籍人员子女学校

● 获得 COGNIA 认证的学校

NHA 国际高中–上海纺织工业职工大学

NHA 国际高中–上海新虹桥中学

WLSA 上海学校

艾儿思美国幼稚园（含多地校区）

北京八十中学

北京君诚双语学校

北京圣保罗美国中学

北京市中芯学校

北京探月学院

北京新黄麓学校橘郡国际课程中心

贝塞斯国际学校（含多地校区）

成都国际学校

法耀学校

枫叶国际教育集团（含多地校区）

广东实验中学附属天河学校

国际学校联盟

海富幼儿园

合肥安生托马斯学校

华二紫竹国际学院

华南师范大学附属外国语学校高中项目

荟同学校控股教育集团

橘郡国际学校（深圳）

马克杜菲学校临沂课程中心

美国佛蒙特国际学校（含多地校区）

美国圣玛丽中学（含多地校区）

美国索斯兰国际学校（含多地校区）

璞子园（含多地校区）

青岛博格思加州学校

青岛国际学校

青岛美达菲教育管理有限公司

青岛盟诺学校

全球教育服务公司

厦门市美达菲双语学校

上海常青藤学校

上海高藤致远创新学校

上海宏润博源国际学校

上海建桥国际高中

上海捷美教育科技有限公司

上海美达菲双语学校

上海美高学校

上海诺美学校

上海平和双语学校

上海融育学校

上海师范大学附属第二外国语学校

上海宋庆龄学校国际部

上海天华英澳美学校

上海文绮汇点美高

上海西南位育中学国际部

上海协和双语学校万源校区

上海中学国际部

深圳贝塞斯双语学校

深圳国际预科学院

深圳荟同学校

深圳瑞德福国际学校

深圳深美国际学校

深圳市鹏兴实验学校

深圳曦城协同学校

苏州北美国际高级中学

太原 ACT 国际课程中心

天津美达菲学校

天津思锐外籍人员子女学校

天行创世纪学校

无锡国际学校

武汉长江国际学校

西安曲江康桥学校

香港艾尔思教育集团

小马快跑早教托育

烟台爱华双语学校

烟台华圣国际学校

英才国际学校

中黄（世界）书院

重庆市诺林巴蜀外籍人员子女学校

● **获得 NEASC 认证的学校**

常熟世界联合学院

附录二
"一带一路"沿线地区国际学校服务对象调查[*]

一 调查背景

本部分的数据来自 2017 年 8~10 月 CCG 与南南国际教育智库研究院联合开展的调查研究,调查对象为在共建"一带一路"国家工作的中方外派人员与当地华侨华人。由于跨境调研难度较大,且合作机构在共建"一带一路"国家的辐射有限,调查仅收回有效问卷 40 份。虽然样本量较小,但在中国国际学校研究领域,属于开创性调查,且受访者工作所在地(例如缅甸、泰国、新加坡、柬埔寨以及科特迪瓦)在"一带一路"沿线以及相关国家颇具代表性①。因此,虽然样本不能完全反映出共建"一带一路"国

---

* 节选自全球化智库、南南国际教育智库研究院:《中国国际学校蓝皮书2017:"一带一路"沿线地区中国国际学校发展战略报告》,(2017-12-08)[2021-06-01],http://www.ccg.org.cn/archives/57509,p.30-39。

① 虽然科特迪瓦不是严格意义上的共建"一带一路"国家,只属于相关国家,但因为处于非洲地区,为了让样本更具有多样性,而非仅集中于东南亚国家,本调查结果也将科特迪瓦受访对象加入样本之中。

家中国际学校服务/潜在服务对象的整体全貌，但可以通过有限样本，为国际学校走出去的整体战略设想提供一定参考。

二 受访对象的基本情况分析

（一）半数以上受访者为中方雇员

受访者包括37位中国籍人士与3位外籍人士（缅甸2位、柬埔寨1位），其所在职业领域的比例分布见附图2-1：中国政府部门、事业单位派出机构占比为23%，中国国有企业派出机构占比为15%，中国民营/私营企业派出机构占比为13%，共建"一带一路"国家政府部门占比为2%，共建"一带一路"国家当地企业/非政府组织以及国际非政府组织人员占比均为3%，从事其

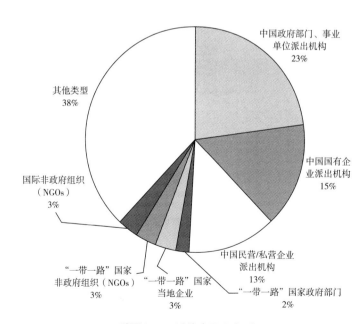

附图2-1 受访者职业领域

他职业领域人员占比为38%（其他类型职业可能包括非共建"一带一路"国家的企业、跨国企业、驻外记者，以及各区域国家的自由职业者等）。整体而言，在本调查中在中国政府部门、事业单位派出机构或企业派出机构工作人员占大多数，在共建"一带一路"国家当地政府和企业以及国际组织与非政府组织的从业者较少。

（二）九成受访者接受过高等教育，且年收入不高于50万元

在受访者中，拥有博士学位者占总人数比重为10%，拥有硕士学位者与学士学位者比例分别为17%与40%，大专学历占比为23%，高中及以下学历者仅为10%（见附图2-2）。

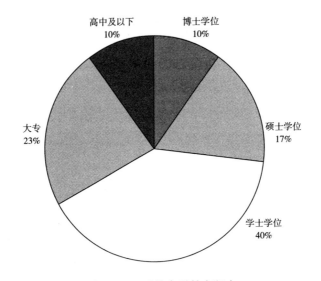

附图2-2　受访者受教育程度

在受访者中，年收入低于20万元的受访者占总人数比重为65%，年收入在20万~50万元的占比为27%，年收入在50万元以上的仅为8%（见附图2-3）。也就是说92%的受访者家庭年收入不高于50万元。

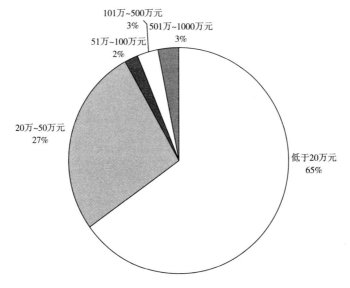

附图 2-3　受访者收入状况

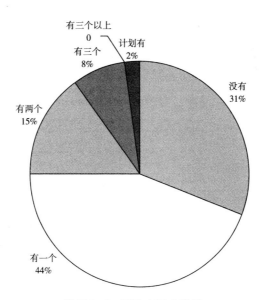

附图 2-4　受访者子女数量

（三）七成受访者育有1~2名子女

如附图2-4所示，受访者中，没有抚育超过三个孩子的家庭，44%的受访者有一个子女，15%有两个孩子，有三个孩子的比例为8%，没有子女的比例为31%，目前正计划要孩子的比例为2%（这一群体也可视作潜在需要国际学校教育的家庭）。

三 受访者的意愿与期望调查

（一）仅1/4的受访者子女在共建"一带一路"国家学习，其中八成就读国际学校

受访者子女就读学校的调查结果显示（见附图2-5），就读于中国本地学校的为52%，就读于共建"一带一路"国家本土学校的比例为5%。子女就读各类国际学校的人数也占总受访人数的25%，其中，15%就读学校为共建"一带一路"国家的国际学校，5%就读中国国内的国际学校，还有5%就读于非本地区国家在共建"一带一路"国家开办的国际学校。子女没有就读共建"一带一路"国家学校的受访者中，有47%的人有意愿让子女在共建"一带一路"国家就读，但因为客观因素限制而没能实现。

（二）不了解政策、安全局势、孩子意愿以及教育资源较弱是子女未在本地区学习的主要原因，当地自然环境与经济发展状况影响不大

受访者子女没有在共建"一带一路"国家学校学习的原因调查显示（见附图2-6）：不了解共建"一带一路"国家的教育

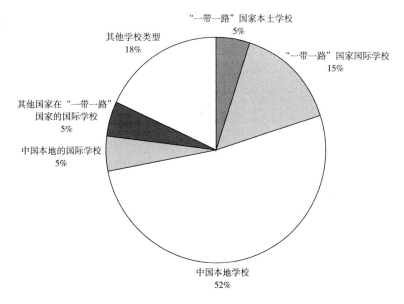

附图 2-5 受访者子女就读学校类型

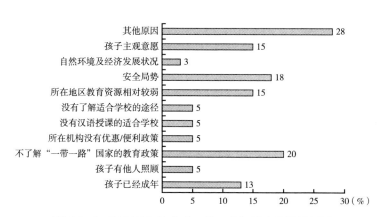

附图 2-6 子女不在共建"一带一路"国家就读的原因

政策、当地安全局势、所在地区教育资源相对较弱是受访者没有
为子女选择在本地区学习的主要因素；尊重孩子主观意愿、没有
汉语授课的适合学校、所在机构没有优惠/便利政策、没有了解

适合学校的途径等因素也不同程度影响了受访者对子女教育的安排。孩子已经成年也影响较大。但本地区的自然环境与经济发展状况对受访者选择的影响最小。所在地区教育资源较弱，说明受访者不仅考虑学校本身的质量，还考虑所在国家教育资源的整体情况。安全局势属于不可抗因素，只能为中国国际学校在选择目标市场时，衡量哪个国家地区运营风险较小、适合率先进入提供参考。

（三）体验多元文化、扩宽国际视野与未来职业综合竞争力是就读本地区国际学校的最主要原因

选择（或计划）让孩子在共建"一带一路"国家国际学校就读（见附图 2-7）的首要目的是体验多元文化、拓宽国际视野。其次为增强孩子未来职业竞争力，这一点与所有将孩子送往海外学习的家长想法是一致的，也是国际学校最大的优势。最后，考虑与国内课程体系对接，开设的课程国际通用性强的选项说明：一是被访者可能只是打算暂时将孩子送往国外学习，最终还是要回到国内发展，或者担心局势变动，而需要临时"撤退"，这就为国际学校课程设置的重点提供了一定的启示；二是受访者重视课程的国际通用性，说明他们本就打算让孩子一直接受国际化的教育，只是可能因为暂时要在共建"一带一路"国家工作，所以在小学或初中阶段选择让子女随迁。长时间在本地区工作，不愿与孩子长期分离也是受访者子女在本地区学习的影响因素之一。选择"减轻升学压力"和受访者"就职机构有相关教育优惠、指导政策"作为原因的比例最小。这个调查结果在一定程度上反映出选择让子女在本地区学习的家长大多并非为了让孩子逃避国内的升学压力。外派的中方机构与企业也很少有支持外派员工子女在当地就学的教育优惠和就学指导政策。

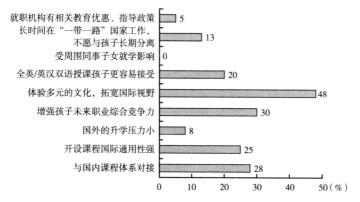

附图2-7 选择（计划选择）在共建"一带一路"国家国际学校就读的原因

（四）本地区国际学校的宣传效果不佳，但本地区对未来求学仍有一定吸引力

受访者获得所在国际学校入学信息的途径（见附图2-8）主要为亲属或者朋友的推荐，这一点似乎与上一题中的没有因为"受到同事影响"而送孩子到国际学校就读相矛盾，但这其实是两个阶段。这些已经开始询问国际学校信息的家长，往往已经有了要送孩子到国际学校就读的意向，只是需要更多的信息。其次为学校的招生广告，而工作机构的推介与学校的招生广告渠道影响较为微弱。教育的投入产出周期较长，但投资成本较大，所以更多人偏好理性而谨慎决策，在看到明显产出成效之后，如亲戚、朋友的孩子就读一所不错的国际学校，也会考虑将孩子安排在国际学校就读。不管是对所在国家教育资源、政策的不了解，还是没有渠道获取国际学校的信息，这其中信息的不对称，正是计划瞄准这些外派人员的国际学校可以有所作为的地方。

对孩子未来求学计划的调查结果（见附图2-9）显示，大部分人（48%）对子女未来求学去向尚不确定，准备申请第

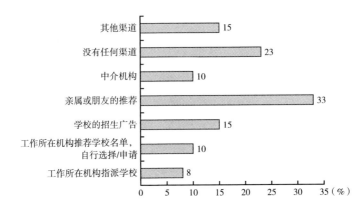

附图 2-8 受访者获取国际学校入学信息渠道

三国大学的比例为 15%，准备申请"一带一路"国家大学的比例为 13%，准备回国读完本科后去往第三国读研究生所占比例为 10%，准备回国参加高考与准备在"一带一路"国家当地继续读预科/语言学校所占比例均为 8%。仍有两成受访者的子女求学计划与"一带一路"地区相关。这一定程度上可以说明本地区对外派人员家长及其子女仍有吸引力。在家长没有明确想法时，对其进行宣传与引导，对发掘潜在服务对象很有意义。

13%的受访者子女选择了准备申请"一带一路"国家的大学，对学习当地语言仍有需求。应该注意的是，大部分受访者并没有确定孩子未来的升学计划，所以期望学习的语言是"越多越好"，未来拥有更大选择空间，以备不时之需。另外，双语授课的比例明显高于全英语授课，说明受访者即使将来可能会送孩子到共建"一带一路"国家或第三国学习，也希望孩子保留中国文化的根基。考虑到中国综合国力、国际地位的不断提升，中文将扮演越来越重要的角色。

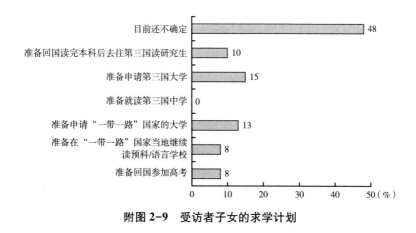

附图 2-9　受访者子女的求学计划

（五）期望学校突出中文，授课语言"越多越好"，偏爱通用性强的 IB 课程

对国际学校师资配置期望的调查显示（见附图2-10），相较英文为母语的授课老师，中文为母语的老师最受受访者欢迎。其次是英语为母语的外籍教师，再次才是"一带一路"国家的本地教师。中国学生对母语有一定的依赖性，而英语作为国际通用语言也占有优势。所以，对于希望在共建"一带一路"国家发展国际学校的筹划者，老师仍然要以国内招聘为主，或面向全球招聘。而这就牵涉到了另一个问题，也就是这些中国教师的安排问题（如家庭成员、住房、医疗、交通等）。这方面马来西亚、新加坡等国家可能拥有一定的优势，因为这些国家有较为庞大的华裔人口，国际学校更可能从当地招募教师，降低成本与人员管理的风险。

针对课程倾向调查发现（见附图2-11），倾向于开设通用性强的 IB "国际学历"课程的受访者（38%）比例最高，这也印证了前文受访者选择国际学校的原因。偏好开设美国高中阶段选

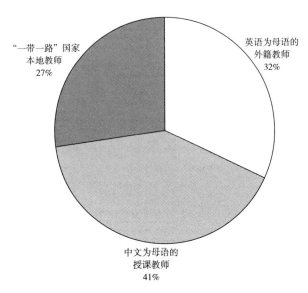

附图 2-10　受访者的师资配置期望

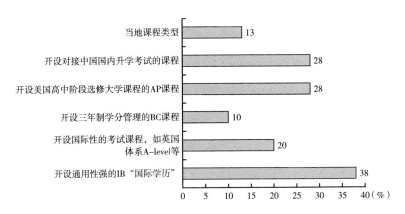

附图 2-11　受访者的课程设置倾向

修大学课程的 AP 课程排名第二，同开设对接中国国内升学考试的课程均为 28%，说明有相当比例的受访者计划在过渡期之后将孩子送到美国去学习（如接受高等教育）或者回到国内。希望开设国际性的考试课程，如英国体系 A-level 等课程（20%）

的人数较少（反映出美国教育体系在国际社会的影响力还是高于英式教育体系），偏好当地课程类型及倾向于开设三年制学分管理的 BC 课程的受访者寥寥（但这可能是由于这一课程本身的知名度不高，所以受访者没有选择）。

（六）包含中国文化的素质教育是就读本地区国际学校的核心需求，跨文化适应型服务项目最受期待

对国际学校体现的中国元素期待调查，绝大多数人选择开设中国文化课，包括中国传统艺术鉴赏、民间乐器、手工艺传授、烹饪课程、武术等竞技类课程等，次之为语文课以及中国历史课。期待开设与国内高考制度接轨的课程或数理化提升班的人数寥寥无几（见附图 2-12），包含中国文化的素质教育内容成为选择在共建"一带一路"国家就读的核心需求。侧面反映出，希望将孩子送入国际学校学习的家长，往往是希望孩子脱离传统的应试教育、思想较为开放的家长，并且期待孩子在国际学校的学习能为将来出国深造做准备。

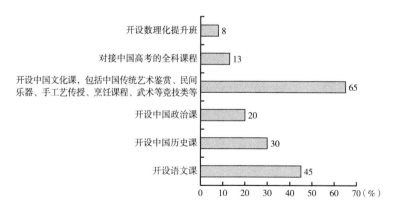

附图 2-12 受访者对国际学校中国元素体现的期望

对国际学校的配套服务期望调查显示（见附图2-13），跨文化适应型服务项目（如当地语言培训，宗教、社会、文化、风俗讲解）是所有配套服务中最受受访者欢迎的项目。其次是入学指导服务（45%），与包括提供法律政策建议、社会医疗服务等信息在内的社会融入服务（40%）。宗教组织管理服务需求最低（8%）。

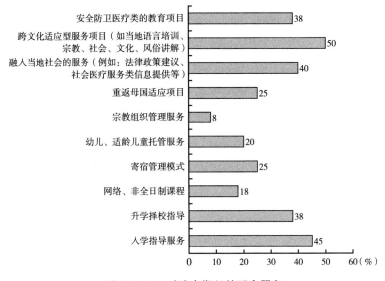

附图 2-13　受访者期望的配套服务

四　调查结果与问题

问卷中，受访者对共建"一带一路"国家国际学校的主要意愿、期望，以及受访者的建议与疑问，一定程度上反映出受访者的以下需求与关切，也显示出本地区国际学校在拓展中国外派人员和当地华人这类服务对象时所面临的三个主要问题。

（一）国际学校在本地区的宣传力度极为不足

受访者子女在共建"一带一路"国家学习的人数较少，一方面反映出受访者对当地教育环境缺乏了解、信心不足，另一方面一定程度上也透露了本地区现有的国际学校没有能够满足受访者子女的教育需求。究其原因，在当地开办的国际学校针对中方外派人员和华人的宣传力度不够、渠道太少。目前国际学校，尤其是共建"一带一路"国家的本土国际学校及共建"一带一路"国家的教育部门，针对中国家庭的宣传力度不够，或者说还没有关注到"一带一路"倡议给他们未来发展带来的良好前景。问卷"受访者疑问与建议"部分，充分体现了受访者对本地区国际学校的宣传信息、教育质量、国内认可程度等方面的巨大信息需求。受访者甚至建议国际学校可以通过社会活动与星级酒店合作进行宣传。在对国际学校的配套服务期许中，受访者还希望学校作为载体，为中方人员传递更多本地区的知识、安全问题应对措施，以及包括移民在内的相关政策。这些充分说明，在本地区"走出去"的国际学校需要有针对性地着力开展宣传工作，缩小"信息鸿沟"。如果中国的国际学校能够抓住这一契机，就更有可能吸引外派人员的子女入学。

（二）现有的国际学校难以满足中方外派人员与当地华人需求

从调查结果看，在本地区学习的外派人员子女数量有限，很可能还与受访者不能获得"期待的授课语言"有关。在受访者中，家长选择将孩子送入当地国际学校就读，说明对其工作的共建"一带一路"国家的文化本身是有期待的，希望子女去学习当地文化，而非单纯以英国、美国等西方教育为主。受访者对于课程设置的关切度非常高，不论是授课语言、授课内容还是师资匹配，都更希望突出中国文化与本地区国家的文化多样性并重的素质教育。有58%的被访者希望授课语言中包含当地语言，但目前共建"一带一路"国家的国际学校可能相关师资不多，暂不能满足这一期待。65%的受访者选择了包括中国传统艺术鉴赏、民间乐器、手工艺传授、烹饪课程、武术竞技等课程在内的中国文化课。但在现有的共建"一带一路"国家国际学校无法满足中方外派人员及当地华人的需求。以缅甸仰光为例，虽然当地的12所国际学校中有3所开设汉语课程，但课程内容单一。再者，中文为母语的教师能够掌握共建"一带一路"国家当地语言且受认可的教师数量本身就非常稀缺。这些都对准备新成立国际学校的课程设置、授课语言上有参考意义。

（三）中方外派机构缺乏与国际学校的合作

在外派人员对工作地教育政策不够了解、信息获得渠道不通畅的情况下，用人单位，也就是中方外派机构本应在疏通信息渠道、提供员工子女就学便利、提供教育优惠福利，以及其他相关教育服务配套中起到极大的帮扶和指导作用。但调查结果显示，中方外派机构对其员工子女在共建"一带一路"国家接受教育中发挥的作用很有限。只有8%的受访者是通过工作所在机构指派学校，仅有10%的受访者就职机构有推荐学校名单。因此，国际学校与中方外派机构之间就外派人员子女在共建"一带一路"国家学习的合作有巨大挖掘空间。在共建"一带一路"国家建立"中方外派机构的对接学校"，可能为接下来外事部门及其他机构与中国国际学校开展合作提供思路。

附录三

共建 "一带一路" 典型国家国际学校运营与市场结构分析[*]

[*] 节选自全球化智库、南南国际教育智库研究院：《中国国际学校蓝皮书2017："一带一路"沿线地区中国国际学校发展战略报告》，（2017-12-08）[2021-06-01]，http://www.ccg.org.cn/archives/57509，p. 22-30. 数据有更新。

附表3-1 共建"一带一路"典型国家国际学校运营环境分析*

	政治环境	经济环境	社会&文化环境
沙特阿拉伯	(1)政府采取措施提高教育标准,增加私立学校经费; (2)政局较中东其他国家相对稳定,国内目前不存在势力较大的反政府武装团体; (3)虽然沙特阿拉伯对于国外直接投资学校有限制,但只要政府认为外国机构帮助了本国教育质量提升,就可以进行合作,参与管理等	(1)自20世纪中叶(1969年)以来,沙特经济持续稳健增长,GDP平均增率为4.86%。[1]2001~2014年,国内生产总值年增长率平均值高达5.22%,[2]2015~2019年国民生产总值增长率年平均为1.56%。[3]国内生产总值增速2021年国内生产总值上升了2.9%;[4] (2)从2011年起,中国成为沙特最大贸易伙伴,沙特是中国石油进口最重要的出口国; (3)沙特欢迎外籍劳务人入,2019年末,我国在沙特各类劳务人员2万人;[5] (4)2020年以来,沙特受到新冠肺炎疫情和油价低迷的严重冲击,经济增长、财政与国际收支、多元化进程受到双重受影响,政府实施了紧缩财政政策,压缩全年公共预算5%,将增值税率从5%提高至10%[6]	(1)沙特国民社会福利好,全民享受免费医疗; (2)学费昂贵,教育成本高于移民输出国,生活成本较东南亚国家偏高; (3)失业率较高,社会形势面临潜在不稳定性,性别歧视严重,存在少数族群问题

* 注:(1)因国际学校市场与科技因素关联较低,故没有在表格中列出。(2)表格中所指的"政治环境"主要包括相关政策方针、法律法规,中国与该国国外交关系及安全局势等内容。

续表

	政治环境	经济环境	社会 & 文化环境
越南	(1) 政府放开对外资国际学校可招收本地学生比例限制；[7] (2) 防止本国人才流失，政府支持发展本地的国际学校，吸引学生就读； (3) 2015 年移民政策收紧，加强对移民的背景调查，2020 年 3 月 22 日，越南出于疫情防控考虑停止对外籍人士授予签证，以外交和公务为目的的外国人例外；[8] (4) 近年政治环境较稳定，但政治腐败数据排名落后[9]	(1) 城镇化速度加快，中产级壮大； (2) 经济稳定，2020 年，在新冠肺炎疫情影响下，国内生产总值增长率仍高达 3.8%，[10] 购买力，收入预期快速提高； (3) 市场庞大，成本低廉，外国投资引进速度加快； (4) 中国与越南接壤，距离较近，两国在经贸领域间的交流与合作不断向广度和深度发展，中国是越南第一大贸易进口国而越南也是中国在东盟的第一大贸易伙伴[11]	(1) 生活成本低，外国家庭在住在能得到更高的生活质量； (2) 越南是东南亚国家中，历史上受中国文化影响最深，而且唯一接受儒家思想的国家；
阿联酋	(1) 政局长期以来较为稳定，2021 年全球竞争力排名高居第 9 名；[12] (2) 地缘安全存在威胁，不少伊斯兰极端主义分子将阿联酋当作筹集资金和开展活动的天然良港，跨境洗钱、贩毒、走私和恐怖主义活动频发； (3) 对于学费监管过严，限制了新学校的成立和盈利； (4) 2010 年发布 2021 年国家发展规划，提出"成为人类发展指数最高的国家"的目标，包括提高标准，推动教育创新，并普及私立学校监管系统；[13] (5) 政府大力推进 PPP（公私合营）项目，鼓励公私合营； (6) 对外国公司税收非常优惠，绝大多数不征收所得税、营业税等	(1) 经济结构多样，房地产与基础设施行业发展壮； (2) 伊斯兰金融在阿联酋投资者用伊斯兰金融工具来进行项目融资； (3) 我国是阿联酋第一大贸易伙伴，2021 年我国与阿联酋贸易额为 459.2 亿美元，增长率为 12.1%[14]	(1) 政府介入国际学校课程设计，要求提供阿拉伯语和伊斯兰教的研究宗教课程，降低表演艺术或现代外语等课程比重；[15] (2) 语系复杂，适应本地文化难度较高； (3) 国家重视发展教育事业和培养本国科技人才，实行免费教育制，倡导女性和男性享有平等的教育机会

续表

	政治环境	经济环境	社会＆文化环境
马来西亚	(1)国际企业免税10年，为鼓励外国投资，制定多项外商投资税收优惠政策，并与40多个国家签订避免双重征税协定； (2)在马六甲海峡经过的船只，有70%～80%往来中国，两国政治经贸联系密切； (3)签证政策宽松，对家庭申请有政策便利； (4)推出"第二家园计划"，永久居留权申请更宽松；[16] (5)中国推行"一带一路"政策以来，中马关系友好友度升温	(1)近年来经济发展势良好，成为世界各国争相的新兴市场，是掌控整个南海国家的枢纽国家，马来西亚地理区位优越，经济高速发展，经济多元，且开放国家边界，吸引外国投资；[17] (2)碧桂园、富力、雅居乐、新华联、绿地等中国地产商掘金马来西亚，欲将马来西亚打造成为东盟国家的基点	(1)文化资源丰富，具有较强吸引力； (2)住宿开支低，生活成本低，医疗服务价格低廉； (3)数字经济非常发达且增速迅猛，互联网普及率高； (4)2021年12月数据显示，马来西亚华人占总人口20.6%[18]，对中国文化熟悉度较高，语言障碍少
缅甸[19]	(1)2012年11月颁布新《外国投资法》，对外国资本进入、成立私立教育机构大幅放宽条件； (2)2015年缅甸在《全球竞争力报告》中的140个国家和地区中列第131位；[20] (3)引进劳工政策较严格，雇主只有在先招聘缅甸公民而没有合适人选后，才能申请引进外籍劳工； (4)"孟中印缅经济走廊"和"一带一路"建设等合作项目，使两国外交关系稳于稳定	(1)缅甸经济受到新冠肺炎疫情的冲击，贫困，劳动力短缺等问题引发政治动荡；[21] (2)2019～2020财年，中缅通过边境和海运贸易总额达120亿美元，中国已成为缅甸最大贸易合作伙伴，[22]在世界银行发布的《2020营商环境报告》中，缅甸营商环境在全球190个经济体中排名提升至全球第165位；[23] (3)工资水平低，有大量充足的廉价的劳动力	(1)对缅投资需要赢得民众认同，民众可能质疑决策的合法性，通过游行、示威来表达自己的诉求，干涉项目的开展； (2)亚洲国家中民族成分最复杂的国家之一，存在严重的民族矛盾和民族地方武装； (3)缅甸社会对华负面评价较多，媒体中常有反华言论

续表

	政治环境	经济环境	社会&文化环境
印度	(1) 中印关系近年较为紧张，外交冲突频发； (2) 政府加大对高等教育投入，鼓励教育产业发展； (3) 2010年通过《外国教育机构法案》，要求外国教育机构所获利润必须全部用于其在印度机构的发展，限制较严	(1) 经济快速发展带来就业机会增加，人才流失有所放缓，出国学习意愿降低； (2) 医疗服务普及，价格低廉质量较好； (3) 2021年印度人均GDP全球排名128位，[24]在"一带一路"沿线国家中位于中等水平	(1) 国内环境污染日益严重，环境移民增加； (2) 国情复杂，语言语种类繁杂，具有相当数量各不相同的子文化； (3) 生活成本低； (4) 随着中印两国经贸联系和文化交流的日益密切，新一轮中文学习热兴起[25]

[1] The Global Economy. Saudi Arabia: Economic growth [EB/OL]. [2022-01-18], https://www.theglobaleconomy.com/Saudi-Arabia/Economic_growth/#: ~: text = Economic%20growth%20in%20Saudi%20in%20Arabia%20and%20other%20countries, economic%20growth%20is%20about%20202-3%20percent%20per%20year.

[2] 任琳、肖诗阳:《"一带一路"投资政治风险研究之沙特阿拉伯》[EB/OL]. (2015-04-07) [2022-1-18], http://opinion.china.com.cn/opinion_85_126385.html。

[3] 世界银行:《GDP增长率（年百分比）》[EB/OL]. [2022-01-18], https://data.worldbank.org.cn/indicator/NY.GDP.MKTP.KD.ZG? end=2019&locations=SA&start=2015。

[4] Statista. Gross Domestic Product Growth in Saudi Arabia from 2016 to 2021 [EB/OL]. [2022-01-18], https://www.statista.com/statistics/1033875/saudi-arabia-gdp-growth/.

[5] 中国对外承包工程商会:《中国对外劳务合作发展报告2019~2020》[EB/OL]. [2022-01-18], https://www.chinca.org/CICA/PublicationsList/TP/20110911094511。

［6］中国商务部：《对外投资合作国别（地区）指南 沙特阿拉伯（2020年版）》［EB/OL］.［2022-01-18］, http://www.mofcom.gov.cn/dl/gbdqzn/upload/shatealabo.pdf。

［7］谭利娅：《数据显示越南学子海外教育年花费达30亿美金》［EB/OL］.（2022-1-11）［2022-1-18］, http://world.huanqiu.com/exclusive/2015-12/8126462.html。

［8］Dezan Shira. COVID-19 in Vietnam: Travel Updates and Restrictions ［EB/OL］.（2015-12-08）［2022-1-18］, https://www.vietnam-briefing.com/news/covid-19-vietnam-travel-updates-restrictions.html/.

［9］透明国际：Corruptions Index 2016 ［EB/OL］.［2022-1-18］, https://www.transparency.org/news/feature/corruption_perceptions_index-2016。

［10］Jaques Morisset. Vietnam: A Bright Star in the COVID-19 Dark Sky ［EB/OL］.（2020-05-28）［2022-1-18］, https://blogs.worldbank.org/eastasiapacific/vietnam-bright-star-covid-19-dark-sky.

［11］陶军、乐艳娜、同建华：《越南成中国在东盟第一大贸易伙伴》［EB/OL］.（2017-1-11）［2022-1-18］, http://silkroad.news.cn/news/invest/9840.shtml。

［12］IMD World Competitiveness Center. World Competitiveness Ranking ［EB/OL］.［2022-01-18］, https://www.imd.org/centers/world-competitiveness-center/rankings/world-competitiveness/.

［13］阿联酋政府：Vision 2021 ［EB/OL］.［2017-10-23］, https://www.vision2021.ae/sites/default/files/education_system.pdf。

［14］中华人民共和国商务部西亚非洲司：《中国—阿联酋经贸合作简况》［EB/OL］.（2019-02-27）［2022-1-18］, http://xyf.mofcom.gov.cn/article/tj/hz/201902/20190202838578.shtml。

［15］ISC Research. Setting the Bar-the Middle East K12 Market ［EB/OL］.［2017-10-23］, https://www.iscresearch.com/uploaded/images/Publicity/Education_Investor_June_2017.pdf.

［16］时代环球：《马来西亚我的第二家园计划新开，参与者必须满足10项新标准》［EB/OL］.（2015-04-04）［2022-1-18］, https://www.sohu.com/a/515932051_100121893。

［17］MIDA ［EB/OL］.［2022-01-18］, https://www.mida.gov.my/.

［18］The World Factbook. Explore All Countries-Malaysia ［EB/OL］.［2022-1-18］, https://www.cia.gov/the-world-factbook/countries/malaysia/.

［19］任琳：《中国在缅甸投资这些政治风险不得不防》［EB/OL］．（2015-03-25）［2022-1-18］，http：//finance. qq. com/a/20150325/034574. htm。

［20］Klaus Schwab. The Global Competitiveness Report 2015-2016［EB/OL］．［2022-1-18］，https：//www3. weforum. org/docs/gcr/2015-2016/Global_ Competitiveness_ Report_ 2015-2016. pdf.

［21］缅甸投资：《缅甸投资环境分析》［EB/OL］．（2016-06-17）［2022-1-18］，https：//mp. weixin. qq. com/s？src＝3&timestamp＝1642484488&ver＝1&signature＝bYQvqSGKIeCw5GDz5qAh3EX-7E6tDYKRIDivQwAs8Kt＊MZ2vJabXod650gT3＊SJN5CdTpX＊-M7NhM7GWGva8gIolavNq65T5bR80z5DnIwMInOkrA1WHVa＊aQOlwfBqjWOPDjnRv3gsrxhotYawcKiu0rOsvZt5BM6vxvx-Ng-o＝。

［22］《缅甸：中国成其最大贸易伙伴》［EB/OL］．东莞市人民政府门户网站（2020-11-25）［2022-11-25］，http：//www. dg. gov. cn/dgsmch/gkmlpt/content/3/3409/mpost_ 3409575. html.

［23］中华人民共和国商务部：《缅甸营商环境 排名提升至165位》［EB/OL］．（2019-10-31）［2022-10-7］，http：//www. mofcom. gov. cn/article/i/jyjl/j/201910/20191002909113. shtml.

［24］World Population Review. 2021 World Population by Country［EB/OL］．［2022-01-18］，https：//worldpopulationreview. com/country-rankings/gdp-per-capita-by-country.

［25］《记者观察：印度兴起新一轮中文热》，人民日报［EB/OL］．（2013-11-26）［2022-1-18］，http：//cpc. people. com. cn/2013/1126/c83083-23656005. html。

附表3-2 共建"一带一路"典型国家国际学校市场结构分析

	要素供应情况 (教师、土地等资本)	当前市场竞争情况	市场竞争预期情况 (其他可能进入该市场国际学校市场的相关者)	可替代性教育机构情况 (国际学校、本地非国际学校)	就读群体情况 (家长、学生)
沙特阿拉伯	(1)政府颁布一系列优惠政策措施,包含所得税减免、优惠的土地租金、配套基础设施保障等; (2)2021年第三季度,沙特失业率为6.6%,国内就业市场需优先解决本国人失业问题;2020年第一季度失业数据显示,女性失业率为28.2%,约为男性失业率(5.6%)的5倍;[1]2009年数据显示78.3%的失业女性拥有大学文凭,[2]可能成为国际学校教师来源; (3)教师待遇高,对于高学历人群具有吸引力	共有242所国际学校,全球排名第8	2018年9月发表的《沙特阿拉伯私立学校增长潜力评估报告》显示,沙特有770万名学生,其中670万名学生(87%)就读于公立学校,100万名学生(13%)就读于私立学校;沙特共有30625所学校,其中26248所(86%)是公立学校,4377所(14%)是私立学校;2013~2017年,私立学校数量增加13%,公立学校仅增加1%[3]	所有的公立教育机构(从小学到中学)皆提供免费教育并自由入学	(1)2021年沙特阿拉伯总人口中年龄为14岁及以下的人口占比24.5%;[4] (2)2021年,沙特阿拉伯外籍人口为130万,约占总人口(480万)的1/3[5]

续表

	要素供应情况（教师、土地等资本）	当前市场竞争情况	市场竞争预期情况（其他可能进入该国市场国际学校的相关者）	可替代性教育机构情况（国际学校、本地非国际学校）	就读群体情况（家长、学生）
越南	(1)允许外国投资者在国内租用当地教育设施，提供办学便利；[6] (2)新住房法不允许外国人进行土地转让交易，可得到50年租赁权后建房[7]	(1)国际学校收费过高，大部分家庭负担不起； (2)2019年，越南有134所国际学校[8]，招生人数6.5万人[8]，每所学校接收人数较少	—	虽政府大力发展教育，但受教育者仍倾向寻求在海外接受持续教育，寻找发展机会	(1)2015年越南海外留学生已高达12.5万人；[9] 2019年数据表明，越南海外留学生中约有25000名就读于澳大利亚，20000名就读于美国；越南留学生人数最多的国家还有中国，马来西亚、新加坡和一些欧洲国家；[10] (2)大量中下层阶级家庭对于提供英语课程学校的需求提高； (3)2018年来华留学生人数为11299人，在所有国家中居第11位； (4)2013年起移出人口多于移入人口； (5)2019年0~14岁儿童数量约为全国人口的24.9%[11]

续表

要素供应情况（教师、土地等资本）	当前市场竞争情况	市场竞争预期情况（其他可能进入该国国际学校市场的相关者）	可替代性教育机构情况（国际学校、本地非国际学校）	就读群体情况（家长、学生）
阿联酋				
基础设施完善，土地政策较宽松	（1）根据阿联酋教育部 2019 年统计数据，阿联酋公立学校 619 所，教师数量超过 2 万人，学生数量近 29 万人；私立学校 643 所，教师数量超过 5 万人，学生数量超过 81 万人；[12] （2）阿联酋教育审查框架下的三个政府机构均基于英国教育理念成立，非英式教育学校面临着适应审查机制的挑战，可能难以获得一个优秀评级；[13] （3）新冠肺炎疫情冲击下，教育部为振兴私立学校，发布《2021~2022 年私立学校重振政策及指导方针》，并完善私立学校投资程序；[14] （4）尽管迪拜的教育体制丰富而先进，但目前没有一家实行中国教育体制的幼儿园，只有两所所中式的本地制的幼儿园，只有两所所中式的本地； （5）近年来有几所规模非常大的本地国际学校开始开设中文课程	（1）房地产、教育机构合作，计划建立更多的国际学校；[15] （2）2013~2014 年，总共 186 个国家在迪拜设立各种学制私立学校，预计将保持较快增长	当地公办非国际学校基本对本国居民开放，学费几乎全免，仅需缴纳象征性学费，国际生入这种学校机率非常小[16]	（1）3~18 岁适龄儿童人口数量庞大； （2）房地产业的发展带来了大量外国家庭移民或短期居住； （3）2017 年，中国成为阿联酋第一大贸易伙伴。两国非石油贸易总额达到 533 亿美元，在阿联酋经营的中国企业近 4200 家，其中，大型企业 170 家；中国在阿联酋投资主要集中在工程、贸易、保险、运输和房地产等领域。[17] （4）目前国际学校在读生中，印度学生数居首位，阿联酋其次，再次为巴基斯坦、英国、埃及等，中国比例较低[18]

续表

	要素供应情况（教师、土地等资本）	当前市场竞争情况	市场竞争预期情况（其他可能进入该国际学校市场的相关者）	可替代性教育机构情况（国际学校、本地非国际学校）	就读群体情况（家长、学生）
马来西亚	（1）对引进的优秀学校，政府自愿承担启动成本，对基础设施和教学建筑投资巨大；[19] （2）已有国际学校的师资稳定性好，质量较高[20]	（1）国际学校教育比较普及，教育费用和成本相对较低； （2）国际学校市场扩展，2020年数据显示马来西亚共有287所国际学校，共接收107100名学生，英语是主要学习语言[21]	—	（1）政府打造西方教育中心，引进大量西方中学和大学在马建立分校；实施"双联"教育，由马高等学院与欧美名校共同招生，学校全部采用外国母校教材[22]，成功海外学生转赴英美澳加新等国深造的跳板； （2）教育体制僵化过时，教育内容严重脱离生产实际，产学脱钩严重	（1）人才外流现象严重，2021年，170万马来西亚人在国外工作，其中54%在新加坡，15%在澳大利亚，10%在美国，5%在英国；[23]据统计，马来西亚年均人才流失呈6倍增长；[24] （2）国际学校学生数量2012～2017年增长147.6%，在6个典型国家中增速最快； （3）2018年来华留学生9479人，位列所有国家中第15位

续表

	要素供应情况（教师、土地等资本）	当前市场竞争情况	市场竞争预期情况（其他可能进入该国国际学校市场的相关者）	可替代性教育机构情况（国际学校、本地非国际学校）	就读群体情况（家长、学生）
缅甸	(1) 高素质人才紧缺，2018年中学入学率为64.1%，大学入学率为18.8%，均落后于世界平均水平；[25] (2) 引进劳工政策较严格，雇主只有在先招聘缅甸公民而没有合适的人选后，才能申请引进外籍劳工； (3) 教师素质低，不具备为跨文化儿童授课、管理大班级的能力； (4) 外资企业全业土地租赁最高期限由40年增加到70年	(1) 缅政府与国外学校合作在国内发展教育，开设具有国际化背景的课程；[26] (2) 英国、美国、澳大利亚和新加坡是最受缅甸留学生欢迎的留学目的地，这些国家在缅甸设立的国际学校更有吸引力； (3) 美国国际教育协会（IIE）2015年增派许多代表到缅甸，在缅甸增设学校；[27] (4) 国际学校数量大幅度增长，但目前供给量仍小于需求[28]	私人投资及本地大公司开始进入国际学校市场	(1) 公办学校长期缺乏政府资金支持，缺乏优质资源，富裕家庭寻求就读国际学校等私立教育机构的教育机会；[29] (2) 近年来越来越多的本地普通学制学校开始提供国际课程及包含托福在内的英语培训，一定程度挤占了国际学校发展空间	(1) 缅甸当地人民担心外国国际学校与本地社区联系不够强，不提供缅甸文化、历史； (2) 越来越多的外国人来到缅甸工作生活，还有许多跨国公司入驻缅甸，对于国际学校需求增加；[30][31] (3) 汇率的动荡、北部战争等因素，使得2015年以来赴缅华人大幅减少[32]

续表

要素供应情况（教师、土地等资本）	当前市场竞争情况	市场竞争预期情况（其他可能进入该国国际学校市场的相关者）	可替代性教育机构情况（国际学校、本地非国际学校）	就读群体情况（家长、学生）
印度 （1）本地教师素质低，缺乏培训；[33] （2）工资待遇低于公立学校，尤其是学费处于中间区间的学校，难以招聘到优秀的老师； （3）鼓励更多国外教师加入印度高校，积极解决护照、停留期限和税收规则等问题；[34]	印度1.79亿学龄儿童中，约有29%就读于国际学校，这些学校教授美国课程、英国课程和法国课程[35]	部分印度企业、高净值人群意识到国际学校市场潜力，开始计划在印度建立国际学校	（1）重视远程教育，让本地学生通过线上课程就能对接外国优秀教育资源； （2）对于国际学校的资助力度低于公立学校	（1）世界上百万富翁人数最多的国家之一，[36]市场增长空间广阔； （2）到2030年，1.4亿印度人处于大学教育年龄，[37]将拥有世界上最庞大的教育适龄人口； （3）高人口增长率与出生率，14岁以下儿童数量增长快速增加； （4）2015年，在印华侨仅有5000人；[38] （5）2018年来华留学人数在所有国家中居第4位； （6）75%的移民家庭将子女送到国际学校学习

[1] 世界银行：Saudi Arabia [EB/OL].（2020-10）[2022-1-18], https://thedocs.worldbank.org/en/doc/646160304733684-0280022020/original/15mpoam20saudiarabiasaukm.pdf。

［2］Booz & Company. Women's Employment in Saudi Arabia A Major Challenge［EB/OL］.［2022－1－18］, https：// www. arabdevelopmentportal. com/sites/default/files/publication/235. womens_ employment_ in_ saudi_ arabia_ a_ major_ challenge. pdf.

［3］Strategic Gears. Growth Potential of Private Education in Saudi Arabia［EB/OL］.［2022-1-18］, https：//strategicgears. com/images/report/ Growth-Potential. pdf.

［4］United Nations Population Fund. World Population Dashbord Saudi Arabia［EB/OL］.［2022-1-18］, https：//www. unfpa. org/data/world-population/SA.

［5］HN. What is the Population of Saudi Arabia in 2021. The Global Ranking of Saudi Arabia in Terms of Population Denstity［EB/OL］.［2022-1-18］, https：//hijra. news/en/saudi-population/? lang=en.

［6］ISC Research. International education expansion for Vietnam［EB/OL］.（2017－05－11）.［2017－10－23］, https：//www. iscresearch. com/ news/isc-news/isc-news-details/~post/international-education-expansion-for-vietnam-20170511.

［7］王军, 宋可：《越南砚港收紧控制应对移民涌入, 移民者中国人居多》［EB/OL］.（2015－12－08）［2022－1－18］, https：// w. huanqiu. com/r/MV8wXzgxMjMxODNfMTM4XzE0NDk1MTI1MjA=。

［8］Stephanie Quayle：《全球国际学校数量破万, 10 年后将有 50 万国际教师缺口》［EB/OL］.（2019－12－27）［2022－01－18］, https：// www. sohu. com/a/363090517_691021。

［9］国际在线：《越南留学生留学人数逐年增加 注重能力培养提高就业价值》［EB/OL］.（2015－01－23）［2022－01－18］, https：// world. huanqiu. com/article/9CaKrnJH0AJ。

［10］Intead. Ten Facts － International Student Recruitment in Vietnam; Part II［EB/OL］.（2013－05－23）［2022－01－18］, https：// services. intead. com/blog/bid/286741/Ten-Facts-International-Student-Recruitment-in-Vietnam-Part-II.

［11］维基百科：《越南人口》［EB/OL］.［2022－01－18］, https：//zh. wikipedia. org/wiki/%E8%B6%8A%E5%8D%97%E4%BA%BA% E5%8F%A3。

［12］中国商务部：《对外投资合作国别（地区）指南 阿联酋（2019 年版）》［EB/OL］.［2022－01－18］, https：//www. doc88. com/p-187477996749729. html。

［13］ISC Research. Setting the Bar-the Middle East K12 market［EB/OL］.［2017－10－23］, https：//www. iscresearch. com/uploaded/images/ Publicity/Education_ Investor_ June_ 2017. pdf.

［14］阿联酋教育部官网［EB/OL］．［2017-10-23］，https：//www. adek. gov. ae/。

［15］ISC Reserach. Setting the Bar-the Middle East K12 Market［EB/OL］．［2017-10-23］，https：//www. iscresearch. com/uploaded/images/Publicity/Education_ Investor_ June_ 2017. pdf.

［16］迪拜酋迪拜国际学校现状：《阿联酋迪拜国际学校现状》［EB/OL］．（2015-06-20）［2017-10-23］，http：//blog. sina. com. cn/s/blog_ 8dbca9b80102vik2. html。

［17］中国日报：《阿联酋和中国35年来蓬勃发展的伙伴关系》［EB/OL］．［2017-10-23］，https：//world. chinadaily. com. cn/a/201907/24/WS5d37cf3ba3106bab40a023cd. html。

［18］迪拜加拿大大学：《阿联酋迪拜国际学校现状》［EB/OL］．（2015-06-20）［2017-10-23］，http：//blog. sina. com. cn/s/blog_ 8dbca9b80102vik2. html。

［19］Sara Custer. *Malaysia, UAE Have Most Favourable Policy for int'l School Growth, Says Report*［EB/OL］．（2016-10-20）［2022-01-18］，https：//thepienews. com/news/malaysia-uae-favourable-policy-intl-school-growth-says-report/.

［20］Mindy0818：《我为什么让孩子去马来西亚读国际学校?》［EB/OL］．（2017-04-20）［2017-10-23］，http：//www. jianshu. com/p/ce17793fbae3。

［21］Education Destination Malaysia. A Growing Choice of International Schools for Malaysia and Southeast Asia［EB/OL］．（2020-11-03）［2022-01-18］，https：//educationdestinationmalaysia. com/blogs/a-growing-choice-of-international-schools-for-malaysia-and-southeast-asia.

［22］搜狐教育："画面观"，附中国教育部认可的21所马来西亚私立大学》［EB/OL］．（2017-09-11）［2017-10-23］，https：//www. sohu. com/a/191250702_ 469999。

［23］Selangor Journal. Malaysia Needs Structural Reforms to Prevent Brain Drain［EB/OL］．（2021-01-11）［2022-01-18］，https：//selangorjournal. my/2021/01/malaysia-needs-structural-reforms-to-prevent-brain-drain/.

［24］Business Today. Reversing Malaysia's Brain Drain Trend［EB/OL］．（2021-09-23）［2022-01-18］，https：//www. businesstoday. com. my/2021/09/23/reversing-malaysias-brain-drain-trend/.

［25］Unesco. Myanmar［EB/OL］．［2022-01-18］，http：//uis. unesco. org/en/country/mm? theme＝education-and-literacy.

［26］Aye Chan. Booming Education Market in Myanmar［EB/OL］．（2015-06-08）［2022-01-18］，http：//www. myanmarinsider. com/booming-education-market-in-myanmar/.

［27］ICEF Monitor. Myanmar Opening up to Foreign Investment and International Education［EB/OL］.（2015-09-08）［2022-01-18］. http://monitor.icef.com/2015/11/myanmar-opening-up-to-foreign-investment-and-international-education/.

［28］Shwe Yee Saw Myint. Draft Law in Works for International Schools［EB/OL］.（2015-05-18）［2022-01-18］. https://www.mmtimes.com/special-features/207-education-2015/14532-draft-law-in-works-for-international-schools. html.

［29］The PIE blog. International Schools Bet on Myanmar's Future［EB/OL］.（2015-10-09）［2022-01-18］. https://blog.thepienews. com/2015/10/international-schools-bet-on-myanmars-future/.

［30］Michael Peel. International Schools Bet on Myanmar's Transition［EB/OL］.（2015-03-25）［2017-10-23］. https://www.ft.com/content/2de1c654-b33d-11e3-b891-00144feabdc0.

［31］The PIE blog. International Schools Bet on Myanmar's Future［EB/OL］.（2015-10-09）［2022-01-18］. https://blog.thepienews.com/2015/10/international-schools-bet-on-myanmars-future/.

［32］南方周末：《缅甸的商业社会：这里像是八十年代的中国》［EB/OL］.（2015-09-12）［2022-01-18］. http://news.sohu.com/20150912/n420965598.shtml。

［33］Natalie Marsh. India's International School Enrolments Surge 70%［EB/OL］.（2017-07-15）［2022-01-18］. https://thepienews.com/news/india-international-school-enrolments-surge-70/.

［34］孔令帅、陈铭霞：《印度教育国际化政策、效果及问题》，《比较教育研究》2017 年第 5 期。

［35］International School Search. International Schools in India［EB/OL］.（2022-01-18）［2022-01-18］. https://www.internationalschoolsearch.com/international-schools-in-india#:~:text=Most%20major%20cities%20now%20have%20an%20international%20school%2C,schools%20modelled%20on%20the%20traditional%20British%20public%20school.

［36］《全球财富报告：新加坡百万富翁人数增长放缓》，人民网，［EB/OL］.（2015-06-21）［2017-10-23］. http://world.people.com.cn/n/2015/0621/c157278-27186990. html。

［37］肖莫话：《印度，下一个教育超级大国？》［EB/OL］.（2017-04-10）［2017-10-23］. http://www.fx361.com/page/2017/0410/1457345. shtml。

［38］邹松：《记者走访印裔大华人社区：印度为何留不住华人心?》［EB/OL］.（2015-07-13）［2022-01-18］. https://oversea. huanqiu.com/article/9CaKmJNj6q.

附表 3-3 共建"一带一路"典型国家运营环境与市场结构分析所用社会经济指标

指标	信息来源
各国国际学校数(2021)及在校生数量	ISC-Research: International Schools Annual Market Report 2021 https://iscresearch.com/reports/international-schools-annual-market-report-2021/
2021 年全球十大国际学校市场(国际学校数量)	ISC-Research: International Schools Annual Market Report 2021 https://iscresearch.com/reports/international-schools-annual-market-report-2021/
各国来华留学生人数	教育部:2018 年来华留学统计,2019-04-12http://www.moe.gov.cn/jyb_xwfb/gzdt_gzdt/s5987/201904/120190412_377692.html
人口增长率及儿童数	参考世界实时统计数据(Worldometers)的数据 https://www.worldometers.info/world-population/
人均 GDP 及国际排名	世界银行(World Bank), https://data.worldbank.org/indicator/NY.GDP.PCAP.PP.CD
全球竞争力排名	世界经济论坛(World Economic Forum):The Global Competitive Report Special Edition 2020:How Countries are Preforming on the road to Recovery https://www.weforum.org/reports/the-global-competitiveness-report-2020
各国华人侨数及定居人口	维基百科,https://en.wikipedia.org/wiki/Overseas_Chinese 及相关新闻报道中援引的数据
移民家庭儿童就读国际学校比例	HSBC:Expat Explorer Report(2014),https://expatexplorer.hsbc.com/survey/files/pdfs/overall_reports/2014/HSBC_Expat_Explorer_2014_report.pdf
中国与典型国家贸易额数据	中华人民共和国商务部及有关新闻报道

参考文献

陈祥光：《东南亚国家华文教育特点分析与支持方法探讨》，《教育教学论坛》2016 年第 6 期。

邓明茜：《从 2008 年北京教育博览会看国际学校的发展》，《世界教育信息》2008 年第 6 期。

丁瑞常：《全球教育治理的向度与限度》，《比较教育研究》2021 年第 6 期。

冯丹：《北京国际学校发展需要改革创新》，《投资北京》2019 年第 3 期。

韩民、张力：《〈民办教育促进法〉颁布实施的意义及其政策课题》，《教育研究》2004 年第 4 期。

何东昌：《中华人民共和国重要教育文献（1949～1975）》，海南出版社，1998。

洪厚情：《教会学校：近代中西文化"交流"抑或"侵略"的产物?》，《湖北社会科学》2009 年第 9 期。

黄方方：《海外华文教育"三教"现状、问题及对策》，《社会科学家》2016 年第 8 期。

蒋凯、张军凤：《中国高等教育对外开放的基本特点》，《清华大学教育研究》2017 年第 6 期。

赖彩凤：《基于经济视域下的海外华文教育可持续发展探究》，《质量与市场》2020 年第 20 期。

林芹：《论中国国际学校的发展现状》，《考试周刊》2010 年第 40 期。

鲁育宗主编《国际学校在中国：培养具有全球竞争力的学生》，中国人民大学出版社，2018。

莫景祺：《国际学校认证：理念与方法》，人民教育出版社，2015。

孙进、燕环：《全球教育治理：概念·主体·机制》，《比较教育研究》2020 年第 2 期。

孙宜学：《共建"一带一路"国家华文教育：现状、问题与对策》，《海外华文教育》2017 年第 7 期。

滕珺：《重构新现代课程：中国国际学校创新实践年度报告（2019）》，上海教育出版社，2020。

汪怿：《全球人才竞争的新趋势、新挑战及其应对》，《科技管理研究》2016 年第 4 期。

王辉耀：《人才战争》，中信出版社，2009。

王辉耀：《国家战略——人才改变世界》，人民出版社，2010。

王辉耀：《人才竞争：海外看中国的人才战略》，东方出版社，2011。

王辉耀：《人才竞争——海外看中国的人才战略》，东方出版社，2014。

王辉耀：《国际人才战略文集》，党建出版社，2015。

王辉耀主编《区域人才蓝皮书——2017 中国区域国际人才竞争力报告》，社会科学文献出版社，2017。

王辉耀：《全球化：站在新的十字路口》，生活·读书·新知三联书店，2021。

王辉耀、郭娇主编《国际人才蓝皮书——中国留学发展报告（2012）》，社科文献出版社出版，2012。

王辉耀、苗绿主编《国际人才蓝皮书——中国留学发展报告（2014）》，社会科学文献出版社，2014。

王辉耀、苗绿主编《国际人才蓝皮书——中国留学发展报告（2015）》，社会科学文献出版社，2016。

王辉耀、苗绿主编《国际人才蓝皮书——中国留学发展报告（2016）》，社科文献出版社出版，2016。

王辉耀、苗绿主编《国际人才蓝皮书——中国留学发展报告（2017）》，社会科学文献出版社，2017。

王辉耀、苗绿主编《人才战争2.0》，东方出版社，2018。

王辉耀、苗绿主编《中国企业全球化报告2018》，社会科学文献出版社，2018。

王辉耀、苗绿主编《国际移民问题概述》，暨南大学出版社，2018。

王辉耀、苗绿主编《国际人才蓝皮书——中国留学发展报告（2020-2021）》，社会科学文献出版社，2021。

王辉耀、苗绿、郑金连：《国际人才学概论》，中国人事出版社，2021。

王熙、陈晓晓：《国际教育的全球化陷阱》，《教育学报》2015年第5期。

吴式颖：《拉夏洛泰及其〈论国民教育〉》，《北京师范大学学报》（社会科学版）1989年第4期。

谢树华、包含丽：《疫情冲击下海外华文教育面临的困境与发展趋势——基于组织生态学视角的分析》，《华侨华人历史研究》2021 年第 2 期。

熊丙奇:《从"国际班"到"国际课程"》,《亚太教育》2015 年第 5 期。

严言:《中国国际学校发展简史》,《民办教育新观察》2016 年第 10 期。

杨帆:《美国孔子学院舆情研究》,中央民族大学硕士学位论文,2020。

张恩迪:《关于进一步推进海外华文教育发展的建议》,《中国发展》2021 年第 2 期。

张蓉:《"二战"后国际学校的发展历程与特征评析》,《教育评论》2014 年第 8 期。

张蓉:《"二战"后国际学校发展历程及当前面临主要问题分析》,福建教育出版社,2016。

张天雪:《"中国教育走出去"指标体系的架构》,《教育发展研究》2017 年第 19 期。

周玲:《国际教育和国际学校定义综述以及两者的辩证关系探讨》,《中国校外教育》2016 年第 Z1 期。

Adam Poole. "Decoupling Chinese Internationalized Schools from Normative Constructions of the International School" [J]. *Compare*:*A Journal of Comparative and International Education*,2019,50(3):447-454.

Anne E. Sander, W. Admiraal. "German Schools Abroad:Hotspots of Elite Multilingualism?" [J].*Journal of Research in International Education*,2016,15:224-237.

Asia Pacific Foundation of Canada. Canadian Overseas Schools-A Unique Approach to the Export of Canadian Education. [R/OL].(2011-05-24) [2021-06-10]. https://www. asiapacific. ca/sites/

default/files/filefield/overseas_ canadian_ schools_ final. pdf.

Bunnell, Tristan. *International Schooling and Education in the "New Era"*: *Emerging Issues* ［M］. Bingley: Emerald Publishing Limited: 1.

Bunnell, Tristan. *The Changing Landscape of International Schooling*: *Implications for Theory and Practice* ［M］. Routledge, 2014.

Bunnell, Tristan. "International Schools and International Curricula: A Changing Relationship," Mary Hayden, Jack Levy and Jeff Thompson ed. : *The SAGE Handbook of Research in International Education*, London: SAGE Publications Ltd. , p. 325.

COBIS. Teacher supply in British International Schools ［R］. (2020–06) ［2021–07–15］. https: //resources. finalsite. net/ images/v1591875549/cobis/sozjbejmrn1fpuigd8ne/COBIS Teacher Supply Report 2020 FINAL. pdf.

Council of British International School. COBIS Annual Research Survey 2019 Summary Report ［R/OL］, (2019) ［2021–04–02］. https: //resources. finalsite. net/images/v1578925164/cobis/r98giz1oeyvu6aa4ndxq/COBISAnnualResearchSurvey2019. pdf.

Hayden, M. & Thompson J. , International Schools: Growth and Influence ［R/OL］. (2008) ［2021–01–02］. https: // unesdoc. unesco. org/ark: /48223/pf0000180396/PDF/180396 eng. pdf. multi.

Hayden, Mary & Thompson, Jeff. "International Schools: Antecedents, Current Issues and Metaphors for the Future" ［M］// Richard Pearce, *International Education and Schools*: *Moving beyond the First 40 Years*, London: Bloomsbury, 2013: 3–23.

ISS Research. Governance in International Schools. ［R/OL. ］,

（2019-11）［2021-04-27］. https：//aoisia49. wildapricot. org/ resources/Documents/News/Governance% 20in% 20International% 20Schools% 20Report% 202019% 20 -% 20ISC% 20Research% 20and%20PTC. pdf.

Iwasaki, Toshio. "Japanese Schools Take Root Overseas"［R/ OL］. *Journal of Japanese Trade & Industry*, 1991：5.

Mahfouz, Julia. Sausner, Erica & Kornhaber, Mindy. " US International Schools Overseas and the Common Core"　［J］. *International Journal of Leadership in Education*, 2019, 22 （4）： 406-420.

Mary Hayden, Jeff Thompson. "International Schools and International Education：A Relationship Reviewed"　［J］. *Oxford Review of Education*, 1995, 12 （3）： 327-345.

Matthews, J. and Sidhu, R. "Desperately Seeking the Global Subject：International Education, Citizenship and Cosmopolititanism"［J］. *Globalization, Societies and Education*, 2005, 3 （1）： 49-66.

Matthews, M. , The Ethos of International Schools ［D］, University of Oxford, cited in Mary Hayden, Jeff Thompson. International Schools and International Education：A Relationship Reviewed ［J］. *Oxford Review of Education*, 1995, 12 （3）.

Mogi, Yuta. " 'It's A Pity that They Have to Chose between French and English'：Language Ideologies at A Japanese overseas School in Belgium"　［J］. *Bellaterra Journal of Teaching & Learning Language & Literature*, 2017, 10 （2）： 59-76.

Norihito, Mizuno. The Japanese Overseas Education：Its Current State and Problems. Proceedings of 2013 2nd International Conference on Humanity, History and Society, April 8, 2013.

Norihito, Mizuno. The Japanese Overseas Education: Its Current State and Problems. Proceedings of 2013 2nd International Conference on Humanity, History and Society, April 8, 2013 [C/OL]. https://news. ifeng. com/c/7fbSMBKku05.

Quist, I. "The Language of International Education: A Critique" [J]. *IB Research Notes*, 2005, 5 (1): 5.

Resnik J. "Multicultural Education —Good for Busines but not for the State? The IB Curriculum and Global Capitalism" [J]. *British Journal of Educational Studies*, 2009, 57 (3): 217-244.

Sylvester, R. "The 'first' international school. " In: M. C. Hayden, J. J. Thompson and G. R. Walker (Eds.), *International Education in Practice: Dimensions for National and International Schools.* 2002, London: Kogan Page: 3-17.

Tate, Nicholas. "What are International Schools for?" [M].// Hayden, Mary & Thompson, Jeff (eds.). *International Schools: Current Issues and Future Prospects*, 2016, Oxford: Symposium Books.

Whitehead, K. Advertising Advantage: The International Baccalaureate, Social Justice and the Marketisation of Schooling' [C]. Paper Presented to Australian Association for Research in Education Annual Conference, Parramatta, 27 November – 1 December 2006, www. Aare. Edu. au/05 pap/whi05426. pdf (accessed December 2008).

Wraga, William G. "Toward a Connected Core Curriculum. " [J] *Educational Horizons* 87. 2 (2009): 88-96.

图书在版编目（CIP）数据

全球国际学校发展与中国实践 / 苗绿，曲梅著 . --
北京：社会科学文献出版社，2022.11
　ISBN 978-7-5228-0810-9

　Ⅰ.①全… Ⅱ.①苗… ②曲… Ⅲ.①国际教育-教
育事业-研究-中国 Ⅳ.①G521

中国版本图书馆 CIP 数据核字（2022）第 179139 号

全球国际学校发展与中国实践

著　　者／苗　绿　曲　梅

出 版 人／王利民
责任编辑／陈　颖
责任印制／王京美

出　　版／社会科学文献出版社·皮书出版分社（010）59367127
　　　　　地址：北京市北三环中路甲 29 号院华龙大厦　邮编：100029
　　　　　网址：www.ssap.com.cn
发　　行／社会科学文献出版社（010）59367028
印　　装／三河市龙林印务有限公司

规　　格／开本：787mm×1092mm　1/16
　　　　　印　张：17.75　字　数：211 千字
版　　次／2022 年 11 月第 1 版　2022 年 11 月第 1 次印刷
书　　号／ISBN 978-7-5228-0810-9
定　　价／108.00 元

读者服务电话：4008918866